사회복지학 : 이론·실천·정책

사회복지학 : 이론·실천·정책

이명현 · 김하은

KNOWLEDGE COMMUNITY 공동체

머리말

현대 사회에서 우리가 직면하는 많은 과제나 개인 또는 가족이 안고 있는 여러 가지 생활의 어려움을 해결하기 위해서는 과거와 같은 수직적 대책이나 전문가만의 지원으로는 효과적인 결과를 보기 어렵다. 이는 사회복지 영역뿐만이 아니라 관련 영역에서도 마찬가지라 할 수 있다. 이용자 중심의 복지, 지역사회보장계획, 맞춤형 복지 등 다원화된 융합에 의한 대응이 요청되고 있다.

제2차 세계대전 후 사회복지 분야에서의 지원은 혼합과 분화, 그리고 통합으로 전개되었다. 나이나 생활문제에 따라 전문화된 대응을 하는 시기가 출현하면서 수직적인 대책으로는 더 이상 새로운 사회문제에 탄력적으로 대응하기 어려울 수 있다. 새로운 포괄적 대응을 할 필요성이 높아지고 있는 것이다. 또한 분리와 격리에서 벗어나 지역을 기반으로 하는 지원대책을 구축하는 움직임도 강해지고 있다. 지역으로부터 격리된 장소에 수용하는 대응은 더 이상 미래 복지사회의 주류적 대응이 될 수 없다. 당사자나 관계자 입장에서 그들의 복지를 옹호하고 대변하는 방향으로 복지 실천과 정책의 대전환이 이루어지고 있다. 사회자원과 지역주민을 연결하여 계속적인 지원을 하고 불만을 해결하는 등 구체적인 행동이 필요하다. 지역이나 가족, 개인이 당사자로서 참가할 수 있도록 하면서 함께 생각하는 실천 활동이 필요하다. 대상자를 복지에 맞추기보다 복지를 원하는 사람의 요구에 맞게 실천해야 한다.

최근 COVID-19에 의해 지역이나 개인과 가족 간의 분절이 진행되고 새로운 도움에 대한 욕구도 등장하고 있다. 이러한 시대야말로 대변자로서 지역민이나 생활문제에 직면하고 있는 사람들의 생생한 목소리를 듣고, 사회복지영역뿐만 아니라 다양한 관련 영역의 대책을 준비하며, 지역의 유대를 강화하고, 가족이나 개인이 안고 있는 과제를 해결하기 위해 대응하는 체제를 만들어야 할 것이다. 사람과 여러 제도를 연결하여 우리 사회를 모든 사람이 살기 좋은 장으로 만드는 것이 사회복지의 궁극적인 역할일 것이다. 관련 기관이나 단체, 시설과 연계되어 역할을 수행하는 사회복지사에 대한 기대는 더욱 커지고 있다. 사회복지 제도는 전에 없던 속도로 변화를 거듭하고 있다. 이용자 중심의 제도로 변하면서 새로운 개혁이 이루어지고 있는 경향이 중요하다. 그에 관한 기본적 시각이나 지식을 이 책 속에 담아 학습하는 사람들이 미래 사회복지의 리더로서 다양한 현장에서 역량을 발휘할 것을 기대한다.

이 책은 사회복지학을 이론과 실천 그리고 정책 부분으로 나누어 살펴보면서 전체적인 특성과 원리를 이해하고자 노력하였다. 사회복지학의 기본적인 이론을 바탕으로 실천과 관련된 지식, 정책과 관련된 지식으로 구성하였다. 그러나 실천과 정책론을 칸막이식으로 구분하려는 것은 아니다. 차이와 특성을 이해하기 위해 저자가 편의적으로 구분한 것뿐이다. 사회복지학의 이론과 관련된 내용은 사회복지학의 학문적 특성, 사회사업과 사회복지의 개념, 복지철학과 사상, 정책과 실천의 원리, 사회복지 역사, 사회복지 전문직의 정체성, 사회복지 욕구, 복지 운영 체제와 재원문제 등 사회복지학의 다양한 이론적 배경을 소개하였다. 실천과 관련하여 실천의 대상, 실천 지식과 이론의 발달, 실천윤리 등을 살펴보았다. 정책 부분은 정책의 필요성, 주체와 객체, 시간과 공간, 방법과 수준, 정책 과정에 대한 논의를 고찰하였다. 마지막은 복지의 최고 도달점이 복지국가로 완성된다고 생각하여 복지국가의 발달과 전개 동향을 정리하면서 끝을 맺었다.

이 책은 사회복지 개론서를 목표로 하지 않았다. 사회복지학이 나름대로 체계적이고 구성적인 학문적 특성을 갖추고 있다는 점을 소개하고 싶었다. 우리나라 사회복지도 상당한 수준에 도달하였으며 이는 복지 현장의 활동가와 연구자 등의 희생과 업적이 없었다면 불가능했다. 따라서 이 책의 내용은 저자의 창조물이 아니라 앞선 개척자의 성과를 바탕으로 재조합하고 정리한 데 불과하다. 이 책의 공동 저자인 김하은 선생은 우리나라의 사회복지발달 역사(5장 2절), 전문직으로서의 사회복지(6장), 사회복지실천 이론의 발달(11장 2절), 사회복지와 복지국가(16장)의 집필뿐만 아니라 책의 방향성과 구성에 대해 참신한 아이디어를 제공하였다. 자료에 대한 진지한 분석과 해석은 새로운 자극과 즐거움을 제공하였다. 앞으로의 모습이 더 기대되는 김하은 선생과 작업할 수 있다는 것은 최고의 행운이라고 생각한다. 아울러 항상 열정적으로 사회복지 학술서 발간에 앞장서며 번거로운 교정 작업에도 아낌없는 노력을 제공하여 주신 공동체 김동훈 대표님과 이하 선생님 여러분에게 머리 숙여 감사드린다.

집필자 대표 이명현

차 례

CHAPTER 01

사회복지학의 이해

1. 복지와 공동체 그리고 국가
2. 사회복지학의 관점과 특징
3. 사회복지학의 통합론

CHAPTER 01

사회복지학의 이해

1. 복지와 공동체 그리고 국가

'복지'라는 용어를 단어의 뜻 그대로 의미를 살펴보면 다음과 같다. '복(福)'에는 끝이 없는 복이나 행복과 같이 축하의 의미가 담겨 있다. '지(祉)'는 신에게 복을 부탁할 때 바치는 물건을 담는 그릇, 신의 발길이 머무는 곳과 같은 의미가 있으며, 반대로 신으로부터 주어지는 행복이라는 의미도 있다. 따라서 복지는 '복'이라는 행복의 의미를 반복하여 강조하는 것으로 그 이상 더할 것 없는 행복한 상태를 기대하는 의미가 있다. 또한 복지는 장수하면서 즐거운 인생을 산다는 의미도 포함된다. 아주 오래전 옛날 사람들도 인간이 생애에 걸쳐 기쁨에 넘쳐 살아가는 것을 복지로 생각하였을 것이다. 사람은 행복하게 살고 싶은 기대가 있으며 성장하면서 사회에서 역할을 담당하고 스스로 생활방식을 결정하면서 자기실현을 계획하는 존재다. 행복은 인간에게 있어 인생의 목표이며, 중요한 가치이다. 따라서 복지는 인간에게 필수적인 목표이며 가치라 할 수 있다.

한편 영어로 번역하면 복지는 welfare로 표현되며, well은 좋다, fare는 생활의 방향이라는 의미로 곧 좋은 생활상태이며 안녕이나 번영, 건강과도 통하는 개념이다. 동양과 서양 관계없이 복지와 영어의 welfare 모두 사람들의 행복과 연결되는 말이며 누구나 그런 상태가 되고 싶다는 기대와 바람이 농축된 최고의 가치라 할 수 있다.

인간에게 중요한 복지는 누가 어떻게 실현할 것인가. 복지는 행정의 책임에 의해 어려운 사람에게 손을 내밀거나 장애가 있는 사람 등 특별한 사람을 돕는 대책이라고 좁게 해석하기 쉽다. 그렇지만 복지는 인간이 행복하게 살아가는 것을 의미하며 누구나 행복하게 자신의 인생을 꾸려가고 싶은 바람, 그것을 실현하는 것이 복지이며 인간에게 근본적인 가치라고 한다면 먼저 개인이 스스로 실현해야 할 사안이라 할 수 있다. 동시에 사람은 다른 사람의 기쁨을 자신의 기쁨으로 여기며 슬픔을 공감하고 노동이나 교류를 통해 사회 속에서의 위치를 확인할 수도 있다.

그러나 아동이나 신체 기능이 저하된 노인에게 개인 신상의 일을 스스로 처리하기는 무리가 있으므로 가족은 아동을 돌보고 어른을 부양해 왔다. 부모가 아동을 양육하며 자립할 수 있도록 키우는 것처럼 강한 유대에 의해 연결된 가족은 복지를 실현하는 기능을 가진 일차적 집단이다. 이 가족이 가진 복지를 실현하는 기능을 어떻게 강화해 갈 것인지는 국가의 정책도 중요한 기준이 된다. 예를 들어, 아동수당은 자녀를 양육 중인 가족을 경제적으로 지지하는 중요한 소득보장 정책의 역할도 하고 있다.

하지만 가족이 모든 복지를 실현하기는 어렵다. 각종 경제 사회적 문제와 재해가 발생할 때 제일 먼저 도움을 주는 것은 주위 사람들이나 직장 동료, 친척일 것이다. 사람들이 서로 도움을 주고받도록 지역이나 혈연 등으로 연결된 공동체도 복지를 실현하는 집단으로서 중요한 역할을 담당한다. 특히 균질화된 집단으로 이루어진 공동체는 각종 위험에 노출되었을 때 우선 서로 돕는 강한 기능을 발휘하고 있다. 하지만 최근 이러한 이웃을 비롯한 지역의 교류는 희박하며 공동체의 구성도 변하고 있다. 대도시는 1인 가구 등 가족구조가 변하고 다양한 노동방식이나 생활 형태 등을 배경으로 사람들과 지역의 연결은 더욱 약해지고 있다. 인터넷이나 SNS로 사람들이 연결된 것처럼 보이지만 도움이 필요한 관계에서는 반드시 그렇다고 할 수도 없다. 특히 지역복지는 공동체가 가진 주민에 대한 복지를 실현하는 기능에 주목한 활동이다. 또한 생활협동조합 등을 통한 조직적 활동은 조합의 원칙으로 복지기능을 실현하는 공동체다. 어르신의 돌봄을 비롯한 복지서비스 공급의 역할을 하는 협동조합에 대한 기대가 크다. 또한 사회복지협의회, 사회복지 공동모금회, 다양한 비영리조직 등에 의한 활동도 널리 전개되고 있다.

개인이나 가족 등 공동체로 복지를 실현할 수 없는 경우 누가 그 역할을 담당해야 하는가. 시장도 당연히 주요 역할을 할 수 있다. 상품으로 복지를 판매하여 이윤을 획득하려는 판매자와 이를 구매하여 복지 상태를 높이려는 구매자가 등장하여 상담이 이루어지면 복지가 시장을 통해 실현된다. 그러나 복지라는 상품이 필요한 사람이 소득이 낮아서 구매할 수 있는 능력이 부족한 경우에 시장을 통해 복지를 충족하기는 어렵다. 동시에 판매자의 본질적인 목표는 더 많은 이윤추구이며 이윤의 극대화를 위해서는 비용을 압축하려는 동기가 작동할 것이다. 예를 들어, 노인 장기요양 서비스와 같은 노동집약적 서비스는 비용 중 차지하는 인건비 비율이 높으므로 인건비를 삭감하게 되면 종사자의 저임금 등 열악한 처우와 노동강도 강화를 초래하여 서비스 질이 낮아지게 될 것이다. 따라서 시장이 반드시 사회복지 향상에 충분한 역할을 하는 것은 아니다.

개인이나 가족 등 공동체, 시장으로도 복지를 실현할 수 없는 경우에 최종적으로 국가가 그 역할을 담당하게 된다. 기초생활보장사업이나 공공보육 서비스 등 행정 활동에 의한 복지의 실현을 통해 중앙정부와 지방정부가 담당하게 된다. 국가는 다양한 복지 활동의 역할과 한계를 예상하며 저소득층에 대한 원조를 비롯하여 시장에서는 충분히 공급되지 않는 희소하고 전문적인 서비스를 공급하게 된다. 사회복지는 한마디로 사람들이 인생의 여러 단계를 통하여 행복한 생활을 보낼 수 있도록 사회에서 개인부터 국가까지 모든 복지를 실현하는 활동, 즉 복지 활동의 종합적인 버전이라 할 수 있다. 이처럼 복지 활동을 전체적으로 파악하여 복지와 사회를 결합하여 사회복지 개념이 성립하는 것이다.

2. 사회복지학의 관점과 특징

1) 사회복지학의 관점

사회문제와 인간을 보는 사회복지학의 관점은 다양하게 구분할 수 있다. 예를 들어, 기능주의, 갈등주의, 통합주의 관점이다.

첫째, 기능주의 관점에서 사회는 구성원 사이의 협동을 통해 합의된 체계이며 갈등은 사회악 때문이라고 생각한다. 갈등이나 불안 등은 사회악이며 사회의 분열적 요소는 제거되어야 한다. 따라서 사회에 적응하는 것이 중요한 목표다. 사회는 하나의 체계이며 사회의 기능을 제한적으로 확대하거나 안정을 위한 구조적 적응을 핵심으로 한다. 기능을 회복하기 위한 전문적 개입 방법, 고용을 위한 교육 및 훈련, 심리치료와 같은 실천적 기법을 중요시한다.

둘째, 갈등주의 관점은 사회를 희소한 자원을 독점하려는 이익집단 사이의 경쟁과 투쟁의 상태로 보며, 갈등은 불가피하고 끊임없이 순환한다고 본다. 사회의 이해관계나 갈등이 심각해지면 집단행동을 통해 자원을 재조정하려 하므로 다수의 이익을 보장하는 방향으로 정책을 수립한다. 따라서 기능주의에 반대하며 사회 행동이나 급진적 모델을 선호한다.

셋째, 통합주의 관점은 갈등을 사회화의 과정으로 보고 분열이 아닌 재통합을 시키는 수단으로 생각한다. 사회갈등의 제도화, 즉 사회보장과 같은 입법과 정책 수립을 통하여 갈등을 수용하고자 한다. 이러한 관점에 따라 학문으로서 고유한 관점이나 접근 방법이 형성된다.

2) 사회복지학의 특징

일반적으로 학문을 정의하는 방식은 두 개로 구분할 수 있다. 첫 번째는 학문 고유의 관점이나 독자적인 연구 방법을 통해 정의하는 방식이다. 또 하나는 연구 대상 영역을 특별히 정함으로써 정의하는 방법이다. 예를 들어, 사회학은 유행 현상으로부터 외국인 이민 문제까지 여러 다양한 연구 대상을 가지고 있으므로 그 연구 대상 영역에 따라 스스로 자신을 정의할 수는 없다. 그러나 모든 사회학 연구는 개인이 사회의 힘에 의해 움직이고 있다는 독특한 관점을 서로 나눠 가지고 있다. 즉, 사회학은 그 대상 영역이 아니라 이론적 관점이나 연구 방법을 통해 고유성을 정의하고 있다고 생각한다. 한편 경영학은 이론이나 방법에 따라서는 경제학, 심리학, 사회학 등 다양한 영역을 받아들이지만, 그 연구 대상은 기업 활동에 한정된다. 이처럼 이론이나 방법의 고유성에 의해 자신을 정의하는 것이 아니라 연구 대상의 고유성에 따라 자신을 정의하는 학문은 응용과학이다.

응용과학은 다양한 학문으로부터 이론이나 방법을 수렴하는 학제적 연구이므로 독자적으로 이론적 체계성을 확립하기 어렵다. 또한 응용과학은 현실적 실천 과제에 응답하는 것을 주요 목적으로 하는 실천 학문이며 연구 대상이 되는 실천 영역의 구분에 의해 체계화된다. 임상 의학이 장기별로 전문 분화가 이루어지는 것도 마찬가지이다. 현대 사회복지학도 기본적으로는 그러한 방향으로 학문적 특징을 체계화했다고 할 수 있다. 아동복지, 노인복지, 장애인복지, 가족복지, 의료복지와 같은 구분은 사회복지학이 실천 영역마다 전문화되고 있는 것을 나타낸다.

이처럼 응용과학은 학문으로서 고유한 이론이나 관점에 의해 체계화되고 있지 않아도 연구 대상을 기준으로 이루어지는 실천 영역의 구분을 통해 체계화할 수 있다. 그러나 사회복지 연구 영역이 사회보험이나 보건의료 등 다른 분야로 점차 확대되고 융합되는 경향이 강해지면서 연구 대상에만 한정하여 사회복지학을 정의하기도 어려워지고 있다. 그와 함께 사회복지학의 독창적인 관점에 대한 필요성이 과거보다 더 강하게 인식되고 있다.

사회복지학은 인간의 욕구와 사회문제 해결 등에 관심을 두는 응용학문이므로 통합적 입장을 통한 활용에 관심이 높다. 따라서 학문적 특성은 순수과학과 같을 수 없다. 사회복지 활동은 인간의 구체적 욕구를 충족하기 위해 과학적 지식을 체계적으로 사용하므로 자선이나 사회공헌과 차원이 다르다. 또한 사회문제 해결을 위한 실천적 서비스를 담당하는 전문 영역이며 동시에 현장의 사회복지사가 활용하는 자원과 관련된다. 즉, 문제해결을 가장 우선에 두는 응용과학이며 실천 과학이다. 사회과학이 발전시킨 인간에 관한 지식과 인간의 사회적 행동에 관한 학문을 효과적으로 활용하여 사회복지실천 활동에 새로운 통찰을 얻을 수 있다. 또한 사회복지학은 사회과학이 필요로 하는 인간의 생활 경험에 관한 풍부한 지식을 활용한다. 사회복지의 목적과 기능, 방법 등에 대한 평가와 검증이 더해지면 더 많은 공헌을 할 수 있다. 사회복지학은 극단적인 갈등과 분열을 초래하는 선택을 하지 않는다. 특정 가치를 선호하더라도 문제해결의 실천성이 우선이므로 양극단의 충돌 가능성이 있는 선택지는 배제한다. 다양한 가치를 조화시키려 노력하고 소수자의 이익을 보호하고 옹호하며 그러한 방법을 선호한다. 따라서 사회 속의 다양한 조직을 이해하기 위하여 사회과학의 인접 학문이 개발한 지식과 이론을 적극적으로 활용하는 학제적 특성이 있다.

3. 사회복지학의 통합론

1) 사회복지정책론과 실천론

사회복지학 고유의 정체성에 대한 탐구는 최근에 등장한 것이 아니라 사회복지학이 도입되기 시작할 때부터 끊임없이 제기되었다. 제2차 세계대전 이후 새롭게 사회복지 제도가 정비되고, 이에 근거하여 실천을 연구하는 전후 사회복지학이 본격적으로 확장되었다고 할 수 있다. 하지만 한국의 경우, 해방과 한국전쟁 등 사회복지학의 독자적 실천력에 대한 요청이 강조되는 상황은 있었지만, 한국 현실에 응용해야 할 사회복지학의 정체성이 무엇인가에 대한 입장은 그렇게 간단하지 않다. 사회복지 현상에 대한 학문적 방법론의 입장이 사회경제적 배경에 따라 다를 수밖에 없기 때문이다.

사회복지학의 본질이 무엇인가는 사회복지가 실천되는 상황에 맞물려 있다. 하지만 공통적으로 두 가지 관점에서 정리할 수 있다. 즉, 제도 및 정책론과 현금 및 물품 제공 등 도움을 제공하기 위한 실천론이다. 이러한 논의는 사회복지학 그 자체를 정책 연구와 실천 연구로 분할하여 이질성을 인정하는 결과를 낳을 수 있다(古川 · 壓司 · 定藤, 1993 : 10).

정책론과 실천론을 사회복지학의 기본적인 학문체계로 승인해야 할까? 그런데 경제학 · 정치학 등 다른 학문 분야와 서로 경합하는 부분이 많은 정책론 연구에 대비하여 실천 연구를 통해 사회복지학 고유의 성격을 도출하려는 방향이 더 관점은 분명할 수 있다. 따라서 실천론 중심의 사회복지학 본질을 강조하려는 입장이 더 선호될 수도 있다. 이런 경향은 사회복지학 연구 전반에서도 실천 연구를 특히 사회사업연구라 하여 다른 연구와 구별하거나 사회복지사 양성과정 교과과정에서 실천론이나 실천기술론과 같은 세부 과목을 낳게 하는 결과가 되었다고 생각한다.

일본의 사회복지학 본질 논쟁

1950년대 후반부터 1960년대에 걸친 일본 전후 초기의 사회복지학에서 학문체계를 둘러싼 몇 가지 이론적 논쟁을 70년대에 재평가하면서 전체적으로 부르는 명칭이다. 그중 가장 대표적인 논쟁이 사회복지학은 사회정책을 보충하는 것이라는 효고정일(孝橋正一)의 '구조론'과 사회복지에는 사회정책과 독립된 고유한 영역이 있다고 주장하는 강촌중부(岡村重夫)의 '기능론'의 대립이다. 사회복지와 사회정책의 대상과의 관련성을 중요시하는 효고(孝橋)의 주장은 사회복지의 대상이 되는 생활문제를 자본주의의 구조적 문제로 인식하는 점에서 구조론이라 한다. 한편 사회복지학의 독립성을 주장한 강촌중부(岡村重夫)는 주로 사회복지의 개별원조에 주목하여 사회복지의 대상은 개인과 사회 체계와의 부조화라고 하여 그 조정을 사회복지원조의 목적으로 보았다. 강촌의 복지학은 당시 미국에서 대두된 시스템 이론에 의한 사회사업 실천론의 영향이 강하게 미쳤다. 그런 의미에서 강촌중부(岡村重夫)의 이론은 일본 사회복지학에서는 원조 실천론으로 발전한다. 또한 그 대상 인식이 기능주의적이라 간주되어 '기능론'이라 명명되었다(眞田編, 1979).

한편 사회복지학의 또 하나의 측면인 정책연구에서도 그 연구 대상으로서의 사회복지 제도를 어떻게 정의할 것인지의 문제는 간단하지 않다. 오늘날 사회복지는 모든 국민을 대상으로 하고 있지만, 역사적으로 볼 때 사회복지의 전통적 대상은 지속적으로 빈곤 및 저소득층에 집중하는 것이었다. 소위 경제적으로 어려운 취약계층에 해당하지 않는 일반 노동자를 대상으로 하는 사회보험이나 사회정책은 사회복지에서 분리하여 구별해 왔다.

예를 들어, 사회정책은 자본주의 경제의 재생산에 직접 관계되는 노동력 대책으로서의 사회정책과 노동력으로 간주되지 않는 빈민구제로서의 사회복지 활동을 구별하여 후자를 경제질서 외적 존재로서 사회정책과는 구별하여 생각하는 관점이 있었다(大河內, 1981 : 119-20). 즉 사회정책의 한계를 보충하는 것으로 사회복지를 보는 것이다.

하지만 노동력의 재생산을 위하여 저소득 노동자의 생활을 보호하기 위한 대책과 생활이 어려운 빈민을 구제하는 대책을 명확히 구분하기는 쉽지 않다. 노동자 보호에만 초점을 둔다고 해도 결국 저변의 노동자는 이미 생계유지가 어려운 극빈의 노동자로 전락할 위험이 있다. 생활이 어려운 사회적 취약계층에 초점을 두는 사회복지 대책을 사회정책과 분리하여 볼 것인가, 아니면 관련되는 것으로 볼 것인가는 그 연구 대상에 관한 문제로 과거부터 존재했었다.

정책과 실천으로 구분하여 상호 독립적인 연구를 해야 한다는 입장이 있다. 그러나 연구 대상을 명확히 구분하여 정의할 수 없다는 것 때문에 한계가 있다. 예를 들어, 정책연구는 진행되는 제도 개혁을 통해 사회복지제도의 범위를 엄격히 확정하는 것이 어려워지고 있다. 실천 연구도 그 대상의 다양성 때문에 사회복지실천을 규정하는 문제를 안고 있다. 예를 들어, 제도 개혁을 통해 보육 및 돌봄 등의 케어 관련 사업이 점차 전문화되고 있지만 오히려 사회복지학으로서의 전문적 실천 활동에 관련된 연구 범위는 축소될 수 있다. 이러한 상황 속에서 사회복지학의 고유성을 유지하기 위해서는 정책론과 실천론의 통합이 중요한 과제가 되었다고 할 수 있다.

하지만, 생활하는 데 어려움을 안고 있는 사람에 대한 도움 제공을 제도 중심의 정책과 현금과 물품 등 직접 도움을 제공하는 실천 활동으로 구분하여 연구하는 것은 어디까지나 편의상 절차에 지나지 않는다. 예를 들어, 아동학대를 방지하기 위하여 아동보호전문기관의 직원은 어떻게 일해야 하는지를 연구하는 것이 실천 연구이며 아동학대 방지 효과를 향상시킬 수 있도록 아동복지 제도를 연구하는 것이 정책연구라 할 수 있다. 그러나 실제 업무를 생각해 보면 그 대부분은 아동복지법을 비롯한 법 제도에 근거하여 실시되고 있으므로 제도 및 정책 없이 실천만을 연구하기는 불가능하다. 한편 아동보호전문기관의 실제 업무를 모르고 아동복지법만을 개정한다고 해서 아동학대를 막을 수 없다. 이처럼 정책과 실천의 상호관계는 형식으로서의 제도 속에 내용으로서의 실천을 통한 도움 활동이 병행하고 있다. 즉, 정책과 실천은 하나의 몸통인 것이다. 그런데 형식과 내용은 정책론과 실천론을 하나의 것으로 이해하기 위한 비유일 뿐이다. 정책론과 실천론을 구분하여 연구하는 명확한 방법을 고민하기보다 오히려 이 두 개의 연구 영역을 통일적으로 이해할 수 있는 준거틀이 필요하다.

2) 사회복지 운영론과 통합적 관점

오늘날 사회복지학은 정책과 실천 연구와 같은 연구 영역의 분화를 바탕으로 하면서도 이를 통합하려는 관점을 유지하는 것이 중요하다. 사회보장론 등 인접 학문과의 관계가 깊어지는 가운데 사회복지학의 독창성을 유지하기 위해서는 정책론과 실천론의 통합적 관점이 필요하다. 이런 관점에서 정책론과 실천론 모두 사회복지 운영을 중심으로 통합하여 사회복지학을 체계화하려는 관점도 가능하다.

이런 경우 정책과 실천으로 구분하여 접근할 필요가 없다. 노동자 정책으로서의 사회정책을 이해하려는 고전적 틀 속에서 사회복지 제도를 이해하려는 입장과 비교하여 운영론적 관점은 사회복지사업의 목적 달성을 위한 관리적 측면에 주목하므로 정책과 실천은 모두 활동 목적을 달성하기 위해 존재하는 것이다. 다시 말해 전통적인 정책연구가 거시적 관점에서 사회복지 제도를 받아들이는 경향이 강했다면, 운영론적 관점은 사회복지사업 및 시설의 서비스 관리, 조직관리 및 자원의 공급 등 행정 차원에서 복지제도와 실천의 운영 이론을 확립하려는 것이다(三浦文夫, 1985).

이러한 관점이 실천 분야의 연구까지 포함할 수 있을지 확실하지는 않다. 민간에 의한 사회복지서비스가 늘어나고 사회복지 담당 주체가 다양화되며 국가 역할이 변화됨에 따라 기존 중앙정부 중심의 복지공급에서 벗어나 지방자치단체나 민간 복지사업자도 정책에 참가해야 하므로 다양한 복지 주체 사이의 조정 및 협력 등 운영론의 중요성이 커질 수 있다. 그에 따라 지방자치단체나 개별 사업자에게 정책 결정은 사회복지실천 과정에 큰 영향력을 끼치게 된다. 과거 중앙정부 중심의 복지실천은 쉽게 보면 국가라는 수뇌부의 결정에 따라 전국의 지방자치단체나 사회복지법인이 그 수족이 되어 사회복지 서비스를 제공하던 구도였다. 그러한 맥락에서 사회복지정책 연구는 국가의 거시적 차원의 정책 결정 과정만 주목했던 것이 사실이다. 그런데 다양한 주체가 복지공급과 실천에 참여하는 상황에서 정책 결정은 국가뿐만 아니라 지방자치단체와 사업자의 파트너십으로 전환되었으므로 제도 연구의 초점도 거시와 미시를 연계하는 중범위 수준의 정책 결정 과정으로 전환되었다.

더욱이 지방자치단체나 사업자는 동시에 실천 연구의 담당자이므로 그들의 정책 결정 과정에는 실천 현장에서 도출되는 과제를 반영하는 것이 매우 중요하다. 예를 들어, 기초자치단체에 의한 정책 결정 과정의 경우, 국가에 의한 법과 제도 변경에 어떻게 빠르게 대응할 것인지가 중요한 것이 아니라 그 자치단체가 지금까지 어떠한 서비스 공급체제를 채택하고 있으며 복지시설이 어느 정도 확충되어 있는지에 주목해야 한다. 또한 자격 있는 복지 인력이 어느 정도 공무원으로서 고용되어 있는지 복지 운영을 위한 관리체계 구축이 매우 중요하다. 복지서비스 사업자는 매일 국가나 자치단체의 제도에 대응함과 아울러 돌봄 현장의 직원이나 이용자의 요구에도 대응하면서 복지사업을 운영하고 있다. 이러한 과정을 연구하기 위해서는 실제로 정책론과 실천론 모두의 관점이 필요하다.

만일 사회복지 운영론에 의한 통합을 구상할 경우, 사회복지실천 활동은 이용자 지원 시스템이 더욱 중요해질 것이다. 상부를 이루는 단일한 사회복지시스템이 존재하며 그 하부의 이용지원 시스템을 통해 복지사의 실천이 전개된다고 이해할 수 있을 것이다.

그렇다면 상부의 복지 시스템과 하부의 이용자 지원 시스템이 상호작용하면서 전체적인 사회복지시스템을 형성한다고 볼 수 있다. 이때 사회복지 전체 시스템을 구성하는 다양한 하부시스템과 이용자 사이의 조정 활동이 사회복지실천 활동이라고 정의하면, 사회복지사의 주된 업무는 시스템 사이의 연락 및 조정 등 자격과 판별 조사, 정보관리 등에 집중하는 역할이 되는데, 사회복지사의 주체성이나 고유성 측면에서 볼 때 개별 복지사의 고유한 전문성은 약해지는 존재가 될 수 있다. 실천 현장에서 연계하는 역할이 중요하기는 해도 자칫 기존 시스템에 맞게 기계적으로 대응하는 소극적 실천이 될 수 있다. 예를 들어, 이용자 지원 시스템의 주축이라 할 수 있는 사례관리의 경우, 기존 복지서비스의 능력 범위에 맞게 이용자를 기계적으로 매칭시키는 기능으로만 제한될 수 있는 것이다. 사회복지실천 활동이 애초부터 가지고 있는 서비스 개발이나 사회개량 운동과 같은 창조적 측면이 무시될 수도 있을 것이다.

영국의 사회정책학도 정책 과정의 거시부터 미시까지 통합적으로 파악하려는 시각을 갖고 있다. 그러한 의미에서 영국 사회정책학의 이론적 관점을 이용하여 정책론과 실천론의 통합을 이해하는 것도 가능할 것이다. 그런데 영국 사회정책학에서 사회복지실천 활동은 어떤 위치에 있을까. 여기에 대해서는 PSS(Personal Social Service)의 이론적 위치를 살펴볼 필요가 있다. PSS는 전후 영국 복지국가에 있어서 제5의 사회서비스라 할 수 있다. 즉, 소득보장, 국민의료서비스, 공교육, 공공주택정책이라는 사회보장제도의 네 가지 제도를 보충하는 형태로 1968년 시봄(Seebohm) 보고서에 의해 부가된 다섯 번째 주요 제도이다. 이처럼 1960년대 말이 되어 새롭게 주목된 것이지만, 그 내용은 이전부터 존재하던 노인이나 아동 돌봄 등 다양한 서비스를 통합한 것이었다. 이들 여러 종류의 서비스가 복지국가 정책 속에서 하나로 패키지로 만들어진 것은 특히 지역사회 돌봄 추진이라는 관점에서 이들 서비스가 과거에도 강조되었기 때문이다.

그러나 시봄 보고서의 배경에는 지역사회 돌봄 추진뿐만 아니라 전후 영국 복지국가 체제에 대한 불신도 있었다. 즉, 과거 네 가지 주요 제도로 지탱되어 왔던 보편주의적 사회보장정책에 대한 불신감이 영국에서 문제가 되었기 때문이었다. 연금, 의료, 교육, 주택과 같은 보편적 욕구를 국민 모두의 권리로서 보장한 복지국가가 성립된 지 10년 이상 시간이 지났지만 소득 격차는 확대되고 빈곤은 사라지지 않고 있는 것에 대한 의문이 커지기 시작하였다. 때마침 미국에서는 1960년대 후반에 빈곤과의 전쟁이 의욕적으로 시작되었고 영국에서 보편주의적 사회보장정책과는 전혀 다른 적극적 보호정책이 채택되어 특정한 빈곤층이나 지역만을 대상으로 한 선별적 급여에 이목이 집중되었다. 이런 가운데 당시 영국 사회정책학의 중진인 리처드 티트머스(R. Titmuss)는 보편적 사회보장대책의 중요성을 새롭게 주장하면서도 그것만으로 해소할 수 없는 문제가 남아있다는 것을 인정하고 그와 같은 개별적 욕구에 대해서는 별도로 대응하도록 그 필요성을 강조하였다(Titmuss, 1968).

즉, 1960년대 말 영국에서 PSS를 통해 기대한 것은 연금, 의료, 교육, 주택이 제공되어도 여전히 충족되지 않는 인간의 욕구에 대하여 개별적으로 대응하는 역할이었다. 이런 가운데 PSS 서비스는 기존 현금이나 물품 제공 중심의 사회복지 제도가 적절히 전달하지 못하는 개인에 대한 개별적 대응을 검토하는 것을 가능하게 했으며, 또한 이를 현대적으로 이해하자면 사회보장 급여에 대한 맞춤형 서비스의 확충이라고 평가할 수 있을 것이다. 이렇게 생각하면 복지국가에서 PSS는 어디까지나 연금, 의료, 교육, 주택과 같은 보편적 대책을 보완하는 역할로서 이해할 수밖에 없다. 그런 의미에서 영국의 PSS도 사회복지의 고유성을 독립적으로 설명하기에는 한계가 있다.

3) 사회복지학의 독창성

결국 사회복지학을 통합적으로 이해하고자 할 때, 사회복지실천 활동의 위치에 대한 이해는 무엇보다도 중요하다. 소위 사회복지실천 활동이 소득보장과 의료보장 등 현대 복지국가의 주축인 사회보장에 비하여 상대적으로 보조적 역할만 수행하는 듯한 인상을 줄 수도 있다. 제2차 세계대전 후 영국에서도 보편적인 사회보험 등 사회보장 중심으로 정책이 정비되는 과정에서 사회보장제도를 전제로 두지 않는 사회복지실천 활동 등은 생각할 수 없었다. 다양한 보편적 서비스나 조직을 매개하는 조정가와 중개자의 역할이 강조되는 것은 오늘날 사회복지사의 현실을 반영한 실용적인 모델이라 할 수 있기 때문이다.

그런데 복지서비스 공급 과정의 최종 단계에 위치하는 사회복지실천은 처음부터 모든 국민에게 보편적으로 보장해야 할 급여가 개별 이용자에게 확실하고 적절하게 도달하고 있는지를 점검해야 한다. 이는 복지국가의 사회보장제도를 통한 추상적 급여를 구체화하고 현실화하는 역할을 담당하고 있기 때문이다. 따라서 사회복지사 없는 복지국가는 그림의 떡에 불과하다. 사회복지가 사회보장의 기능을 보완하는 역할에 지나지 않는 것이 아니라 사회복지실천 활동을 통해 사회보장 제도의 내용이 확장되고 계속 유지될 수 있는 것이다.

보편적 사회보험 등 사회보장 제도 전체에서 복지실천 활동에 의한 연락 · 조정뿐만 아니라 개별적 상담을 통한 서비스 제공도 사회복지의 정체성이라 할 수 있다. 이는 복지국가 출범 이전 자선에 기반한 개별적 복지 활동에서 출발했기 때문이다. 이후 사람들의 보편적 욕구가 인정되고 그에 대한 다양한 사회서비스가 제공되는 사회보장시스템이 정비됨에 따라 사회복지실천 활동은 다양한 서비스나 조직화 활동에 초점을 두게 되었다. 그러나 사회서비스가 아직 정비되지 않는 단계에서 복지는 개별적 도움을 제공하는 활동으로 시작되었다. 하지만 점차 개인 욕구에 대한 보편성을 규명하고 사회적인 의미를 주장하면서 서비스 필요성을 역설하고 제도 도입을 위한 연구와 전문적 도움 활동까지 포함하게 되었다.

제2차 세계대전 이전까지의 사회복지실천 활동은 대부분 법적인 체계는 없는 상태에서 출발하였다. 법제도 없이 정부에 의한 지원도 한정된 상황 속에서 민간 원조 활동의 축적이 정부에 의한 재정 지원을 실현하고 관련 법제를 제정하는 방향으로 연결된다. 그런 의미에서 사회복지는 제도를 만들어 나가는 실천이면서 동시에 복지 이념을 사회적으로 계몽해 가는 실천이었다고 할 수 있다. 거기에 정책과 실천과 같은 구분은 큰 의미가 없다. 정책과 실천, 실천기술 모두가 사회복지를 형성하는 것이기 때문이다.

사회복지실천 활동의 대부분은 그 당시 사회에서 문제로 인식되어 있지 않던 욕구를 발견하는 것에서 시작한다. 그러한 새로운 욕구는 사회의 변화를 통해 발생하는 경우도 있지만, 사회나 인간을 새롭게 해석하는 관점에 의해 발견되기도 한다. 그러한 새로운 발견은 새로운 사상이나 실천을 배우는 데서 출발하였다. 즉, 욕구를 발견하기 위한 사회조사란 생활실태 조사뿐만 아니라 그 전제가 되는 새로운 사상을 조사하는 것도 포함하는 것이었다. 그렇게 볼 때 사회복지는 새로운 이념에 근거하여 아직 누구도 알 수 없었던 욕구를 발견하고 그에 대한 대응법을 배우면서 이를 사회 속에 적용하기 위해 연구 · 보급 · 계몽에 노력하며 공공 자원을 획득하여 제도를 이루고자 하는 연속적인 실천이라 할 수 있다. 이러한 도전적 기능을 담당하는 사회복지사의 자세는 오늘날 영국이나 미국의 자선조직협회의 헌신적 활동의 역사를 통해 알 수 있으며 우리나라에서도 자선 활동이 없었던 것이 아니다.

다원화된 복지공급 체제에서 중앙정부의 복지정책이 제도화되고 지방자치단체나 민간 복지시설 등의 제도를 통하여 실천 현장을 어떻게 구체적으로 운영해 갈 것인지 역할 분담을 연구하는 것도 매우 중요하다. 사회복지사업을 사회적 벤처 활동으로 받아들인다면 복지시설 경영을 통하여 자치단체나 국가에 의한 보조나 지원으로 연결되는 과정까지 예상해야 할 것이다. 이처럼 국가의 복지정책이 개별적인 실천 활동으로 연계되는 과정과 반대로 민간의 복지 활동이 제도로 수렴되는 과정 양쪽을 모두 포괄함으로써 사회복지학의 변증법적 관계를 이해해야 할 것이다.

이런 관점에서는 사회복지정책론과 실천론은 서로 영향을 끼치면서 구체적으로 만들어지는 변증법적 관계로 이해할 수 있다. 즉, 특정한 제도나 정책은 일련의 과정으로서 그에 기반하여 실천 활동을 형성하는 것이며 특정한 실천 활동은 그것을 보급하기 위하여 제도 및 정책의 형성을 촉진한다. 이렇게 볼 때 사회복지학은 정책과 실천을 통한 변증법적 연구라고 할 수 있을 것이다. 따라서 단순히 응용 기술만 기계적으로 실행하는 지식과 구분되는 살아있는 정책 및 실천 연구를 독창성으로서 갖추고 있는 것이다.

CHAPTER 02

사회복지의 개념

1. 사회복지의 개념
2. 사회제도의 복지기능과 사회복지
3. 사회사업·사회복지·사회보장

CHAPTER 02

사회복지의 개념

1. 사회복지의 개념

복지의 의미는 만족하고 평안한 상태를 의미한다. 병 없이 오래 사는 것, 배고프지 않고 풍족한 것 모두 포함할 수 있다. 단어의 뜻 자체로만 볼 때 편안한 상태, 무병장수의 상태, 먹거리를 비롯하여 물질적으로 풍족한 상태가 오래도록 지속되는 것을 의미한다. 이러한 복지 상태가 개인적 차원을 넘어서 사회 안에서의 삶의 질이나 사회적 욕구 충족, 문제해결을 위한 조직적 서비스 제공 노력에 의한 복지 상태로 발전하면 그때부터 사회복지라 할 수 있을 것이다. 따라서 사회복지는 만족하고 편안한 사회를 지향하며 동시에 복지 상태를 달성하기 위한 집합적인 행동을 포함한다고 볼 수 있다.

사회복지 활동은 시장 외부에서 이루어지는 배분이라 할 수 있으며 개인적 후원이 아니라 조직된 공식적 후원으로 제공되며 사회적 책임성이 강하다. 또한 보편적 성격이 강하고 이윤을 추구하지 아니하며 소비 능력을 키우는 데 관심이 있다. 전통적으로 사회복지 개념을 구분할 때 넓은 개념과 좁은 개념으로 구분해 왔다(Friedlander & Apte, 1980; Kadushin, 1972; Romanyshyn, 1971).

먼저 넓은 개념을 살펴보자. 첫째, 사회복지는 개인과 사회 전체의 복지를 증진시키려는 모든 형태의 사회적 노력을 포함한다. 둘째, 사회문제의 예방이나 인적자원의 개발, 생활 향상에 직접 관련이 있는 모든 대책과 과정을 포함한다. 셋째, 개인이나 가정에 대한 사회적 서비스의 제공뿐만 아니라 사회제도를 강화하거나 개선하려는 노력을 포함한다. 넷째, 국민의 복지를 높이고자 노력하고 사회질서를 원활히 유지하는 데 필요한 사회적 욕구를 충족하기 위한 시책으로 입법, 프로그램, 급여와 서비스를 포함하는 시스템이다.

다음으로 좁은 개념을 살펴보자. 사회복지를 공공부조와 같이 경제적으로 자립할 능력이 없는 빈곤한 사람들이나 노인, 아동, 장애인 등과 같은 사회적 약자를 대상으로 하는 복지 활동으로 분류한다. 첫째, 사회복지는 국민 전체의 복지를 지원하거나 높이려는 것이라고 정의되고 있지만, 실제 사회복지의 범위는 더 좁고 잔여적인 방향이다. 둘째, 특수 계층의 욕구를 충족시키려는 정책, 급여, 프로그램, 서비스를 의미하는 것이다.

넓은 사회복지개념은 매우 포괄적이며 정책적 차원이 강하다. 소득재분배나 인간의 존엄성, 사회통합 등 사회적 효과성 차원에서 장점이 있으며 보편적 접근을 선호한다. 반면 좁은 개념은 사회경제적으로 가장 약한 자에게 자원을 집중하므로 경제적 효율성과 비용 효과성이 좋다. 그러나 대상자의 자격을 확인하는 것이 중요하므로 그 과정에서 낙인감을 줄 수 있고, 일부에게만 급여가 집중되므로 사각지대를 낳고 사회통합 효과가 작을 수 있다.

사회복지의 기능에 따라 개념을 구분할 수도 있다. 윌렌스키와 르보(Wilensky & Lebeaux)는 사회복지의 기능에 따라 잔여적인 복지와 제도적인 복지로 구분하였다.

첫째, 잔여적인 복지개념은 보수주의 색채가 강하다. 가족 및 시장경제가 그 기능을 원활히 수행하지 못하는 경우 발생하는 문제를 보충적으로 해결하기 위한 제도로 사회복지를 해석한다. 따라서 가족이나 시장, 종교 제도와 같은 주요 사회제도가 정상적으로 복지기능을 수행하고 있으므로 사회복지와 같은 제도는 필요하지 않다고 생각한다. 사회복지제도는 일시적이며 응급 대응적인 성격을 갖는다. 아울러 보충적이고 소극적이며 사후적이고 제한적인 성격도 갖는다. 절대적 빈곤과 최소한의 보호에 집중하고 사회문제의 발생 원인이 개인의 책임에 있다고 간주하므로 선별적이고 선택적인 접근을 할 수밖에 없다. 한다디로 구호적이고 시혜적인 사회복지로 형태가 나타나기 쉽다. 필요한 사람에게 집중하므로 비용 효율적인 장점은 있지만, 엄격한 조건이 수반되므로 낙인과 부정수급 문제가 발생하고 결과적으로 사회통합에 장애가 될 수 있다.

둘째, 제도적인 복지개념은 보편주의 이념에 근거한다. 현대 산업사회에서 가족과 시장경제가 정상적으로 운영되기 힘들어지므로 사회 유지와 발전에 사회복지 제도가 필수적이라고 본다. 사회제도와 동시에 제일선에서 기능을 수행하며 다른 사회제도와 중복되면서 독자적인 기능을 발휘한다. 각 개인은 모든 문제를 대처할 수 없고, 가족이나 직장을 통해 모든 것을 충족할 수 없으므로 이를 돕기 위한 지원기관은 정상적인 제도로서 위치를 잡고 있다. 사회문제의 발생 원인을 국가책임에 두고 있으며 국민의 권리를 강조한다. 사회복지는 예방적이고 보편주의적 성격을 갖고 있다. 따라서 제도적 개념은 사회통합의 효과가 크고 낙인 효과는 없는 장점이 있다. 하지만 잔여적 개념에 비하여 자원 배분에 있어서 비용 효율성은 낮아지는 한계가 있다.

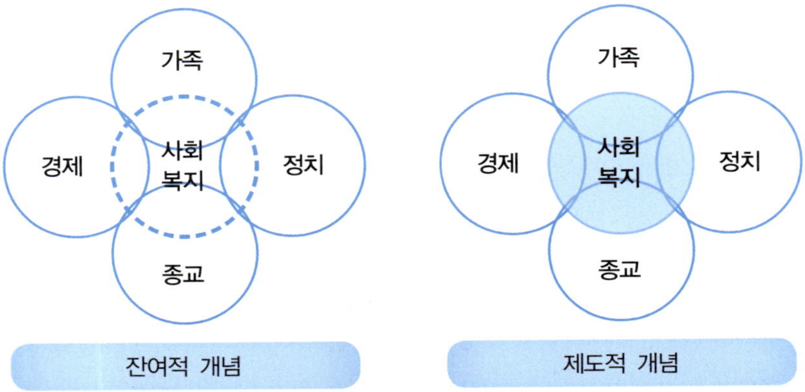

|그림 2-1| 잔여적 개념과 제도적 개념

출처 : Gilbert & Specht(1986 : 9).

로마니신(Romanyshin)은 1970년대 복지 황금기 이후의 사회복지 개념의 변화를 정리하였다. 서구사회를 중심으로 본격적인 산업사회 등장 이전의 19세기 자유방임적 자본주의를 거쳐 후기 산업사회로 전환되면서 사회복지의 개념은 자선과 교정, 복지국가와 복지사회로 변화되었다고 주장한다. 이를 구체적으로 살펴보면 다음과 같다.

① 잔여적 개념에서 제도적 개념으로 발전하였다. 잔여적 개념은 사회복지를 시장과 가족과 같은 정상적인 사회구조를 통하여 욕구를 충족할 수 없는 사람들이 최후로 의지하는 것으로 본다. 따라서 응급적이고 일시적인 구호에 그치며 도움을 필요로 하는 사람들의 성격상의 결함을 강조한다. 반면 산업사회에서는 변화하는 사회경제적 환경에서 사람들이 잘 대처하도록 일선에서 돕는 서비스가 발달하는 제도적 개념이 필요하다. 이러한 관점에서 사회복지는 정상적이고 사회제도의 최일선에서 기능을 수행하는 지위를 확보하였다.

② 자선에서 시민의 권리로 발전하였다. 자선으로서의 복지는 19세기 중산층의 자선관을 반영하는 것이다. 반면 시민권은 복지개념을 노동자들이 시민계급으로 성장하는 과정에서 획득한 권리의 확대로 본다. 즉, 18세기 노동자들은 신체, 언론, 재산의 자유 등 자유권을 확보한 후 19세기 초 중반 이후에 정치권을 확보하였다. 이를 바탕으로 19세기 말 사회권으로서 복지에 대한 권리를 확보하였다.

③ 특수성에서 보편성으로 발전하였다. 사회복지를 빈민에 대한 특별하고 예외적인 서비스로 보는 것에서 벗어나 많은 사람의 보편적 욕구를 충족시키는 사회제도와 프로그램으로 보게 되었다. 현대 산업사회에서 실업, 노령, 장애, 주요 부양자의 사망, 높은 의료비 부담 등 사회적 위험이 확대되면서 보편적인 사회복지제도와 프로그램이 필요하게 된다.

④ 최저생활보장에서 최적의 생활보장으로 발전하였다. 사회의 경제 수준이 향상되면서 사회복지 수준의 기준이 최저수준에서 적정한 수준의 보장으로 변화되었다. 이러한 흐름은 절대적 빈곤 개념을 대체하는 상대적 빈곤 개념이 등장하게 된 것에서도 알 수 있다.

⑤ 개인의 변화에서 사회의 개혁으로 발전하였다. 과거에는 욕구와 사회문제 원인을 개인의 도덕적 결함에서 찾았으므로 개인의 변화가 중요하였다. 현대 사회의 대부분 사회문제 발생은 사회 구조적 원인에 뿌리를 두고 있으므로 개인의 변화보다는 사회의 개혁을 강조하고 사회구조의 변화를 통한 문제해결을 시도하려고 한다.

⑥ 민간의 지원에서 공공의 지원으로 발전하였다. 공공부문이 복지에 대한 책임을 담당한 것은 16세기 말에서 17세기 초 영국의 구빈법까지 거슬러 올라가지만 19세기 혹은 20세기 초까지도 자발적인 사회복지 활동이 크게 영향을 미쳤다. 이후 산업화의 진전에 따라 발생한 대규모 사회문제를 중산층의 자선만으로 대응하기 어려워지게 되면서 국가의 복지기능 확대를 요구하는 압력이 증대하고 정부의 적극적 개입이 증가하였다.

⑦ 빈민에 대한 구제로부터 복지사회 건설로 발전하였다. 초기의 사회복지는 소수의 부랑 빈민에 집중되었다. 이후 모든 사회제도가 개인들의 발전에 기여하고 모든 사람이 건강하고 문화적인 생활을 할 수 있는 복지사회를 만드는 방향으로 전환되었다.

2. 사회제도의 복지기능과 사회복지

일정한 국가와 사회가 존재하기 위해서는 고유한 기능이 제공되어야 하며 효과적으로 그 역할을 하기 위한 사회제도가 필요하다. 길버트와 테렐(Gilbert & Terrell, 1998 : 3)의 경우 이러한 사회제도의 주요한 복지기능을 중심으로 사회복지 개념을 대비하였다. 주요한 여섯 가지 사회제도는 친족제도, 종교제도, 노동제도, 시장제도, 상호부조 제도, 정부 중심의 사회복지 제도로 구분할 수 있다. 친족제도는 사회화 기능을 담당한다. 출산과 가족 성원의 보호, 친교 및 정서적 지원을 제공하며 경제적 지원을 통한 복지기능을 제공한다. 종교제도는 영적 성장과 발달 기능을 하며 신도 중심의 복지와 보건, 교육, 상담 등의 복지기능을 한다. 노동제도는 고용을 기본기능으로 피고용자에 대한 임금 지급을 통해 복지기능을 담당한다. 시장제도는 생산 · 분배 · 소비를 담당한다. 재화와 서비스를 교환하며 영리 목적의 상업적 재화와 서비스 제공을 통해 복지기능을 수행한다. 상호부조 제도는 상부상조와 박애를 기본적인 기능으로 자조와 지역사회 차원의 복지서비스 제공 기능을 한다. 정부는 집합적 목표를 위한 자원의 동원과 배분을 담당하며 빈곤 타파와 경제적 안정, 보건, 교육, 주거 서비스와 같은 복지적 기능을 제공한다. 정부 이외의 사회제도는 한정된 복지기능을 제공하는 반면, 정부의 사회복지 제도는 거시적이고, 보편적인 복지제공 기능을 담당함으로써 현대 복지국가의 복지공급 기능의 주축이 되고 있다. 따라서 기능적으로 구분할 때 정부의 복지제공 역할을 제외한다면 현대 사회복지 개념을 제대로 이해할 수 없을 것이다.

〈표 2-1〉 사회제도의 복지기능

사회제도	주요 기능	복지 기능
친 족	출산, 사회화, 정서적 지지	친족부양, 가족 간 경제지원
종 교	영적 계발, 사회통합	신앙에 기반한 보건, 교육, 도움 제공
고 용	재화와 서비스 생산	고용 관련 임금 제공
시 장	교환	상업적 재화와 서비스 제공
상호부조	박애, 자조, 자선	자원봉사, 비영리서비스
정 부	자원 동원 및 분배	빈곤정책, 경제적 보장, 보건 및 의료교육, 사회복지 서비스

출처 : Gilbert, N., & Terrell, P.(1970).

3. 사회사업 · 사회복지 · 사회보장

사회사업(social work) 개념은 전문적 지식과 기술을 바탕으로 개인, 가족, 이웃의 문제해결과 사회적 기능수행을 향상할 수 있도록 원조하는 전문적 복지실천 활동을 뜻한다. 사회복지가 거시적인 넓은 개념이라면 사회사업은 한정된 범위에서 대면적 인간관계를 통해 상담과 재활 등 서비스 제공을 통한 실천 활동에 초점을 두는 미시적 개념이라 할 수 있다.

이를 좀 더 구체적으로 비교해 보면 다음과 같다. 사회복지는 바람직한 사회나 사회환경의 변화가 목표이며, 사회사업은 바람직한 인간, 개인의 변화가 목표다. 사회복지는 대상이 전체적이고 불특정할 수 있지만, 사회사업은 부분적이며 한정적이다. 사회복지의 범위는 보편적이지만, 사회사업은 개별적이다. 사회복지는 예방적 · 사전적 개입에 초점을 두지만, 사회사업은 치료적 · 사후적 개입에 초점을 둔다. 사회복지는 정책과 제도를 통한 대응 방법이지만, 사회사업은 전문지식과 기술을 활용하는 방법이다.

〈표 2-2〉 사회복지와 사회사업의 구분

구 분	사회복지	사회사업
개 념	거시적(macro)	미시적(micro)
목 적	사회환경 변화	개인행동 변화
대 상	불특정 다수	특정 소수
범 위	보편성	개별성
기 능	예방적, 사전적	치료적, 사후적
방 법	정책과 제도	전문지식과 기술

사회보장(social security)은 인간이 질병, 실업, 사망, 노령, 장애, 사고 등으로 인해 인간다운 생활을 할 수 없는 경우 사회적 보호제도의 입법을 통해 제공되는 국가의 공적인 보호조치를 말한다. 구체적인 내용은 사회보험(public insurance), 공공부조(public assistance), 보건복지 서비스 등으로 구성되며 사적 비영리조직이나 자선단체에 의해 제공되는 보호조치는 제외된다.

국제노동기구(ILO)는 사회보장을 사람들이 살면서 직면하는 여러 가지 위험, 즉 질병, 노령, 실업, 장애, 사망, 출산, 빈곤 등으로 인하여 소득이 일시적으로 중단되거나, 장기적으로 소멸되거나 지출이 크게 증가하여 사람들이 지금까지의 생활을 꾸려 나가기가 불가능할 때 이전의 생활을 할 수 있도록 하는 모든 국가의 프로그램으로 정의한다. 여기서도 볼 수 있는 것처럼 사회복지의 광의의 개념과 다르게 사회보장은 개인의 소득중단이나 상실에 대비한 소득보장에 초점이 있다. 특히 미국과 같은 사회보장 국가는 경제적 보장 프로그램의 일부분이라 해석하는 것도 가능할 것이다.

우리나라 사회보장기본법에 따르면 사회보장은 출산, 양육, 실업, 노령, 장애, 질병, 빈곤 및 사망 등의 사회적 위험으로부터 모든 국민을 보호하고 국민의 삶의 질을 향상시키는 데 필요한 소득 · 서비스를 보장하는 사회보험, 공공부조, 사회서비스를 말한다. 사회보장의 3대 영역은 사회보험과 공공부조, 사회서비스로 구분할 수 있다.

〈표 2-3〉 우리나라 사회보장의 영역

사회보험	국민에게 발생하는 사회적 위험을 보험의 방식으로 대처함으로써 국민의 건강과 소득을 보장하는 제도
공공부조	국가와 지방자치단체의 책임하에 생활 유지 능력이 없거나 생활이 어려운 국민의 최저생활을 보장하고 자립을 지원하는 제도
사회서비스	국가·지방자치단체 및 민간부문의 도움이 필요한 모든 국민에게 복지, 보건의료, 교육, 고용, 주거, 문화, 환경 등의 분야에서 인간다운 생활을 보장하고 상담, 재활, 돌봄, 정보의 제공, 관련 시설의 이용, 역량 개발, 사회참여 지원 등을 통하여 국민의 삶의 질이 향상되도록 지원하는 제도

CHAPTER 03

사회복지의 철학과 사상

1. 개인의 존엄
2. 개인의 존엄과 인권의 역사
3. 개인 존엄을 위한 사상

CHAPTER 03

사회복지의 철학과 사상

1. 개인의 존엄

사회복지의 근본은 개인의 존엄을 보호하는 것이다. 개인의 존엄은 인간으로 존중받으며 자부심을 유지하고 자기실현을 하는 것이다. 사회복지토 이용할 수 있는 급여와 서비스는 항상 개인의 존엄에 초점을 두고 있다. 예를 들어, 치매 어르신에 대해 아동을 상대하는 것과 같은 말투와 태도로 돌보는 것은 어르신의 존엄을 보장한다는 차원에서는 바람직하지 않다. 한편, 이용자는 자신의 존엄이 손상되고 있다고 생각되면 불만을 제기할 수 있다. 사회복지정책을 비롯하여 현장에서 상담과 돌봄 등을 제공하는 어떤 경우도 타당성에 대한 최종적인 판간은 개인의 존엄이 지켜지고 있는가이다. 우리나라 사회복지사업법 제1조에도 '사회복지를 필요로 하는 사람에 대하여 인간의 존엄과 인간다운 생활을 할 권리를 보장'한다고 개인의 존엄에 대해 분명히 규정하고 있다. 또한 동법 제5조에 복지업무에 종사하는 사람은 사회복지를 필요로 하는 사람을 위해 인권을 존중해야 한다는 점을 분명히 하고 있다.

이용자의 의사를 존중하지 않고 자립을 방해하며 사회복지에 의존하게 만드는 온정주의적 복지는 결코 존엄의 보장이라 할 수 없다. 서구 중심의 복지 활동이 자선사업에서 출발하여 시민혁명을 거쳐 인권으로서 개인의 존엄을 기반으로 확립됨에 따라 사회복지도 개인 존엄의 철학을 기본으로 발전을 이루었다.

인권 의식의 발전으로 개인 존엄의 개념은 세 가지 요소를 포함하게 되었다(炭谷茂, 2022 : 48-58). 첫 번째 요소는 인간으로서의 개인의 존엄이다. 인간은 각자가 생명이나 인격의 존엄을 갖고 있다. 인간 존엄의 중요성을 철학에서 최초로 확립한 것은 칸트(I. Kant)라 할 수 있다. 칸트는 가격을 매길 수 있는 것은 다른 등가물과 바꿀 수 있지만, 인격을 갖는 인간은 가격을 초월하여 등가물로 바꿀 수 있도록 허락되지 않는 존엄성을 가진다고 하였다. 국가권력으로부터의 자유(자유권)는 이를 보장하기 위한 것이다. 더욱이 인간 존엄을 유지하기 위해서는 인간다운 생활이 보장되어야 하는데, 생존권은 이를 보장하기 위한 것이다.

두 번째 요소는 국가나 집단에 대한 개인으로서 지위 존중이다. 제2차 세계대전 이전의 독일, 이탈리아 등의 전체주의나 일본의 군국주의는 개인을 억압하였다. 그러나 개인의 존엄이 지켜지는 사회는 전체나 집단을 위해 개인을 희생시키지 않는다. 이를 위해서는 자기 결정권이나 개인의 발언권과 선택권이 존중되어야 한다.

세 번째는 개인적 차이의 존중이다. 개별 인간은 연령, 성, 심신 상태, 인종, 민족 등 차이가 있지만, 각자의 차이를 존중하는 것이다. 이는 곧 차별 없는 다양성의 존중이라 할 수 있다.

인권은 개인 존엄의 첫 번째와 두 번째 요소 모두 포함하여 보장한다. 개인 존엄의 개념으로 위의 세 가지 중 어느 하나의 요소로만 제한하여 생각할 필요는 없다. 세 요소는 모순과 대립이 아니라 상호 보완의 관계이므로 개인의 존엄 개념은 세 가지 의미를 모두 포함하는 것이다. 이 외에 인간 존엄이라는 용어를 사용하기도 하는데, 개인 존엄과 유사한 의미라 생각해도 좋지만, 위에서 구분한 개인 존엄의 첫 번째 의미에 더 초점을 두고 있다고 볼 수 있다. 1949년 서독에서 제정된 독일 기본법은 제1조에 인권을 규정하고 있다. 즉, '인간의 존엄은 불가침이다. 이를 존중하고 보호하는 것은 모든 국가권력의 의무이다. 독일 국민은 침해할 수 없으며 양도할 수 없는 인권을 세계의 모든 인간사회, 평화 및 정의의 기초로서 인정한다'고 인간 존엄의 개념을 활용한다. 독일 기본법은 나치에 의한 유대인 학살에 대한 반성을 배경으로 제정되어 첫 번째 요소인 인간으로서의 존엄에 주목하여 제정한 것이다. 그런데 개인 존엄은 인간의 존엄과 달리 이기주의를 확대하기 쉽다고 생각할 수도 있다. 그러나 개인의 존엄은 자신뿐만 아니라 다른 사람의 존엄도 포함하므로 이기주의와는 성격이 다르다고 할 수 있다.

2. 개인의 존엄과 인권의 역사

개인의 존엄은 인권의 기초를 이루지만 기나긴 인권의 역사 속에서 형성 및 발전되어 왔다. 중세 유럽의 봉건사회는 국왕이나 교회가 농민이나 도시 시민을 지배하고 농민 등은 직업과 이동의 자유가 인정되지 않았다. 또한 개인의 재산권은 인정되지 않고 수탈당하고 있었다. 영국은 17세기 중반에 청교도 혁명이 발생하고 청교도 중심의 시민이 국왕을 쓰러뜨리고 절대왕정의 지배기구를 타파한 후 의회 민주주의를 확립하였다. 이어서 명예혁명이 발생하고 1689년 의회가 '권리장전'을 제정하여 국왕의 승인을 추인하였다. 권리장전은 의회의 승인 없이 과세하지 못하고 선거의 자유, 언론의 자유를 인정하는 등 시민의 자유와 권리를 보장하는 것이었다.

영국과의 식민지 독립전쟁에서 승리한 미국은 1776년 독립선언을 공포하는데 여기에 모든 인간은 태어나면서 평등하며 창조주에 의해 생명, 자유 및 행복 추구를 포함하는 불가침의 권리를 부여받았다는 점을 천명하고 있다. 생명의 권리는 생명이 국가권력에 의해 위협당하지 않는 것, 행복 추구권은 자유롭게 경제적 활동을 할 수 있는 것이다. 더욱이 명예혁명이나 미국 독립전쟁의 영향을 받아

1789년 프랑스 혁명이 일어나 프랑스 인권선언이 제정되었다. 드디어 여기에서 인간에게 양도할 수 없는 신성한 자연권으로서 자유와 평등을 규정하였다.

영국의 권리장전, 미국의 독립선언, 프랑스 인권선언 모두 영국 철학자 로크(J. Locke)의 사상을 기초로 하고 있다. 즉, 국가가 형성되기 이전부터 인간은 불가침의 자연권으로서 자유와 안전, 소유권 등 고유의 권리를 가진다는 것이다. 이렇게 인정되는 인권은 절대왕정에 대항하여 일어난 근대 시민혁명으로 탄생한 '제1세대 인권'이라 할 수 있다. 이는 국왕이나 교회의 종속적 지배에서 벗어나 개인으로 자유롭게 활동할 수 있는 지위를 보장하는 것으로 '자유권'이라 할 수 있다. 이러한 인권사상은 19세기에 들어와 '신앙의 자유', '언론 및 출판의 자유', '주거의 불가침', '재산을 소유할 권리의 불가침' 등 국가로부터 자유로운 활동으로 발전하여 자리 잡았다.

1770~1830년대 걸쳐 영국에서 산업혁명이 일어나 생산기술이 향상하고 경제는 급격하게 팽창하였다. 이에 따라 자본주의는 발전을 거듭하였다. 국가권력에서 벗어나 자유롭게 경제활동을 할 수 있다는 의미에서 제1세대 인권이 자본주의 발전의 핵심 기둥이 되었다. 다른 한편 경제 순환에 의해 발생하는 불황기는 많은 실업자와 빈민을 발생시켰다. 노동자의 열악한 거주환경, 빈부격차 확대 등이 심각한 사회문제로 떠올랐다. 노동자는 노동조합을 결성하고 자본가에 대하여 처우개선 요구를 전개하는 운동이 격화되는 등 사회불안이 증가하였다.

급기야 1917년 러시아 혁명이 발생하였고 19세기 말부터 20세기 초에 걸쳐 영국에서는 해운업 경영자이자 통계학자였던 부스(C. Booth)가 런던에서, 실업가이자 사회조사에도 관심이 높았던 라운트리(B. S. Rowntree)가 요크시에서 빈민의 실태를 조사하여 발표하였다. 이 결과에서 빈곤은 개인의 나태나 음주 등 개인적 원인으로 발생하는 것이 아니며 저임금이나 부실한 연금제도 등 사회적 원인으로 발생한다는 점을 강조하였다. 역사상 처음으로 사회적 문제로서 빈곤을 규정한 것이었다. 이로 인해 빈곤 퇴치를 위해서는 국가의 대책이 필요하다는 점을 인식하게 되었다. 그리하여 20세기에 들어와 노동자의 생활을 보장하기 위한 생존권이나 노동자의 단결권 등 '사회권'이 인정되었다. 1919년 독일 바이마르 헌법 제151조 제1항에서 경제생활의 질서는 모든 사람에게 인간다운 생활을 보장할 목적을 가진 정의로운 원칙에 적합해야 한다고 인정한 이후 세계의 헌법에서 '생존권'에 관한 규정이 만들어지기 시작하였다. 이러한 인권을 '제2세대 인권'이라 하며 1세대 인권과 다르게 국가에 의해 지원한다는 성격이 강하다(Drake, F. F., 2001).

제2차 세계대전 후 세계는 전쟁으로 인해 비참한 인명 피해가 발생하는 비극을 반복하지 않기 위해 각국이 협력하여 평화를 구축하려는 움직임이 활발히졌다. 특히 나치 등 전쟁범죄의 잔학행위 등에 대한 반성으로 인권 문제로 관심이 집중되었다. 1948년 국제연합이 세계인권선언을 채택하면서 제1세대 인권으로 자유권, 제2세대 인권으로 사회권이 포함되었다. 한편 1945년 설립된 국제연합을 무대로 개발도상국의 영향력이 강해져 발전의 권리가 주장되기 시작하였다. 이는 경제성장이 뒤처진 개발도상국은 경제를 성장시켜 생활 수준을 향상할 권리를 가지며 선진국은 이에 대하여 도움을 제공할 의무가 있다는 것이다. 또한 제국주의 침탈을 당했던 국가를 중심으로 민족자결권이 주장되었다.

과거 인권은 개인이 대상이었지만 경제발전의 권리나 민족자결권은 국가나 민족에 따라 이질적인 성격을 가지는 것이었다. 또한 선진국을 포함한 세계 각국은 경제 및 사회상황의 변화에 따라 사생활 보호권, 초상권, 개인정보 보호권, 환경권, 일조권 등 새로운 인권과 여성과 이민, 소수자 등 차이에 따른 인권이 주장되었다.

인권은 이처럼 시대와 함께 변화와 발전을 거듭하는 성격을 가지고 있다. 제2차 세계대전 후에 주장되기 시작한 새로운 인권이 완전히 사회적으로 정착하고 인정된 것은 아니지만 이러한 동향을 모두 포함하여 '제3세대의 인권'이라 할 수 있다.

3. 개인 존엄을 위한 사상

개인 존엄을 구체화하기 위해 경제사회 상황의 변화에 따라 사회복지를 움직이는 새로운 사상이 제기되어 왔다. 그러나 이러한 사상의 밑바닥에는 항상 개인의 존엄이 깔려 있다(炭谷茂, 2022 : 55-57).

첫째, 정상화(normalization)와 사회승인이다. 정상화 사상은 1950년대 덴마크 뱅크 미켈슨(N. E. Bank-Mikkelsen)이 지적장애인을 대상으로 세계에서 처음 주창하여 1959년 덴마크 지적장애인복지법으로 결실을 맺었다. 정상화는 지적장애인을 정상적으로 만드는 것이 아니라 지적장애인의 욕구에 맞는 돌봄, 교육, 훈련 등의 지원을 통해 생활 조건을 정비하여 비장애인과 마찬가지로 정상적 생활이 가능하도록 조성해야 한다는 주장이다. 정상화 사상은 스웨덴도 채택하여 1968년 법제화되었다. 중심적 역할을 담당하였던 니르제(B. Nirje)는 정상화 원리를 지적장애인이 정상적 리듬에 따라 생활하고 정상적 성장단계를 거쳐 일반인과 마찬가지의 정상적인 생활주기를 보낼 수 있는 권리로 규정하였다.

이 모두는 지적장애인의 생활환경을 일반 사회와 마찬가지 상태로 정리하는 것으로 개인의 존엄을 지키는 것을 목표로 하고 있다. 이에 따라 지적장애인이 사회 속에서 가치 있는 역할을 하며 사회적 승인을 획득할 수 있다고 생각하였다. 미국의 심리학자 매슬로우의 인간의 욕구 5단계 법칙은 생리적 욕구(1단계), 안전의 욕구(2단계), 사회적 욕구(3단계), 승인의 욕구(4단계), 자기실현의 욕구(5단계)가 있는데, 정상화는 지적장애인에 대하여 4단계 승인의 욕구를 충족하는 것이다. 사회적 승인은 집단 또는 사회적 관계에 있어서 어떤 개인의 행동을 허용하고 인정하며 자유와 칭찬 등을 제공하는 것을 말한다. 집단은 친구, 학급, 직장 등 가까운 데서부터 지역사회, 국가로 커지며 승인은 집단의 규모나 권위가 커짐에 따라 만족감은 커진다. 지적장애인에 대해서도 마찬가지일 것이다. 정상화 개념은 장애인 전체를 대상으로 확대되어 세계에 강력한 영향을 끼쳤다. 1971년 국제연합 지적장애인 권리선언, 1975년 국제연합 장애인 권리선언, 1981년 세계장애인 해의 중심적 사상이 되었다.

둘째, 자립과 자기 결정권이다. 정상화 사상은 미국에도 영향을 끼쳤다. 울펜스버거(Wolfensberger, W.)는 장애인에 대한 사회서비스를 충실하게 확충하여 장애인이 지역에서 자립하여 사회적 생활을 실현하는 것을 목표로 내세웠다. 미국에서는 1960년대 흑인의 지위를 향상하기 위한 공민권 운동이 격화되고 사회적 약자의 인권을 향상하기 위한 운동이 활발해졌다. 이 공민권 운동과 정상화 사상의 영향으로 1970년대 초에 미국 버클리대학 중심으로 중증장애인이 시설을 벗어나 지역에서 자립생활을 보낼 수 있도록 하는 운동이 활발하게 전개되었다. 특히 중증장애인에 대하여 개인 존엄의 관점에서 자기결정권을 최대한 존중하며 지역에서의 생활과 기회 평등을 보장하도록 주장하였다. 이러한 장어인의 자립생활 운동은 세계적으로 널리 영향을 끼쳐 사회복지 각 분야에서 당사자의 자립이 중요해지고 사회복지의 목표 중 하나가 되었다.

자립이란 외부의 종속에서 벗어나 홀로 서는 것이며 경제적 · 신체적 측면에서 타인의 힘을 빌리지 않고 해나가는 것으로 이해되고 있다. 하지만 자립이 온정적 보호제도로부터 탈피하여 생활을 꾸려나가는 경제적인 자립을 의미하는 측면으로 해석되기도 한다. 또한 신체장애인의 경우 타인의 지원이 필요 없게 된 상태를 의미할 수 있다. 하지만 장애인 자립생활 운동의 영향으로 장애인의 자립은 모든 것을 스스로 하는 것이 아니라 타인의 도움을 받으면서도 인격적 · 사회적으로 자립하는 것을 목표로 하게 되었다. 이러한 중심 사상은 자신의 생활이나 인생을 스스로 선택한다는 자기 결정권을 존중하는 사고방식이다.

셋째, 사회통합과 참가이다. 1990년대부터 유럽은 외국인, 장애인, 실업자, 빈민, 홈리스, 약물 의존증 환자 등 지역사회에서 소수자가 다수자로부터 배제되는 현상이 뚜렷해지며 심각한 사회문제로 되었다. 유럽은 역사적으로 교회를 중심으로 지역사회의 연결이 강하고 주민은 노인과 장애인 등의 사회적 약자를 돕는 전통이 있었다. 그러나 20세기 후반부터 지역의 상호부조 기능이 무너지기 시작하면서 국가의 기반이 약해졌다. 이 때문에 프랑스, 독일, 영국 등 유럽 여러 국가는 사회적 통합 이념을 국가정책의 근간에 두고 기본적인 정책을 강력하게 추진하고 있다. 유럽 연합도 1997년 암스테르담 조약을 채택하여 사회적 배제 극복을 위한 사회통합 정책의 추진을 내세웠다. 지금까지 각 나라에서 정상화 이념의 보급을 추진했지만, 정상화와 사회통합 모두 사회적 약자와 함께 지역사회에서 생활하고자 한다는 점에서 목적이 일치했다. 그러나 정상화는 장애인을 주요 대상으로 하였지만, 사회적 배제를 당하는 사람은 장애인뿐만 아니라 외국인, 실업자, 빈민, 한부모 가정, 홈리스 등 범위가 넓다. 또한 정상화는 장애인이 다른 주민과 같은 생활을 보낼 수 있도록 조건을 정비하는 데에 초점을 두고 있지만, 이것만으로서 사회에서 일어나고 있는 이질적인 사람을 배제하는 힘에 대한 대항력이 될 수 없어 문제를 충분히 해결할 수 없다. 그 때문에 정상화 사상을 발전시켜 사회적 통합이라는 포괄적 개념이 출현하였다.

이러한 동향은 세계 각국에 공통적이며 정상화를 대체하여 사회적 통합이 급속히 보급되었다. 사회적 통합은 다양한 배경을 가진 지역주민이 자발적으로 취업 및 교육, 여가 활동에 참가하여 협력적으로 마을 만들기를 이루어 가는 것으로 실현될 것이다. 사회적 통합의 활성화를 위해서는 혈연 및 지연 중심의 단체에 의한 주민참여와 다른 자발적인 주민참여가 필수적이다. 이를 위해서는 주민 사이의 목적의식을 공유하는 것이 무엇보다 중요하다. 사회적 배제를 당하고 있는 장애인, 은둔형 외톨이, 홈리스 등의 참여도 중요하다. 이러한 사람들의 취업이나 교육, 여가 활동에 대한 참여를 촉진하려는 노력을 통해 과제 해결 능력을 키울 수 있으며 효과적인 역량 강화의 방법을 습득할 수 있을 것이다. 주민 스스로가 주인이 되어 사회적 기업 등을 만들어 취업이 어려운 약자와 소수자가 주민과 함께 일할 수 있게 된다면 사회적 통합이 추진될 수 있을 것이다. 취업이 어려운 사람이 사회적 기업 등에 취업하여 일하는 것이 사회적 승인을 얻을 수 있는 효과는 클 것이다.

사회적 승인의 형태를 사랑과 우정에 의한 승인, 법률을 통한 승인, 가치 공동체에 의한 승인으로 구분할 때 사회적 기업은 가치 공동체에 의한 승인에 해당할 것이다. 사회적 통합은 세계 전체적으로 발생하고 있는 심각한 사회문제로서 사회적 배제의 해결을 목적으로 한다는 것, 그 대상자는 장애인, 노인, 한부모 가정, 은둔형 외톨이, 빈민, 실업자, 출소자, 외국인 등이 폭넓게 해당할 것이다. 지원 영역도 복지 및 취업, 교육, 여가 활동 등 범위가 매우 넓다는 점에서 과거의 사회복지와는 다르지만, 현대 사회복지의 중심을 이루는 사상이라 할 수 있다.

CHAPTER 04

사회복지 원리와 이데올로기

1. 사회복지의 정책 원리
2. 복지정책의 이데올로기
3. 사회복지의 실천 원리

CHAPTER 04 사회복지 원리와 이데올로기

어떤 행위나 활동에 방향성을 부여하는 근본적인 지침을 원리라 한다. 드한 사안의 성립이나 구조에 관한 기본적인 설명을 하는 데에 원리가 활용되고 있다. 근본적인 지침과 관련되는 것은 규범의 원리, 성립이나 구조에 관한 사실적 설명과 관련된 것은 존재의 원리로 구분하여 사회복지의 원리를 두 개의 줄기로 이해할 수 있다. 예를 들어, 자본주의 사회는 자립 노력을 해야 살아갈 수 있다는 개념은 사회구조가 어떻게 되어있는지에 대한 사실 인식과 사람이 무엇을 해야 하며 어떻게 해야 할 것인가에 대한 규범적 이해가 하나로 되어있는 것이다. 이러한 인식과 행위를 좌우하는 포괄적인 관념을 이데올로기라 할 수 있는데, 특히 인간과 사회의 형태나 국가 역할과 같은 공적 관심사에 관련된 포괄적 관념을 정치 이데올로기라 할 수 있다.

우리 사회는 정부를 비롯한 각종 단체의 활동 목표로서 개인이나 사회 전체의 복지 향상이 제시되고 있다. 그렇지만 그것은 매우 다차원적이고 막연한 목표에 가까우며 그러한 애매함 때문에 복지에 관한 논의는 상반되는 견해가 병행하고 있다. 예를 들어, 노동시장에 참가하는 것이 진정한 자립이며 그것을 지원하는 것이 복지의 목표로 적합하다는 관점이 있는 반면에, 노동시장에 한정되지 않고 널리 사회에 참여하여 어떤 역할을 하는 것이 진정한 자립이며 그것을 지원하는 것이야말로 복지의 본질이라는 관점도 있다. 또한 사회자원의 공적인 공급은 심각한 욕구를 안고 있는 사람들로 제한해야 한다고 생각하는 사람도 있지만, 가능한 한 많은 사람이 누려야 한다고 생각하는 사람도 있다. 복지에 대한 사고나 요구하는 방식에 이와 같은 차이가 초래되는 요인은 다양하지만, 의식적 또는 무의식적으로 사람들이 어떠한 정치 이데올로기에 영향을 받고 있는지, 그 시대나 사회에 어떠한 정치 이데올로기가 지배적인지 관점의 차이에 따라 무시할 수 없는 영향력을 발휘한다. 실제 복지정책의 평가나 구상에 대한 이데올로기의 영향력이나 양자의 관계를 둘러싼 논의와 고찰은 서구 복지 연구에 있어서 분명한 위치를 차지하고 있다.

그렇다면 정부의 복지정책이나 우리 사회의 복지관을 크게 좌우하는 이데올로기는 어떠한 것이 있으며 또한 어떻게 복지정책의 형성과 평가에 관계되고 있을까. 이러한 의문에 대하여 깊이 있게 생각하는 과정을 통해 복지정책의 원리를 더 입체적으로 이해할 수 있을 것이다.

1. 사회복지의 정책 원리

1) 자본주의와 민주주의의 충돌

사회복지정책이 성립하는 원리는 자본주의와 민주주의라는 두 가지 정치 이데올로기에 근거하여 구성된 체제의 충돌이라는 관점에서 설명할 수 있다. 이러한 해석은 매우 단순할 수도 있지만, 선진 산업국가에서 정책적 대립축을 분명하게 드러내는 데 효과적인 기준이라 생각한다. 자본주의는 시장의 자유로운 경제활동 –기업과 노사의 거래, 상품의 매매, 생산과 소비, 개인 소유, 등가교환 등으로 상징할 수 있는 사회구조를 기초로 하는 정치경제 시스템을 말한다. 산업화를 이룬

국가는 자본주의 침투에 의해 노동으로 얻은 수입으로 상품을 구입하고 생활의 필요를 충족하는 자조 개념에 근거하는 생활구조를 당연하게 여기게 되었다.

민주주의는 주권재민, 법치주의, 다수결, 자유권 및 평등권, 기본적 인권의 보장이라는 사고에 근거하여 통치 구조를 만드는 정치 시스템을 말한다. 민주주의 사고방식은 그리스 시대로 거슬러 올라가지만, 그것이 확장된 계기는 프랑스 혁명과 미국 독립혁명 등 18세기에 발생한 사건에 있다. 자본주의와 민주주의 모두 봉건적 신분제 사회에서 사람들이 해방하여 자유로운 개인으로 이루어지는 사회를 추구하는 원동력이 되었다. 그리고 근대 사회에서는 자립적인 개인에 의한 자유로운 행복을 추구하는 방식이 존중되었다. 그러나 자본주의 사회의 자유와 민주주의 사회의 자유는 근본적인 생각의 차이를 보여주고 있다.

2) 서로 다른 자유

자본주의에 어울리는 자유는 사적인 이익을 추구할 자유이며 경제활동을 방해하지 않는 자유라 할 수 있다. 희소한 재화를 둘러싼 시장에서의 자유경쟁에서 승자와 패자의 경제적·사회적 불평등이나 소득이나 자산을 가진 자와 그렇지 못한 자의 현저한 격차로서의 빈곤은 자유의 대가로 본다. 복지정책이 목표로 하는 빈곤이나 욕구 대부분은 그 시대에 존재하는 어려움이나 결핍과 다르게 자본주의에 근거한 경제구조에 따라 만들어지는 것이 특징이다. 자본주의 사회는 생활의 자조를 원리로 삼아 노동할 수 없으면 생활을 꾸려나갈 수 없는 세상을 의미한다. 노동할 수 없게 하는 일반적 리스크의 대표적인 것으로 질병·장애·노화·퇴직·실업 등을 들 수 있다. 산업화에 성공한 사회에서 산업재해는 일상적으로 일어나는 리스크라 할 수 있다. 이러한 요인에 의해 주요 부양자가 일할 수 없거나 사망한다면 지금까지 부양을 받아왔던 자의 생활도 위험해질 것이다. 임금이 낮은 수준으로 유지되는 경우도 마찬가지다. 이처럼 자본주의 사회에서는 개인의 자조 노력으로 어떻게 할 수 없는 여러 요인에 따라 본인과 가족이 빈곤에 빠질 수 있는 것이다. 그렇지만 정부나 타인의 개입을 철저하게 부정하는 자본주의적 자유는 빈곤해질 자유조차 인정한다.

하지만 민주주의를 내걸고 요구했던 것은 자본주의적인 자유보다도 한층 폭넓은 자유다. 그것은 인간의 존엄이 보장되는 관계와 조건을 가져올 수 있는 자유, 개인이 주체적, 자율적으로 뭔가를 이룰 수 있는 자유라 할 수 있다. 이러한 민주주의적 자유는 자본주의적 자유가 낳은 경제적, 사회적 불평등과 격차, 빈곤과 같이 존재할 수 없다. 자본주의적 자유는 민주주의라는 자리에서 보면 자본의 무한정한 자유를 의미하는 것이며 다수의 부자유를 기본적인 조건으로 하는 것이다. 따라서 민주주의적 자유에서 요구하는 것은 자본주의적 자유에 일정한 제약을 가하는 것이다.

현대 자본주의 사회에서는 대부분 민주주의적 자유가 권리로 정착되어 있다. 특히 참정권의 확대가 민주화의 진전에 결정적 역할을 하였다. 참정권의 확대에 따라 사람들의 정치참여가 진행되면서 부유층과 특권층의 이해만 대변하지 않는 제도와 정책이 도입되었으며 민중의 이해를 대표하는 정당이 집권당이 될 수 있게 되었다. 이러한 민주주의적 자유의 발전은 다양한 정치적 요구와의 결합으로 이루어진 것으로 이해할 수 있다. 예를 들어, 20세기 초반에 여러 국가는 국력을 높이기 위해서 산업화를 추진하고 군비를 증강하며 노동자는 곧 소비자이며 병사로서 국민의 생활 수준 향상을 위한 각종 사회개량이 필요하다는 인식이 강하였다. 세계공황에 의한 경제 및 사회의 혼란과 대량실업의 발생은 계급대립을 격화시키고 정부에 의한 사회개혁을 뒷받침하였다. 다양한 한계를 가진 시장경제의 보완뿐만 아니라 생산성 향상을 위한 노동력의 보호, 정치적 정통성의 확보, 치안 유지, 사회통합과 같은 정치적 과제가 복지정책과 연결되었다.

자본주의적 자유에 있어서 러시아 혁명으로 촉발된 사회주의 국가의 등장은 매우 중대한 사건이었다. 사회주의 세력의 확대가 큰 위협이 되면서 자본주의국가는 복지정책 확대를 통해 자본주의적 자유를 수정하고자 하였다. 또한 다수의 소중한 생명을 앗아간 두 차례 세계대전의 교훈도 전쟁이 끝난 후 각 국가에 있어서 민주주의적 자유의 확대와 복지국가의 건설을 촉진하였다. 이리하여 20세기는 국민국가마다 생존권을 비롯한 사회권이 법제화되고 국제적인 인권보장의 틀이 형성되었다.

이처럼 자본주의와 민주주의의 충돌은 역사적 사건과 맞물려 과거브터 실시되었던 지배층에 의한 시혜적인 구제를 국가의 의무임과 동시에 사람들이 공유해야 할 권리로서 생활 보장의 구조로 바꾸어 놓았다. 또한 노동자의 자발적 상호부조 및 공제 활동을 국가가 담당하여 국민에 대한 사회보험으로 바꾸어 놓았다. 이후 공공부조와 사회보험이 융합하는 형태로 오늘날과 같은 복지국가 체제가 만들어졌다. 즉, 국민국가를 단위로 하는 사회보장 구조와 복지정책의 기초가 완성되었다.

3) 목적과 수단의 연계

지금까지 사회복지가 정책적 차원에서 왜 존재하는지에 관한 질문에 대하여 자본주의와 민주주의의 충돌이라는 관점에서 정리해 보았다. 그리고 복지정책이 존재하기 위한 원리는 두 가지 자유가 밀고 당기는 상호 운동으로 도출된다는 관점을 제시하였다. 그렇다면 사회복지를 구체적인 정책으로 실천한다면, 무엇을 위해 어떻게 해야 할지를 고민해야 할 것이다. 복지정책은 문자 그대로 복지를 목적으로 하는 정책인데, 인간의 존엄이나 기본적 인권의 존중과 같은 보편적 가치 실현을 궁극의 목적으로 하고 있다. 그리고 그러한 보편적 목적을 달성하기 위하여 사회보장을 비롯한 다양한 제도가 수단으로 활용된다.

우선 사회복지의 보편적 목적이 핵심을 이루면서 그 연장선에서 복지정책에 초점을 둔 목적이 제시된다. 이러한 정책 목적을 실현하기 위한 개별적인 목적에 따라 복지제도가 만들어진다. 나아가 복지제도의 목적을 구체적인 제도로 운영하기 위해서 더욱 세밀하고 다양한 목적으로 분화되어 외연이 더욱 넓어지게 된다. 즉, 인간의 존엄, 기본적 인권 등의 보편적 가치를 기점으로 하여 국가나 자치단체의 복지정책에서 법이나 조례에 근거하는 복지제도의 이념 및 목적으로, 나아가 정책 영역마다 수립되는 복지계획과 개별적으로 수립되는 지원계획의 방향으로 목적의 범위와 내용은 구체적으로 좁혀져 간다. 한마디로 복지정책의 목적이라 해도 수준의 차이가 있고 보다 상위의 목적에서 보면 하위의 목적은 수단으로 있게 된다. 복지정책의 규범적 원리는 그 정점은 보편적인 목적을 가리키지만 넓게는 이러한 목적과 수단이 연쇄적으로 연결된 전체로서 이해해야 할 것이다. 또한 적용 대상의 선별 또는 보편주의, 필요와 기여에 따른 공급의 원리, 보험과 부조와 같은 급여의 원리, 수혜자의 이익 또는 능력에 비례하는 부담원리, 자립과 정상화와 같은 도움 제공의 원리 등 다양한 개별적 원리가 사안에 따라 연결된다.

2. 복지정책의 이데올로기

복지정책의 형성이나 평가에는 자유나 평등과 같은 보편적 가치가 정책 영역을 가로지르면서 큰 영향을 끼치고 있다. 그러나 이러한 가치는 정치 이데올로기마다 다르게 해석된다. 예를 들어, 자유라는 가치는 자유주의 이데올로기를 기준으로 하면 개인의 자유, 특히 정부나 타인의 간섭으로부터의 자유가 핵심이다. 이는 자본주의적 자유와 거의 비슷하다. 반대로 사회민주주의나 사회주의와 같은 정치 이데올로기를 중심으로 하면 민주주의적 자유가 본질이 된다. 즉, 인간은 연대나 상호부조 등 사회적 네트워크에 의해 살아가는 존재이므로 무엇을 하고 어떤 선택을 할 것인가에 대한 자유와 조건을 집합적으로 보장하는 것이 옳은 방향일 것이다.

따라서 서로 다른 관점을 통해 이루어지는 복지정책에 대한 평가와 구상은 서로 다를 수 있다. 자유의 관점은 공공복지가 확대되면 사람들의 의존적인 태도가 증가하리라 생각하므로 저부담–저복지와 같은 잔여적이고 선별적인 복지공급을 선호할 것이다. 사회민주주의적 관점은 공공복지 확대가 사람들의 자립과 자율의 조건을 확실하게 만들어 고부담-고복지에 의한 보편적이며 제도적인 복지공급이 바람직하다고 한다. 이처럼 시각의 차이에 따라 서로 다른 정책평가나 구상이 제시된다.

〈표 4-1〉 이데올로기 유형

이데올로기 유형	개 요
자유주의 (liberalism)	개인주의와 결합된 일련의 신념이며 특히 뉴라이트의 경우 국가를 신뢰하지 않고 모든 국가활동은 개인의 자유를 위협할 수 있다고 간주한다. 또한 사회는 국가의 개입이 없다면 최적의 자기조정이 가능하다고 주장한다.
보수주의 (conservatism)	전통적인 사회관계와 사회질서의 중요성을 강조하는 일련의 정치적 신념을 말한다. 보수주의자는 특히 종교, 가족, 노동의 가치를 중요하게 생각한다. 공공질서의 유지에 초점을 두는 경우 복지공급이나 사회개량을 인정한다.
사회민주주의 (social democracy)	혼합경제를 기반으로 집합적인 사회활동과 사회보호가 불가피하다는 점을 지지하는 일련의 정치적 신념을 말한다. 집합주의보다도 개인주의를 지지 하며 불평등의 완화를 긍정하지만 전면적 제거는 주장하지 않는 점에서 사회주의와 다르다.
사회주의 (socialism)	집합행동, 연대, 자유, 평등이라는 가치에 근거하는 일련의 정치적 신념을 말한다. 집합적 행동에 의한 사회개량, 공동의 관리 및 소유에 근거하는 사회경제적 구조, 협동과 불평등에 근거하는 사회의 이상형 등을 요구하는 다양한 조류로 이루어진다. 페이비언 사회주의와 같이 복지추구에 있어서 국가의 역할을 강조하는 입장, 사회운동이나 사회지원을 강조하는 입장도 있다.
마르크스주의 (Marxism)	사회는 자본가와 부르주아, 노동자와 프롤레타리아의 계급투쟁으로 이루어진다는 사고에 근거하는 일련의 신념을 말한다. 국가는 지배계급의 도구로 간주되는 경우가 많지만, 네오마르크스 주의자는 국가가 자본축적의 촉진과 자본주의 사회의 정통화라는 서로 충돌하는 역할을 담당하는 것으로 정통성 위기에 빠진다고 생각한다.
페미니즘 (feminism)	여성이 남성보다 열등하게 간주하거나 그러한 존재로서 취급되어서는 안 된다는 신념 전체를 말한다. 자유주의 페미니즘, 마르크스주의 페미니즘, 급진적 페미니즘 등 다수의 분파가 있다.
녹색주의 (green politics)	환경보호를 강조하면서 천연자원의 사용, 다른 종이나 자연 세계와 인간의 관계를 둘러싸고 주류와의 관심을 거절하는 등의 일련의 신념을 말한다.

출처 : Spicker, P.(2008). Social Policy : Themes and Approaches, policy press(revised second edition), pp. 93-96, 287-301; 圷洋一(2021), p. 65를 참조하여 정리.

〈표 4-2〉 사회복지의 가치

가 치	주요 내용
자유 (freedom)	인간은 심리적 자유(선택할 수 있는 자유), 소극적 자유(행위를 방해받지 않을 자유), 적극적 자유(행위를 할 수 있는 자유)를 가져야 한다. 자유의 개인주의 모델은 자립에 근거한 자유를 중요시하며 사회복지나 국가개입을 자립이나 자유의 방해로 간주한다. 한편 자유의 사회모델은 상호의존에 근거하여 자유에서 출발한다. 그리고 빈곤을 자유의 부정으로 간주하며 사회복지는 사람들의 역량을 강화하는 것으로 자유를 촉진한다고 생각한다.
권리 (rights)	권리는 인간의 관계를 통제하는 규칙이다. 권리를 가진다면 상대의 행위를 변화시킬 수 있다. 도덕적 권리의 배후에는 도덕적 요구가 있으며 법적 권리의 배후에는 법적 제재가 있다. 인권이나 시민권 등 만인에게 적용되는 일반적 권리도 있다. 마샬은 복지국가의 발전을 소유권이나 참정권에 이어 사회권을 더하여 확장해서 묘사하였다.
평등 (equality)	평등이란 불이익을 제거하는 것이지만, 사람이 모두 같다는 것을 의미하는 것은 아니다. 평등을 추구하는 방법은 왜곡이나 편견을 제거하고 사람을 다루는 것(처우의 평등), 경쟁의 기회나 조건을 정비하는 것(기회의 평등), 교육이나 의료의 공급을 공통화하여 표준화하는 것(공급의 평등), 기본적 권리와 자원 및 서비스, 재분배를 보장하는 것(기본적 보장), 상황에 따라 다른 처우를 하면서 결과에 따른 불이익을 제거하는 것(결과의 평등) 등이 있다.
사회정의 (social justice)	사회정의에 대하여 경합하는 두 개의 이해를 볼 수 있다. 첫째는 플라톤적인 관점으로 선하고 올바른 것을 정의로 하는 것이다. 예를 들어, 롤즈의 이성적 사고에 근거한 합의된 질서로서 정의를 들 수 있다. 둘째는 아리스토텔레스적 관점으로 균형적 정의다. 예를 들어, 죄에 맞는 처벌(교정적 정의), 기여나 필요 등 합의된 기준에서 볼 때 균형적인 자원의 배분(분배적 정의)이 있다.
민주주의 (democracy)	민주주의란 첫째, 정치 시스템, 즉 민주적 정치 시스템의 하나인 대의제에 있어서는 득표를 구하는 경쟁에 의해 정치는 응답적인 것이 된다. 둘째, 의사결정 시스템, 즉 민주제와 설명책임, 참가, 교섭, 토의, 이해의 대표, 부동의 합법화와 같은 통치 규칙에 관계되는 것이다. 셋째, 사람들이 권리를 가지는 사회, 즉 자유민주제는 소수파의 합의가 있는 경우에 한해 다수결이 인정된다는 것을 가리킨다. 복지공급이나 민주주의는 결합되어 성장해 왔다.

출처 : Spicker, P.(2008). Social Policy : Themes and Approaches(revised second edition), policy press, pp. 86-87; 圷洋一(2021), p. 66을 참조하여 정리.

3. 사회복지의 실천 원리

인류의 역사를 돌아보면 물품이나 돈을 제공하여 돕기 위한 원조의 원리가 계속 이어져 왔다는 것을 알 수 있지만, 그러한 원리는 상호부조, 이타주의로서 존재하고 있으며 정치 · 경제 · 사회 · 문화가 만들어 내는 복잡한 시스템과 관련되면서 각자 상호 중복되면서 사회복지의 실천 원리를 이루고 있다. 다양한 기능의 분화가 이루어지고 있는 현대 사회에 사회복지가 존재하는 특별한 이유는 무엇일까. 도움을 주고받는 관계의 원형이라 할 수 있는 상호부조, 종교적 자선, 정치적 구제, 현대 사회복지의 도움 제공 활동을 떠올리게 하는 규범으로 인간의 존엄, 참가와 연대, 자립 지원 등을 생각할 수 있다. 또한 사회성, 전체성, 주체성, 현실성도 중요하다. 사회성이란 인간과 사회제도가 만드는 사회관계에 기반을 두고 사회생활을 꾸려나가는 공동체적 존재라는 관점에서 그러한 생활의 어려움, 즉 사회적 역할의 조화로운 수행의 어려움, 제도적 결함에 의한 욕구의 미충족 등에 대하여 사회적으로 승인된 해결 방법을 찾으려는 것이다. 또한 전체성은 기능이 분화된 제도 사이에서 사회관계의 복잡성을 파편화하는 일 없이 조화롭게 유지하면서 사회적 관계의 결속으로서 사회적 역할을 전체적으로 성실히 수행할 수 있도록 지원하는 점을 강조하는 것이다. 주체성은 복잡한 사회관계에 의해 개인이 규정되지만 동시에 그것들을 통합하는 주체라는 관점에서 능동적 생활 주체로서 스스로 자각하여 실현할 수 있도록 지원할 것을 강조하는 것이다. 현실성은 사회생활의 기본적 욕구는 기존 사회관계가 불완전한 경우라도 모든 방법을 활용하여 관철하도록 사회복지실천 활동을 이용하여 현실적으로 생활문제를 해결하도록 하는 점을 강조하는 원리다. 모든 방법은 보호적 서비스를 제공하는 것을 포함하지만, 보호 자체가 결코 사회복지의 본질은 아니다.

이를 바탕으로 현대 사회복지의 실천원리는 다음과 같이 여섯 가지로 발전되어 전개되고 있다(大沢真知子, 2022 : 68). 먼저 인간 존엄의 원리다. 인간의 존엄과 기본적 인권의 존중이 복지 추구의 기본이라는 현대 사회복지의 가장 기본적인 도움의 원리로 전개되고 있다. 둘째, 사회적 책임성의 원리다. 사회서비스를 이용할 권리를 보장하는 공공의 책임을 국가나 지방자치단체가 가지고 있다는 것을 강조하는 원리로 전개되고 있다. 셋째, 생활의 전체성 원리다. 제도와 개인이 맞물려 이루어지는 사회관계의 어려움을 지원하려고 할 때 개인을 전체적, 종합적으로 이해하고 개입해야 한다는 점을 주장하는 원리로 전개되고 있다. 넷째, 주체성 지원의 원리다. 도움이 필요한 사람의 주체적 측면을 살려 자율성과 사회성을 지원하여 자립을 지원하고 당사자가 참가하도록 돕는 원리로 전개된다. 다섯째, 지역 생활 존중의 원리다. 정상화 이념을 재가에서의 돌봄과 시설의 사회화 등 지역사회 돌봄을 통해 실현하여 지역사회 생활을 보장하도록 촉구하는 원리로 전개되고 있다. 여섯째, 연대와 공존의 원리다. 당사자와 주민이 서로 인간으로서 즐거움과 어려움을 함께 나누고 차이를 존중하면서 시민의식과 자발성을 키울 수 있도록 요구하는 원리로 전개된다.

이러한 복지의 실천 원리가 이데올로기와 전혀 무관하다고 할 수 없다. 예를 들어, 인간의 존엄이라는 가치 개념은 존중한다고 해도 정책적 대응으로서 제시되는 인간 존엄에 대한 해석이나 그것을 존중하는 방식은 이데올로기에 따라서 달라질 수 있기 때문이다. 특히 사회복지를 둘러싼 규범적 논의에서 어떤 대응이 옳은지에 대한 가치판단이 필요한 경우, 자칫 원리주의적 태도를 고수하여 특정한 방식이나 대응책을 고집하여 배제하거나 차별하는 상황은 피해야 할 것이다.

CHAPTER 05

사회복지발달의 역사

1. 서구의 사회복지발달 역사
2. 우리나라의 사회복지발달 역사

CHAPTER 05 사회복지발달의 역사

1. 서구의 사회복지발달 역사

1) 구빈법의 발전

구빈법의 발전과정은 영국의 1601년 엘리자베스 구빈법부터 1834년 개정 구빈법까지의 역사를 말한다. 엘리자베스 구빈법은 최초로 빈민에 대한 구제를 국가의 책임으로 인정하고 전국적 단위로 빈민에 대한 공공부조를 시작한 법률이었다. 법과 함께 집행체계도 갖추어져 치안판사와 구빈감독관 등이 설치되었다. 이 법은 매우 억압적이고 강제적인 처벌 위주의 성격을 갖고 있었다. 노동능력의 유무에 따라 빈민을 구분하여 노동능력이 있는 빈민의 경우 작업장에서 강제노동을 수행하고 노동을 거부하면 형벌에 처하였다. 노동능력이 없는 빈민은 구빈원에 수용하여 최소한의 원내 구제를 실시하였고 거주할 집이 있는 경우 음식이나 의료, 난방을 제공하는 원외 구제를 허용하였다. 전국적으로 행정기관을 설치하였고 각 지역의 치안판사의 지도하에 구빈감독관을 각 교구에 임명하였다.

구빈 감독관은 빈민에 대한 급여, 교구민에 대한 세금징수 업무를 수행하였고 치안판사는 중앙정부에 의한 통제를 받았다. 각 교구에 따라 구빈세를 부과하여 그 지역의 빈곤에 대한 책임을 지게 했고 재정은 교구 단위로 운영하도록 하였다. 따라서 교구 내 빈민의 규모에 따라 구빈세 부담과 급여 수준의 격차가 커질 수밖에 없었고 빈민들은 처우가 더 나은 교구로 이동하기를 시도하였다.

한편 1662년 거주지 이동을 제한하는 정주법이 제정되었다. 이 법은 빈민들의 자유로운 이동을 금지하고 빈곤 구제를 교구 단위로 해결하고자 하였다. 이는 당시 대규모 농업 지주들의 이해관계가 반영된 결과라 할 수 있는데 무너져 가는 봉건제를 지키기 위해 농촌지역 노동자들의 도시로의 이주를 제한하기 위한 목적이 컸다고 볼 수 있다.

1722년 작업장법이 제정되었는데 작업장(workhouse)은 노동능력이 있는 빈민을 수용하여 강제노동을 부과하기 위한 시설이었다. 이 법은 18세기 중상주의 이념을 배경으로 빈민의 노동력을 활용하여 국부를 늘리려는 의도로 만들어졌다. 구빈 감독관과 교회 집사에게 작업장을 설립할 수 있는 권한과 작업장에 빈민을 고용할 수 있도록 민간업자와 계약할 수 있는 권한, 작업장 입소를 거부하는 빈민에게 구제를 제공하지 않을 권한 등을 부여하였다. 또한 작업장을 적극적으로 활용하도록 교구가 연합하여 공동작업장을 설치할 수도 있게 하였다. 하지만 작업장에서의 생산물은 민간업자의 공장과 경쟁에서 품질이 떨어졌으며 경영 측면에서도 만족스럽지 못하였다. 따라서 오히려 교구 주민의 세금 부담만 늘리고 빈민의 혹사와 노동력 착취 등 많은 문제가 발생하였다. 노동을 거부한다면 급여를 받을 수 없고 노동조건으로 사실상 고용을 강제한다는 점에서 강제적인 워크페어 정책이라 할 수 있다.

1782년 길버트법은 작업장 빈민의 비참한 생활과 착취를 개선할 목적으로 제정된 구빈법의 인도주의적 전환을 이끄는 법률이다. 노동능력이 있는 빈민과 실업자에 대해 작업장보다 빈민 가정 근처의 지주나 농업 경영자 등에 취업을 알선하는 시설외 구제를 장려하였다. 또한 소규모 영세 교구들은 연합하여 작업장을 설립할 수 있도록 하여 비용 절감을 시도하였다. 최초로 유급 사무원을 채용하기도 했지만, 원외 구제의 확대로 인하여 교구 주민의 구빈세 부담은 늘어나게 되었다.

1795년 스핀햄랜드법(The Speenhamland Act, 1795)은 프랑스 혁명의 영향을 받아 제정된 개혁적인 입법이었다. 노동자의 최저생활을 보장하고자 최저성계비를 설정하고 그 기준에 미달하는 임금의 부족액을 보조하는 제도를 전국적으로 시행하였다. 최저생계비의 수준은 당시 빵 가격과 부양가족 수에 따라 다르게 정하였다. 저임금 노동자의 임금에 대해 최저생계비 부족분을 구빈세로 보조하고 빵 가격 인상에 대응하여 보조금액도 인상하였다. 이 법은 오늘날 가족수당 또는 최저생활보장의 기반이 되었으며 노동자 생계보장의 최저수준을 인정하는 것이었다. 역사적으로 상반된 평가가 있기는 하지만, 이 법은 고용주의 낮은 임금을 유지하려는 동기를 자극하여 임금인상이 어려워지고 빈민의 노동 동기도 저하시키는 부작용이 있었다. 당연히 구빈세 부담을 증가시킨다는 불만이 제기되었고 무엇보다 당시 지배적인 노동 이데올로기에 반하는 성격에 기득권층의 강한 반대를 초래하였다. 제도의 문제점에 대한 끊임없는 불만과 비판이 제기되면서 결국 재검토가 이루어져 1834년 개정 구빈법 탄생을 이끌었다고 평가할 수 있다.

1833년 공장법은 비인도적인 처우를 받는 아동을 위해 만들어진 법이다. 아동의 야간노동 금지와 9세 이하 아동의 고용금지, 공장감독관의 파견, 노동시간에 대한 교육, 위생환경 등 아동의 노동조건과 작업환경을 개선하고자 하였다. 최초의 공장법은 1802년에 제정되었으나 제대로 시행되지 못하였고 이 법으로 인해 시행기구로서 공장감독관 제도를 처음 도입하였다. 노동시간을 비롯한 노동조건을 규제할 수 있는 최초의 법으로 사회적 강자를 규제하고 약자 보호를 위한 국가의 간섭이 보건위생, 주택 등 다른 영역으로 확대될 수 있는 계기가 되었다고 평가할 수 있다.

1834년 개정 구빈법(The New Poor Law)의 제정은 스핀햄랜드 제도 등으로 인해 구빈 비용이 증가한 데 대하여 지주계급 등의 불만이 커졌던 영향이 크다. 특히 기존 구빈법이 교구 단위의 자치적 단위로 운영되었으므로 공장 지역 교구보다 농어촌 등 영세 교구는 비용 부담의 고통이 더 컸다고 볼 수 있다. 더욱이 1830

년대를 전후하여 경제 공황까지 겹치면서 1832년 신흥계급을 대변하던 자유당이 정권을 잡으면서 왕립 구빈법위원회를 발족하여 구빈법 개정을 추진하였다. 이후 2년 동안의 조사 활동을 거쳐 개정 구빈법이 시행된다. 개정 구빈법의 3대 원칙은 전국적 통일의 원칙, 열등처우의 원칙, 작업장 수용의 원칙이다. 첫째, 전국적 통일의 원칙은 빈민 처우를 전국적으로 통일한다는 것이다. 교구 단위의 재정력 차이로 인한 격차를 해소하고자 행정단위를 교구 연합으로 변경하였다. 이를 통해 지방행정의 중앙집권화가 확립되어 중앙기관에 구빈법위원회가 만들어졌다. 지방에는 일정하게 구역을 나누어 보조위원을 두고 몇 개 단위로 다시 큰 구역으로 묶어서 구빈법 위원이 통제하였다. 둘째, 열등처우의 원칙은 국가로부터 구제를 받는 자의 처우는 최하층 노동자의 생활조건보다 낮아야 한다는 것이다. 열등처우는 3대 박탈로 구성된다. 즉, 낙인을 부여하여 개인의 명예를 박탈하고 작업장에 수용하여 이주 자유를 박탈한다. 아울러 정치적 자유를 제한하기 위해 선거권을 박탈한다. 오늘날에도 공공부조 수급자의 급여 수준이 최저임금 노동자의 생활 수준보다 높아지지 않게 급여 수준을 설정하는 것이 옳다는 인식이 존재하는 등 낙인 감정에 영향을 미치고 있다. 셋째, 작업장 수용의 원칙은 사실상 시설 외 구제를 제한하는 것이다. 따라서 노동능력자와 그 가족에 대해서는 작업장 내에서만 구제를 제공하여 작업장 내에서도 통일된 작업복을 착용하고 열악한 수준의 식사를 제공하고 면회를 금지하는 등 열등 처우를 시행하였다.

2) 빈곤관의 전환과 구빈법 개혁 활동

(1) 빈곤 조사와 관점의 전환

19세기 후반 자유방임주의적 빈곤관이 빈곤에 대한 국가책임을 강조하는 기조로 변화되었다. 자유방임주의적 빈곤관은 빈곤이 인간 생활에 불가피한 조건이며 개인의 도덕성이 반영된 것이라고 인식한다. 따라서 노동능력이 없는 빈민을 구제받을 가치가 있는 정당한 빈민으로 간주하고 민간에 의한 자선이 최상의 수단이라 생각한다. 반면 국가책임을 강조하는 빈곤관은 국가주의적 시각이라 할 수 있다. 이 관점은 빈곤은 해결해야 할 사회 구조적인 문제로 인식한다. 따라서 빈곤을 퇴치할 수 있는 수단은 국가개입뿐이며 국가는 이를 위해 노력해야 한다고 주장한다. 이 당시 빈곤 관점의 전환에 영향을 미친 요인은 구빈법의 비인간적 처우에 대한 폭로와 사회주의 사상의 보급, 실업 문제 등의 영향도 있지만, 무엇보다 빈곤의 실태에 대한 본격적인 사회조사라 할 수 있다.

1886년부터 1903년까지 찰스 부스는 런던 사람들의 생활과 노동 실태를 조사하여 출간하였다. 기본적으로 영국 정부의 인구조사 자료를 기초자료로 활용하여 인터뷰와 관찰을 병행한 과학적 조사 방법을 적용하였다. 이 조사 결과 런던의 빈곤계층이 전체의 30.7%에 이르는 것으로 나타났다. 부스의 조사는 빈곤이 개인의 게으름 등 결함 때문이라고 부정적으로 생각하던 기존 사고방식을 변하게 하는 계기가 되었다. 동시에 이는 비인간적인 신구빈법의 대응 방식이 빈곤 퇴치에 크게 효과가 없다는 점을 드러내는 것이었다. 이어 라운트리가 1899년 요크시의 빈곤 조사 결과를 발표하였다. 라운트리는 조사원이 개인 가정을 직접 방문하여 가계소득, 지출, 생활 조건 등에 관한 주관적 인식을 조사하였다. 이 조사는 최저생계 수준 개념을 활용하여 빈곤을 1차 빈곤과 2차 빈곤으로 구분하였다(Trattner, W. I., 1974).

성인과 아동이 평균적으로 필요한 영양 기준을 추정하여 그것을 각종 음식물로 환산하고 음식물 구매를 위하여 필요한 비용을 계산하였다. 이렇게 산출된 식비에 가족 규모에 따라 피복비, 연료비 등 최저금액을 더하여 최저생계비를 산정하였다. 집세는 최저생계비에 추가되는 것으로 간주하여 소득에서 집세를 공제한 금액이 빈곤선보다 아래에 있으면 빈곤한 것으로 판단하였다. 이를 통해 1차 빈곤은 가구 소득이 한 가구의 육체적 생존을 위해 필요한 수준에 미치지 못하는 상태로 규정할 수 있으며, 2차 빈곤은 1차 빈곤보다 소득이 높아도 기초적인 필수품을 구매할 수는 있지만, 그 소득 중 일부를 다른 곳으로 전용하면 빈곤해지는 상태를 말한다.

라운트리의 빈곤 조사를 통해 요크시의 빈곤 인구 중 1차 빈곤은 약 10%, 2차 빈곤은 약 20%로 전체 30% 정도가 빈곤한 상태에 있는 것으로 판명되었다. 이들이 빈곤에 빠진 주요 원인은 낮은 임금이었다.

(2) 구빈법 개혁 활동

1905년부터 1909년까지 구빈법 개혁을 위한 왕립구빈위원회가 구성되어 활동하였다. 이 위원회는 일자리 부족으로 생기는 빈곤에 대처할 목적으로 시행되고 있는 구빈법 외 다른 제도의 실태를 파악하고 개혁방안을 도출하기 위한 것이었다. 위원회는 4년간 활동하였지만 합의된 의견을 제출하지 못하고 다수파 보고서와 소수파 보고서가 다르게 제출되었다. 당시 자선조직협회(COS)와 페이비언협회는 구빈법 체제에 대한 개혁방안에 대해 입장의 차이가 있었는데 자선조직협회의 임원은 구빈법의 억제 효과는 유효하므로 계속 억압적 대응이 존속해야 한다고 주장하였으며(다수파 보고서), 페이비언협회는 국가 주도의 사회보험과 같은 새로운 제도 도입이 필요하다는 입장을 대변하였다(소수파 보고서)(Woodroofe, K., 1962).

여기서 다수파 보고서와 소수파 보고서의 의견을 비교해 보면 무척 대조적 관점을 고수하고 있다. 먼저 다수파 보고서는 구빈법의 개선을 요구하면서 개선해야 할 구빈법의 문제를 지적하였다. 구체적으로 ① 현재의 행정단위는 관리 필요성 증가에 적절히 대응할 수 없다. ② 구빈법이 지방자치단체의 다른 법령과 유기적으로 연계되지 않아 일반인은 구빈법 내용을 거의 모르고 관심이 없다. ③ 원칙의 적용이나 행정관리에 통일성이 없다. ④ 구제 신청자에 대한 정확한 조사가 부족하다. ⑤ 원외 구제가 무계획적으로 목적 없이 시행되고 있다. ⑥ 구빈법과 자선기관 사이의 협력관계가 부족하다. ⑦ 유능한 사회사업가를 구빈법 체제 내로 유인하지 못하고 있다. ⑧ 중앙정부의 정책적인 통제와 지속성이 부족하다는 것 등이다. 또한 구빈법을 공공부조로 용어를 변경하고 아동, 노인 및 허약자, 병자, 노동능력 있는 남성 및 여성, 부랑인, 정신장애인 등 대상자별로 시설을 구분하여 설치하자고 주장하였다. 노동능력자에 대한 구제는 재가보호, 시설보호, 격리 보호로 구분하여 접근할 것을 제안하였다. 재가보호는 일시적 고용이 필요한 사람이며 도덕적인 성격을 가진 사람이어야 한다. 또한 시설보호는 지금까지의 노동경력이 불량하거나 장기적 보호가 필요한 사람이어야 한다. 격리보호는 게으르고 옳지 못한 생활 습관을 유지하면서 사회에 부담이 되는 사람을 대상으로 하였다.

국가의 보호는 사람들이 스스로 자립하려는 생활 태도를 유지하는 것을 조건으로 하였으며 민간 자선활동과의 긴밀한 협력체계 구축을 제안하였다. 일단 민간 사회복지의 역할을 인정하고 공공과 민간의 다원주의적 사회복지 공급체계의 방향을 제시했다는 점에서 의미가 있지만, 사회의 구조적 모순에 의해 발생했던 빈곤에 대한 국가의 구제책임보다는 사적 자선의 역할을 더 강조했다는 점은 한계라 할 수 있다.

소수파 보고서의 의견은 실업 문제에 대하여 구빈법이 전혀 역할을 하지 못했고 문제가 많았으므로 폐지해야 한다는 것이었다. 빈곤과 관련하여 구제 대상인 빈민에게 문제가 있는 것이 아니라 빈곤 그 자체가 문제이며 빈민의 생활상태가 지원 없이는 극도로 빈곤한 상태에서 벗어나기 어려울 만큼 심각하므로 구제보다 예방이 중요하다는 것이었다. 빈곤 예방은 나이와 관계없이 모든 사람이 빈곤해지지 않도록 사회적 자원을 동원하는 것이며 어린이는 적절한 교육을, 성인은 질병·폐질·실업 상태의 보호를, 노인에게는 적절한 노후 소득을 보장해야 한다. 저임금 노동자에게 전국적 최저임금을 적용하여 해결책을 찾고 국가적 차원에서 실업 문제에 대응해야 한다. 이는 어떠한 사람도 최저보장 수준 이하의 생활을 하게 해서는 안 된다는 국민최저선(national minimum) 보장을 뜻하는 것이었다. 사실상 소수파 보고서는 복지국가의 사상적 기반을 제공하는 청사진이었다고 할 수 있다.

당시 집권당이었던 영국 자유당 정부는 보고서의 권고에 따라 법제로 도입하는 노력을 하지 않았다. 이미 자유당 정부는 독자적으로 아동급식법(1906년)과 70세 이상 노인에 대한 무기여 노령연금법(1908년), 사회보험 도입 또한 추진하고 있었기 때문이다. 이후 제2차 세계대전을 거치면서 소수파 보고서의 이념은 사회보장제도의 탄생으로 연결되었다(Woodroofe, K., 1962).

3) 사회보험의 등장

온정주의적 전통이 강한 국가일수록 사회보험은 상대적으로 일찍 도입되었지만, 자유주의 전통이 강한 국가일수록 도입 시기가 늦거나 불완전하게 도입되었다. 사회보험은 사회연대 원리에 따라 일정 조건이 충족되는 모든 사람이 강제 가입해야 하므로 국가의 강한 개입이 필요하다. 사회보험의 도입은 노동자 계급의 선거권 획득과 그것을 정치적 지지로 연결하기 위한 주요 정당끼리 경쟁의 결과라 할 수 있다. 20세기 초 영국 사회보험을 도입한 주요 정치세력은 자유당이었지만, 사회개혁 조치를 도입하도록 영향력을 끼친 것은 노동당 창당 등 노동자의 정치세력화를 빼놓을 수 없다.

영국의 경우, 1906년 자유당은 총선에서 다수당이 되어 제1차 세계대전이 일어난 1914년까지 지속적인 개혁정책을 추진했다. 이 기간을 자유개량의 시대라 할 수 있다. 예를 들어, 1906년 아동급식법, 1908년 무기여 노동연금법[1], 1908년 탄광노동 8시간 규제법, 1909년 직업소개법과 최저임금법, 1911년 국민보험법[2] 등이 처음 제정되었다. 이 시기 다수의 사회입법이 도입된 배경은 노동당의 압력과 사회개혁에 대한 노동자 계급의 강력한 요구가 분출되었기 때문이다.

이후 1941년 6월 베버리지를 위원장으로 하는 '사회보험 및 관련 사업에 관한 위원회'가 구성되어 기존 사회보험과 복지 프로그램을 전면적으로 재검토하는 시도가 이루어지고 1942년 베버리지 보고서가 발표된다. 영국의 사회문제를 5대 악[무지(ignorance), 불결(squalor), 나태(idleness), 궁핍(want), 질병(disease)]으로 표현하였으며 궁핍을 제거하기 위한 사회보장으로 사회보험을 가장 중요시하였다. 사

---

1 기여제 연금은 우애조합의 반대로 출범하지 못했으며 이 제도의 자격은 영국에 거주하는 20년 이상 70세 이상의 빈곤한 남녀 노인이다. 수급자격 제한 조항이 있어서 권리로서의 연금 수급보다는 구제 가치가 있는 빈민에 대한 생계급여의 성격이 강하다(김유경, 2020 : 46).

2 국민보험법은 제1부 건강보험, 제2부 실업보험으로 구분되어 있다. 즉, 1부는 당시 로이드 조지 수상이 독일에 단기간 체류하면서 조사한 독일의 건강보험을 직접 모델로 삼아 구상하였다. 2부는 건축, 토목, 조선, 기계 등 저임금 고용직종 종사자들을 대상으로 하였으며 강제보험이 원칙이었지만 적용 제한 규정을 두어 부당행위나 자발적 실업 등 특정 실업에 대해서는 급여를 제한하였다. 보험료 부담은 고용주와 노동자가 일정액을 납부하고 정부가 보조하는 형태였다(김유경, 2020 : 47).

회보험의 성공을 위해서는 완전고용, 포괄적 보건의료서비스, 보편적 수당과 같은 기본적 제도가 정비되어야 했다. 베버리지 보고서의 핵심은 모든 시민에게 평등한 급여를 제공하고자 하는 보편주의 방식이었다.

주요 내용은 모든 시민을 포함하고 대상자 집단을 경제적 어려움의 원인과 보호 방법에 따라 분류하고자 하였다. 연금은 자산조사 없는 정액제이며 최저수준 이상이어야 하며 재정은 피보험자, 사용자, 국가가 공동으로 부담하는 것으로 하였다. 소득과 관계없이 모든 시민은 정해진 금액의 기여금을 납부하고 사회보험으로 해결할 수 없는 부분은 구빈법과 차원이 다른 인도주의적 공공부조가 담당하도록 제안하였다.

이 보고서의 주요 원리는 크게 세 가지로 정리할 수 있다. 첫째, 포괄성의 원리로 사회보험 대상에 해당하는 위험을 포괄적으로 확대하고 조직 형태를 통일하여 전 국민에게 적용한다. 둘째, 평등성의 원리로 모든 국민에게 똑같은 기여와 급여를 적용한다. 셋째, 국민적 최저수준의 원리(National Minimum Standard)로 다른 자산이 없어도 최저생활이 가능하도록 급여 수준을 설정하는 것이다. 이러한 베버리지 보고서의 영향으로 1944년 사회보장청이 설치되고 이후 1945년 가족수당법, 1946년 국민보험법, 산재보험법, 국민보건서비스법, 1948년 국민부조법이 제정된다(Woodroofe, K., 1962).

독일은 산업화 후발국이었지만 국가 주도의 압축성장이 이루어졌고 이 과정에 많은 사회문제가 발생하면서 계급 갈등이 깊어졌다. 1870년 이후 30년간 유럽에서 가장 강한 사회주의 운동이 전개되었으며 이것은 심각한 위협으로 인식되었다. 당시 수상 비스마르크는 독일 통일에 이어 사회통합의 필요성을 절감하고 사회주의자를 탄압하면서 동시에 국가 내에 통합시키고자 사회보험 등 개혁적인 사회입법 조치를 단행하였다. 1883년 질병보험법은 세계 최초의 사회보험으로 육체 노동자와 저임금 사무 노동자가 대상이었다. 1884년 산업재해보험법의 적용대상은 질병보험과 동일하며 사용자만의 보험료 부담과 유족에 대한 연금 급여가 가능하였다. 1889년 폐질 및 노령연금법은 두 보험과 거의 적용대상이 같았다.

미국은 1930년대 시작된 대공황으로 큰 전환을 맞이하게 된다. 1933년 루스벨트 정부는 뉴딜(New Deal) 정책을 경제위기를 극복하는 수단으로 시행하였으며 1935년 사회보장법[3]을 제정하였다. 1964년 존슨 대통령은 '빈곤과의 전쟁'을 선언하고 빈곤퇴치 운동을 전개하였다. 1965년 빈곤가정 아동에게 정부가 보육 서비스를 제도적으로 보장하기 위한 헤드스타트(Head Start) 프로그램이 도입되었다. 1965년 사회보장법에 메디케어와 메디케이드[4] 제도를 규정하였다(Trattner, W. I., 1974). 하지만 1983년 세계적인 신자유주의 흐름 속에서 1983년 사회보장법을 개정하고 사회복지지출을 삭감하고 민영화 조치를 시행하였다. 이후 1990년대 부양 아동이 있는 빈곤가족에 대한 보조제도로서 빈곤아동 가족부조와 공공부조 제도의 요건을 엄격하게 하는 등 근로연계 복지를 강화하였다.

4) 복지국가의 등장과 발전

복지국가는 서구 자본주의국가에서 1920~1945년 사이에 정착된 국가체제다. 그 배경에는 대규모 전쟁, 사회주의의 위협, 노동조합의 성장과 노동당의 등장, 자본주의 발전 등이 있다. 복지국가는 국가–자본–노동 사이에 형성된 화해 및 협력 구조가 계속 유지되면서 제2차 세계대전 종결 후 1945년대부터 1970년대까지 황금기를 맞이하게 된다. 다양한 복지제도가 나라마다 빠르게 확산하면서 발달하였고 사회서비스와 공공부조가 더욱 확충되었다. 비로소 복지는 자선이 아니라 시민의 권리로 인정받게 되었으며 사회문제 해결을 넘어서 다양한 욕구를

3 1934년 6월 루즈벨트 정부는 국민생활보장 연구를 위해 경제보장위원회를 설치하였으며 1935년 1월 해당 위원회가 제출한 보고서에 기초해 1935년 8월 14일 사회보장법을 제정 및 공포함으로써 공공부조제도와 미국형 사회보험의 기틀을 마련하였다. 의사와 민간보험 회사의 강력한 반대로 건강보험은 포함되지 못하였지만, 사회보험으로서 연방정부가 관장하는 노령연금과 주정부가 관장하는 실업보험이 도입되었다. 공공부조는 노인, 시각장애인, 빈곤 아동을 대상으로 급여를 제공하는 것이었다(Barker, P.ed., 1984).

4 메디케어는 1966년부터 시행되었으며 장애인과 65세 이상 노인을 대상으로 하는 공적 의료보험이다. 관리주체는 연방정부이며 전국적으로 동일한 기준을 적용하며 예산은 연방정부가 부담한다. 메디케이드는 1965년 제정되었으며 65세 미만의 저소득층과 장애인에 대한 의료보호제도라 할 수 있다. 관리주체는 주정부이며 주마다 다른 기준을 적용하므로 내용도 다르다. 예산은 연방정부와 주정부가 공동으로 부담한다(Barker, P.ed., 1984).

충족하기 위한 제도로 자리 잡았다. 복지국가 발전 수준이 높을수록 국가는 더 다양한 종류의 복지제도를 통하여 다양한 욕구와 위험에 통합적으로 대응하고 소득의 중단이나 상실에도 불구하고 인간다운 삶을 유지할 수 있는 혜택을 제공함으로써 재분배 효과를 극대화하였다.

복지국가의 발전을 판단하기 위해서는 몇 가지 기준을 확인해야만 한다. 첫째, 복지혜택의 포괄성이다. 이는 전 국민 개개인의 생애 과정을 통해 발생할 수 있는 다양한 욕구와 사회적 위험에 대해 국가가 복지제도를 통해 보호할 수 있는 범위의 정도다. 둘째, 적용 범위의 보편성이다. 다양한 욕구를 충족하고 각종 사회적 위험으로부터 보호하기 위한 각종 복지제도의 적용 범위다. 셋째, 복지혜택의 적절성이다. 각종 복지혜택은 소득의 중단이나 상실에도 생활이 가능할 정도로 적절한 수준을 제공할 수 있는 정도다. 넷째, 복지혜택의 재분배 효과다. 전체 복지혜택의 결과가 초래하는 소득 재분배 효과의 정도다. 하지만 이 시기 복지국가의 발전 양상은 국가별로 서로 다른 모습으로 나타났다. 독일과 영국을 비롯한 유럽 국가는 사회보험 혜택을 노동자 집단에서 사무원과 자영업자 집단까지 확대하여 소득보장은 물론 보건의료, 주택, 교육 등 여러 부문의 서비스를 보편적으로 보장하게 되었다. 미국의 경우도 1960년대 빈곤의 재발견 이후 존슨 대통령의 빈곤과의 전쟁(War on Poverty) 대책으로 AFDC[5] 프로그램이 시작되고 1965년 메디케어와 메디케이드 프로그램 도입 등 독자적인 복지국가 체제를 형성해 간다.

무엇보다 복지국가의 발전을 이루게 하는 바탕은 민주주의 정치와 자본주의 경제체제다. 특히 제2차 세계대전 이후 유럽에 널리 퍼진 사회민주주의 체제는 노동자 계급과 자본가의 타협과 의회 진출을 통한 개혁을 추구하면서 경제적 성장과 안정, 복지혜택의 확대를 통해 복지국가를 끌어가는 데 성공하였다.

5 Aid to Family with Dependent Children : 요보호아동 가족에 대한 공공부조로 1996년 클린턴 정부에서 제정된 개인책임 및 노동기회 조정법(PRWORA) 제정으로 폐지되고 TANF(빈곤가정 일시 부조 프로그램)가 도입되었다.

5) 복지국가의 재편

1960년대까지 세계적인 경기 호황과 정치적 안정 구도에서 팽창하던 복지국가는 1970년대 초반 중동전쟁으로 야기된 오일쇼크, 생산방식의 비효율성 등으로 위기를 맞이하게 된다. 복지국가의 이념적 기반이었던 케인즈주의는 쇠퇴하고 미국과 영국 모두 신자유주의 이념의 영향력이 강해지면서 복지국가가 인플레이션을 야기하고 노동 의욕 상실을 초래하여 경제와 국가재정 파탄을 초래한다는 소위 복지국가 위기론이 등장하였다. 위기란 1970년대 중반 이후 악화된 자본주의 경제의 위기 상황, 국가 부문 확대에 따른 비효율, 사회복지 수요 및 지출 증가와 조세 수입 한계로 인한 재정적자 상황 등으로 결국 국민이 복지국가에 대한 지지를 철회할 것이라는 의미였다.

그렇지만 복지국가 위기론의 입장은 달랐다. 신보수주의자는 국가의 지나친 사회복지 프로그램이 위기를 초래했으므로 위기의 해결은 국가개입을 줄이고 시장경쟁을 더욱 심화시켜 대응해야 한다고 주장하였다. 마르크스주의자는 자본축적과 정당화의 모순으로 인한 필연적 결과 때문이라고 보았다. 반면 실용주의자는 복지국가 발전과정에서 나타난 시행착오와 상황 변화로 나타나는 일시적 현상이므로 복지국가 체제 내부에서 해결 가능하다고 주장하였다. 따라서 실제 복지국가 위기가 결과로 나타났는지는 논란의 여지가 있다.

1980년대에 신자유주의 이념을 신봉하는 정당들이 미국과 영국, 일본 등에서 집권하면서 공통적으로 복지국가 해체를 내세우며 과도한 복지를 삭감하고자 한다. 신자유주의 정권의 정책 기조는 국가의 복지개입 범위를 최소화하고 자조와 개인의 책임을 강조하는 것이었다. 또한 선별주의와 열등처우, 자산조사를 통한 복지급여, 사회보험 범위 제한을 통한 정부 재정 규모의 축소, 복지비용 삭감과 지출 구성의 변화, 공공부문의 민영화, 규제 완화, 노조를 포함한 사회세력의 약화, 노동의무의 강조 등이었다.

1990년대 이후 복지국가 재편을 둘러싼 논의는 새로운 사회적 위험에 대한 대응이었다. 새로운 사회적 위험은 탈산업사회의 도래로 인한 복지국가의 토대 전환이 배경이었다. 즉, 인구 고령화, 가족구조 변화, 노동시장 변화 등 20세기 후반부터 나타난 도전적 사회경제적 환경의 변화는 복지국가의 기존 프레임을 흔들었고 이에 따라 새로운 복지국가를 모색해야 한다는 흐름이 강해졌다. 구체적인 새로운 사회적 위험은 유급노동에 참여하는 여성의 경제활동 참여가 증가했다는 것이다. 탈산업사회의 경제는 서비스 부문 중심이므로 과거보다 더 많은 여성이 노동시장에 참여하게 되었다. 맞벌이 가정의 증가에 따른 일과 가정의 양립이 중요한 과제라고 할 수 있다. 또한 인구 고령화는 복지비용을 크게 높아지게 할 뿐만 아니라 노인에 대한 돌봄을 과제로 만든다. 그리고 불안정 노동의 증가다. 제조업 중심의 대규모 고용이 감소하고 비숙련 및 저숙련 부문 저임금과 비정규직이 증가한다. 정규직 고용을 염두에 둔 전통적 사회보장 체계로는 대응하기 어렵고 노동을 수행함에도 빈곤한 근로빈곤층(working poor)이 늘어난다. 마지막으로 복지재정의 한계다. 국가의 공적인 지출을 대폭 늘리기 어려운 상황에서 새로운 위험에 대응하는 데는 한계가 있을 수 있으므로 전통적 소득보장은 약해지고 사회서비스에 대한 수요가 증가한다는 것이다(Taylor-Gooby, 2004). 1990년대 이후 경제의 세계화와 기술혁신으로 인한 노동시장의 유연화, 국가의 조정 능력 한계, 이혼 증가와 낮은 출생률 등 가족구조의 불안정, 핵가족화, 인구 고령화, 노동자의 분절, 장기실업 증가 등 기존 복지국가의 구조로는 대응하기 어려운 새로운 변화가 도전적 상황을 낳고 있다. 이러한 상황 변화는 포드주의적 대량생산 체제에 기반한 복지국가의 기능약화를 초래했으며 케인즈주의적 복지국가에서 복지 혼합주의, 근로연계 복지국가로의 이행을 의미하는 것이었다.

특히 영국을 중심으로 전통적 사회민주주의 복지국가와 신자유주의 정책을 모두 거부하는 새로운 노선이 등장하였다. 사회학자 앤서니 기든스(Anthony Giddens, 2000)가 이념적 토대를 제공한 제3의 길은 사회민주주의를 지향하는 제1의 길, 시장경제를 지향하는 신자유주의의 제2의 길을 절충한 새로운 노선으로 복지국가의 비효율성을 개선하자는 노선이다. 따라서 인간 중심적 자본주의를 지향하며 사회투자국가, 복지 다원주의, 발상의 전환을 주장한다. 사회투자국가는 직접 급여를 제공하기보다 인적자원에 대한 투자를 강조한다. 다음으로 복지 다원주의는 중앙정부가 담당했던 복지공급 업무를 기업, 시민단체, 지역사회, 지방정부 등으로 다원화하여 복지국가의 비효율성을 줄이는 것이다. 발상의 전환은 수혜자가 스스로 복지국가에 대한 의존을 줄이는 것이다. 이는 개인의 자조 책임을 상대적으로 더욱 강조하는 것이다.

신자유주의는 사회적 부의 절대적 크기를 늘어나게 했을지 몰라도 빈부격차와 양극화 문제를 더욱 크게 했다. 이러한 폐해를 극복하기 위해 유럽을 중심으로 사회민주주의와 신자유주의의 장점을 결합하여 제3의 노선 이념을 추구하는 정치적 입장으로 나타난 것이 영국의 토니 블레어(Tony Blair)나 독일의 슈뢰더(Schröder) 정부다. 이들은 모두 새로운 중도좌파 노선이라 할 수 있다. 중도좌파는 시장의 효율과 복지의 형평성을 동시에 추구하면서 경제성장과 사회복지를 동시에 유지하고 발전시키려 한다. 따라서 국민이 복지 수급의 권리만 있는 것이 아니라 노동시장을 통해 생산적 활동에 참여할 의무를 동시에 갖고 있다는 점을 강조한다. 또한 균등한 기회와 분배 정의를 실현하여 공동체의 사회연대를 달성하려는 집합주의적 측면을 시장경제와 함께 동시에 추구하려 한다.

특히 기든스는 제3의 노선의 핵심 전략으로 복지국가를 대체하는 새로운 사회투자 국가를 제시했다. 사회투자 국가는 복지를 현재의 지출이 아닌 미래에 대한 투자로 간주한다. 특히 아동에게 복지지출을 집중함으로써 미래의 생산성 향상도 기대할 수 있으므로 장기적인 사회투자라 할 수 있다. 따라서 시장실패에 대한 사후적 개입보다 인적자원의 개발을 위한 투자와 기회의 평등을 위한 대책이 중요하다. 교육 기회를 제공하여 일할 수 있는 능력을 높이고 경제활동에 활발히 참여할 수 있도록 하여 사회적 배제를 줄이는 것이 중요하다. 삶의 과정에서 특정 기간에 나타나는 상황은 미래까지 영향을 주므로 현재 상황을 개선하는 것뿐만 아니라 미래의 상황도 개선할 수 있는지를 함께 평가해야 한다. 따라서 고용불안의 해소는 미래의 노후 소득보장 문제를 해결하는 것이기도 하다. 현금을 직접 지급하기보다는 경제활동으로 위기를 해결할 것을 주문하므로 적극적 노동시장 정책과 경제활동 참여로 활기를 회복하는 전략을 선호하는 것이다.

예를 들어, 2010년 영국의 보수당과 자유민주당의 연립정권은 빈곤 구제 등 사회복지 대응을 할 때 민간의 자발적 부문의 역할을 강화하면서 사회적 투자를 내세워 교육이나 훈련을 통한 취업의 지원 등 공공 서비스가 자립을 지원하는 역할을 할 것을 강조하였다. 또한 독일은 1990년대 통일 이후 취업할 수 있는 사람이 빈곤에 빠질 위험이 점차 확대됨에 따라 2002년 하르츠 개혁이라는 노동복지 제도 개혁을 추진하여 최저생활보장 제도를 개편하였다. 이 개혁은 기존의 실업부조와 사회부조를 새로운 실업급여(실업급여II)로 통폐합하고 실업급여 지급 기한도 단축하는 것이었다. 또한 독일 연방노동 중개소에서 추천한 교육에 참석하지 않거나 일자리를 거부하면 실업급여를 삭감할 수 있도록 하였다(김영미, 2013). 스웨덴도 세계화와 탈공업화의 영향으로 노동시장이 변하면서 복지제도가 영향을 받아 소득보장 급여가 삭감되고 급여를 받기 위해서 취업이 의무가 되는 등 미세한 조정이 이루어졌다. 각종 공공 서비스의 민영화를 기조로 하는 개혁도 진행되었지만, 보육이나 의료, 돌봄 등의 공공 서비스를 전체적으로 민간의 영리기업이나 비영리조직에 위탁하는 것이 아니라 재정 조달이나 발주는 지방자치단체가 담당하고 서비스 제공은 민간부문을 선정하여 제공하는 방식이 선택되었다(宮本太郎, 2011). 이처럼 근로 연계 복지와 민영화를 합친 넓은 의미로 복지국가의 시장화가 진행되었다.

2. 우리나라의 사회복지발달 역사

1) 전통적 구제사업의 시작

근대 이전 우리나라의 구제사업은 다시 시대에 따라 삼국시대, 고려시대, 조선시대로 나눌 수 있다(한국임상사회사업학회, 2016 : 119-124). 먼저 삼국시대에는 민생구휼의 모든 책임이 왕에게 있다고 여겨 굶주린 백성을 구제하고 위로하는 것을 국가적 단위에서 시행하였다. 구체적으로, 환, 과, 고, 독의 사궁에 대한 보호와 병들고 자립이 불가능한 사람에 대한 구제가 이루어졌으며, 국고를 통해 재원이 조달되었다. 특히 창제와 진대법 등의 구휼제도가 실시된 것을 통해 우리나라의 오랜 구빈 역사가 이때부터 시작된 것을 볼 수 있다. 그 구체적인 내용은 다음 〈표 5-1〉과 같다.

〈표 5-1〉 삼국시대 주요 구제사업과 내용

구제사업	내 용
구 휼	• 관곡진급 : 국가가 비축하고 있는 곡식을 이재민에게 배급하여 주는 구제 • 사궁구휼 : 홀아비, 과부, 고아, 노인 등에게 의류, 곡물, 관재를 지급하는 구휼 • 조조감면 : 이재민을 위한 세금 감면 • 대곡자모구면 : 춘궁기에 빈민에게 대여한 관곡을 거두어들일 때 흉작으로 상환이 곤란한 경우 원본 및 이자를 감면
곡식배분	• 진대제 : 춘궁기에 곡식을 빌려주었다가 추수기에 상환을 받는 방법 • 진휼제 : 이재민과 사궁 등 극빈층에게 곡식을 무상으로 지급하는 방법
창 제	• 삼국의 공통된 구제기관으로 가장 오랜 역사를 지닌 일반적 구제기관 • 본래 전쟁 시 필요한 군곡을 확보하기 위해 설치 • 풍수해나 질병, 재난 발생 시 왕명에 의해 비축한 양곡을 방출하여 곤궁한 백성 구제 • 부락별로 곡창(부경)을 설치하여 병농공용으로 운영

진대법	• 고구려 고국천왕 때 재상 을파소에 의해 만들어졌으며 내외대열법이라고도 불림 • 흉년이나 춘궁기(3~7월)에 관곡을 빈민들에게 빌려주었다가 추수기(10월)에 납입하게 하는 제도 • 무상이 아닌 능력이 있을 때 다시 상환하도록 함 • 실시목적 – 영농자금 대여를 통한 농민의 실농방지 – 관곡의 적절한 활용으로 낭비 및 사장의 방지 – 일반 국민의 생활안정 – 춘궁기의 빈민구제
성 격	• 병들고 자립이 불가능한 자의 구제 • 각종 재해로 인한 이재민 구휼 • 국고에서 재원조달 • 4궁의 보호

출처 : 한국임상사회사업학회(2016), p. 120.

관료적 봉건체제가 확립된 고려시대에는 역대 왕들이 백성을 돌보는 구제사업을 국가적 사업으로 인식하였고, 이를 전문적으로 담당하는 구제기관을 설치함으로써 본격적인 구제사업을 전개하였다. 특별히 국교였던 불교의 영향으로 자비사상이 일반 백성과 지도자들에게 퍼져있어 역대 왕들은 물론이거니와 승려, 양반들도 구제사업에 참여하는 것에 적극적이었다. 몇 가지 구체적인 내용을 살펴보면 다음과 같다. 첫째, 고려 예종 때 가난한 백성을 돕기 위해 구휼행정을 총괄, 관장하는 기관인 구제도감이 처음으로 설치되었다. 둘째, 다양한 형태로 백성들의 가난을 해결하려는 시도들이 이루어졌다. 예를 들어, 천재지변, 전쟁 등으로 어려움을 겪는 이재민들에게 조세, 부역, 형벌 등을 감면해 주는 재민지제가 있었고, 춘궁기에 빈민들을 구제하기 위해 나라의 창고를 열어 곡식을 빌려주고 추수기에 되갚도록 하는 의창, 상평창을 시행하였다. 셋째, 일반 백성을 위한 의료기관이 설치되기도 하였다. 고려 문종 때 빈민 질병자를 구호, 요양하기 위해 개경과 서경에 동대비원과 서대비원을 설치하였으며, 예종 때는 혜민국을 통해 일반 백성에게 전염병이 퍼지는 것을 예방하고 약을 무상으르 제공하였다.

한편 조선시대는 유교 이념 아래 왕도주의에 입각하여 왕이 재해와 빈민구제를 중요하게 관리하게 된다. 당시 빈민구제의 원칙은 왕의 책임으로 빈민구제가 행하여지고, 신속한 구제가 이루어질 수 있도록 하였다. 일차적인 구빈행정의 책임을 지방관이 지고, 중앙정부는 수시로 구제에 대한 교서를 내려 필요한 관계법을 제정 및 공포하며 지방 구빈 행정을 지도하고 감독하게 하였다. 조선시대의 구휼제도는 크게 비황제도, 구황제도, 구료제도(의료사업), 민간구제제도로 나눌 수 있다. 첫째, 비황제도에는 상평창, 의창, 사창이 있었다. 상평창은 고려시대부터 이어져 온 것으로 곡물 이외 포목을 더해 곡물과 포목의 가격을 조절하게 하였고, 의창은 고려시대와 동일하게 재난에 대비하기 위해 시행되었다. 사창은 의창과 달리 100가구를 일사(一社)로 하여 백성들이 공동저축으로 상부상조하고, 연대책임으로 자치적 운영을 하는 제도였다. 둘째, 구황제도에는 노인보호사업, 혼례나 장례를 치르지 못하는 자에게 비용을 조달해 주는 고조제도, 재해를 당한 백성에게 지세, 호세, 부역 등을 감면해 주거나 대부된 환곡을 면제 또는 감면해 주는 제도, 부유한 민간인이 구제를 위한 곡물을 납입하게 한 다음, 이를 납입한 자에게 관직의 첩지를 내려주는 제도 등이 있었다. 셋째, 구료제도는 지금의 의료지원이라 볼 수 있는데, 태조 원년에 의료 담당의인 전의감과 일반 백성을 위한 의료기관인 혜민서와 동서대비원을 설치하였다. 또한 태조 6년에 의학연구소인 제생원을 설치하였다. 고종은 광제원, 의학교 및 대한의원 등을 설치하여 현대 의료사업을 시작할 수 있도록 하였고, 전염병 예방을 위한 종두예방 규정이 제정되기도 하였다. 1885년 의료선교사 알렌(Allen)은 고종의 허락하에 광혜원을 설치하여 우리나라 최초의 서양식 국립의료기관이 마련되었다. 마지막으로, 민간구제제도는 두레, 계, 품앗이, 향약, 오가통제도, 공굴, 부근, 향도, 고지, 부조제도가 있었다. 구체적인 내용은 다음의 〈표 5-2〉와 같다.

〈표 5-2〉 조선시대 민간부조제도와 내용

제 도	내 용
두 레	• 주민 상호 간 협력과 상호규찰을 목적으로 촌락 단위로 조직된 농민 협동양식으로서 촌락공동체의 내부질서 유지 기능을 담당 – 공동방어, 공동노동, 공동예배, 공동유흥, 상호관찰, 상호부조 등 있었음
계	• 공익, 산업, 영리, 친목, 공제 목적의 모임 형태 • 한국 사회 특유의 조합적 성격을 지닌 전통적 생활구조의 사회, 경제적 측면의 활동 조직
품앗이	• 우리나라 농촌의 대표적 노동협력 양식, 부락 내 농민들의 노동력을 상호 차용, 교환하는 조직
향 약	• 지역사회 발전과 지역 주민들의 순화, 덕화, 교화가 목적 • 유교적 예속을 보급하고 농민들을 향촌사회에 정착시켜 토지로부터 일탈을 막고 공동체적으로 결속시킴으로써 체제 안정을 도모하고자 함
오가통제도	• 강제성을 가진 인보제도 • 구역 내 거주하는 모든 주민이 상호부조하고 연대감을 가지고 지역 내 치안을 유지하며 복리를 증진하고자 하는 목적으로 시행
공 굴	• 마을 안 중환자나 장애자, 과부, 상을 당한 사람에게 마을 사람들이 무보수로 공동으로 농사지어 주는 제도
부 근	• 공굴보다 넓은 개념, 농사뿐만 아니라 마을 사람이 집을 신축하거나 10세 미만 아이가 죽었을 때 장사 등에 동원되어 봉사하는 제도
향 도	• 마을에 흉사가 있을 경우 무보수로 봉사활동을 하는 제도
고 지	• 가난한 사람끼리 연대책임으로 양식이 떨어진 춘궁기에 노임으로 양식을 먼저 받아 그것으로 춘궁기를 지내고 농번기에 계약된 노동을 제공하는 제도
부 조	• 마을에서 누군가의 집을 지을 때 도와주거나 과부, 홀아비, 노인만 사는 집의 지붕을 이을 때 무료로 노동력을 제공하는 제도

출처 : 한국임상사회사업학회(2016), pp. 123-124의 내용을 기반으로 저자가 재정리하여 작성하였음.

하지만 위와 같은 우리나라의 구빈정책은 조선 말기 혼란스러운 국정과 일제강점기에 접어들면서 제대로 실시되지 못하게 되었다. 일제강점기의 구빈정책은 식민정책의 일환으로서 황국신민사상을 주입하고 충성을 하게끔 하려는 정치적 목적을 가지고 실시되었다고 할 수 있다(류기형 외, 2016 : 99). 일본은 우리나라 전통의 빈민구호 정책을 폐지하고 상부상조를 와해시켰으며, 이재구조[6], 진휼구호[7], 빈민구료, 아동보호 등을 시행하였다. 관련 법령으로는 1944년 3월 공포된 「조선구호령」이 있는데, 이것은 65세 이상의 고령자, 13세 이하 어린이, 임산부, 불구, 폐질자, 상이자, 정신 또는 신체장애자 중 부양의무자가 부양할 수 없고, 빈곤하여 생활하기 곤란한 경우, 이들에 대한 생활부조, 의료, 조산, 생업부조를 부, 읍, 면 등 지방행정의 책임으로 시행하도록 한 것이다(장갑수 외, 2019 : 289). 이는 최초로 근대적 구호제도의 법적 근거를 제공하였다는 점에서 의미를 찾을 수 있으나, 전시동원체제라는 식민지 통치의 효율성을 제고하기 위한 수단이었을 뿐 실제적인 구호 제도로서 작동되었다고는 보기 어렵다. 즉, 일제시대의 사회복지는 친일파를 배양하고 조선을 지배하기 위한 수단에 불과했던 것이다.

전통적 구제사업이 전개되던 시기 사회복지의 특성을 정리하면 다음과 같다. 첫째, 노동능력이 없는 빈민이나 각종 재해를 당한 자에 대해 국가적 차원의 개입을 시도하였다는 점에서 의미가 있다. 조선시대에는 구황청이라는 빈민구제 전담조직을 설립한다든지, 지방과 중앙정부의 역할 구분을 짓는 등 시간이 흐름에 따라 빈민구호를 전문적이고 체계적으로 수행하고자 한 노력도 볼 수 있었다(장갑수 외, 2019 : 281-285). 둘째, 빈민구호가 권리보다는 시혜적 성격이 강한 탓에 잔여적이고 한시적이라는 한계를 지닌다. 국가 차원의 재해대비정책이나 빈민구제 정책은 제공하는 주체의 자의에 의존하기 때문에 시혜적이고 그 대상이나 기간 역시 한정될 수밖에 없었다. 또한 상부상조 역시 해당 집단에 속하는 구성원에 한정된 보호만을 제공할 수 있었다. 셋째, 국가나 지역사회 공동체의 개입이 생존과 직결된 일차적 욕구충족에만 치중된 탓에 일상생활에서 경험하는 다양한 사회문제를 포괄하기에는 어려움이 있었고, 보호의 수준 역시 낮았다.

6 물난리, 화재, 가뭄, 풍해, 눈사태, 기타 비상재해의 이재민으로 구호를 필요로 하는 자들에 대한 식량 및 의류 급여, 의약품 급여 등을 제공하였다.

7 노인, 유아, 불구 및 폐질 등으로 생계를 영위할 수 없는 자들에 대해 급여를 제공하였다.

2) 광복과 전쟁, 외국으로부터의 원조

2차 세계대전의 종식으로 서구 국가들이 복지국가의 전성기를 맞이한 동안 조선도 광복을 맞이하였다. 그럼에도 복지국가 구축이라든지 제도의 발전은 기대하기 어려웠는데, 1945년 8월 15일 광복이 되자마자 3년간 미군정의 신탁통치가 시작되었기 때문이다. 미군정 시기는 냉전과 남북분단, 산업생산의 부진, 절대빈곤 등으로 인한 각종 항쟁과 총파업 등 정치, 경제, 사회적 혼란이 만연하였고, 국가 주도의 거시적인 정책 수립은 불가능한 상태였다. 이 시기의 빈민구호 정책은 1945~1946년 보건후생부에서 공포된 「후생국보」에 따라 노인, 아동, 정신장애인 등 노동능력이 없는 빈민에 대하여 식량, 의류, 연료 등의 현물을 제공하는 형태로 시행되었다. 이는 일제강점기 빈민구호 정책과 큰 차이가 없이 형식적 수준에서 공포되었고, 지급기준 역시 명확하지 않아 자선과 시혜의 차원을 넘지 못했다.

1948년 8월 15일 이승만 초대 대통령이 선출됨으로써 대한민국 정부가 공식적으로 수립되었다. 그러나 정부 수립 이후 얼마 되지 않아 한국전쟁의 발발로 수많은 고아와 미망인, 빈민이 발생하였으며, 국민의 다수가 절대적 빈곤에 처한 구호대상자였다고 할 수 있다. 이 시기 사회복지의 내용을 몇 가지로 정리하자면, 먼저 이승만 정부는 사회복지와 관련된 정부부처를 개편하였다. 1948년 이승만 정부는 미군정기 때 신설된 보건후생부와 노동부를 통합하여 사회부로 개칭하고, 보건, 위생, 노동 등을 관장하도록 하였다. 1949년 보건부가 신설되어 사회부가 관장하던 보건행정을 담당하도록 하였으며, 1955년 보건부와 사회부를 통합하여 보건사회부를 만들어 사회, 복지, 보건, 부녀행정을 총괄하도록 하였다(심상용 외, 2021 : 338-339). 그러나 한국전쟁의 영향으로 사회, 경제적으로 매우 피폐한 상황이었기에 구호사업은 거시적이고 체계적으로 이루어지기보다, 지극히 자선적이고 사후적이었다. 둘째로, 전쟁으로 인해 쏟아지는 요보호자와 빈민을 위한 국가적 대응책이 부재한 가운데 외국 민간원조단체 중심의 서비스 제공이 이루어졌다. 이 당시 민간시설의 80% 이상이 아동복지시설이었으며, 이들로부터 요보호 대상자에 대한 보호와 함께 구호활동의 방법 및 기술, 관련 지식 등을 전수받기도 하였다. 그럼에도 불구하고 이는 운영방침의 부재, 전문성 결여 등으로 인해 우리나라 사회사업의 혼란을 불러일으키기도 하였다. 뿐만 아니라 미국식 사회사업 전통의 각인, 사회문제를 사회구조적 차원에서 접근하기보다 개인 문제로 접근하는 미시적 실천의 전통, 민간기관 의존적 서비스 제공 등 우리나라 사회복지에 다양한 유산을 남겼다(김영종, 2012; 윤홍식, 2018; 최원규 외, 2021). 마지막으로, 군사원호법(1950), 경찰원호법(1951) 등에 의한 국가유공자 보상 관련법, 사보험적 성격을 지녔던 국민생명보험법과 우편연금법, 최초의 노동 입법인 근로기준법(1953), 최초의 사회보험제도라 할 수 있는 공무원연금법(1960) 등 사회복지 관련 몇 가지의 입법조치가 이루어졌다(장갑수 외, 2019 : 294). 그러나 특수직역 연금제도인 공무원연금제도를 제외한 나머지는 그 실효성을 확인하기 어려웠다.

3) 발전국가 시기 : 근대적 사회복지제도의 본격적 도입

1961년 5 · 16 군사정변으로 정권을 장악한 박정희 정부는 집권 과정이 정당하지 못했던 탓에 정치적 저항의 통제와 국민의 지지를 통한 정당성 확보가 당면한 과제였다. 이것은 대통령 중심의 강력한 중앙집권적 정치력을 바탕으로 무리한 정책을 강행하거나 물리적 억압을 동원하는 권위주의적 성격을 갖추게 하였다. 이러한 권위주의 국가는 반공을 국시로 삼아 학문 활동, 언론출판, 집회, 시위 등 국민의 기본권을 제한하였는데, 불완전하게나마 제2공화국까지 이어져 온 지방자치제가 중단된 것도 이 시기부터였다. 박정희 정권이 가장 역점을 두었던 것은 경제정책이었다. 1962년부터 시작된 제1차 경제개발 5개년 계획은 차수를 거듭하면서 경제의 양적 팽창과 국민소득 성장이라는 긍정적 결과를 가져오기도 하였지만, 선성장 후분배에 가려져 복지정책은 우선순위에서 밀려났고, 독점 재벌의 비대화와 함께 노동자 및 농민의 배제라는 구조적 문제를 양산하였다(최원규 외, 2021 : 391-395).

이 시기의 사회복지는 체제의 정당성을 강화하거나 경제활동에 기여할 수 있는 제도를 중심으로 추진되었다. 대표적으로 제정된 몇 가지를 살펴보면 다음과 같다(심상용 외, 2021 : 341-344). 첫째, 1961년 생활보호법이 제정되었다. 이것은 근로 능력이 없는 저소득층에 대한 최초의 제도적인 공적 부조로서 65세 이상 노인, 18세 미만 아동, 장애인 등에게 생계보호를 제공하였지만, 18세 이상 65세 미만 근로능력이 있는 자들은 배제하는 한계를 지닌다. 둘째, 사회보험을 도입하기 위한 시도가 있었는데, 1963년 군인연금법 제정이 그것이라 할 수 있다. 그러나 이것은 1960년 공무원연금법과 마찬가지로 국민의 복지증진이라기보다, 국가엘리트의 충성에 대한 국가의 보상 차원에서 이해할 수 있다. 우리나라 최초의 사회보험제도는 1963년 산업재해보상보험법이 제정되면서 시작되었다. 도입 초기 상시근로자 500인 이상 광업 및 제조업 분야에 한정해 적용함으로써 다른 나라와 마찬가지로 산업화 초기 집중적으로 발생하는 산재로부터 핵심 노동력을 보호하려는 취지를 볼 수 있다. 마지막으로, 1970년 사회복지사업법이 제정되었다. 1970년대 전후를 기점으로 외원기관의 역할이 쇠퇴하였다면, 우리나라 정부의 지원 및 관리, 감독이 그 공백을 대체하였다고 볼 수 있다. 이를 통해 사회복지법인에 대한 관리 및 규제, 국가의 재정보조, 사회복지사 자격 등이 공식화되었다.

전두환 정권 역시 군사정변으로 정권을 잡아 정치적 정당성 확보가 무엇보다 중요했기 때문에 국정목표 중 하나로 '복지국가 건설'을 내세웠다. 그러나 그것은 정치적 수사였을 뿐 실질적인 제도의 도입과 확대는 거의 이루어지지 않은 채 박정희 정권의 경제정책을 계승하였다. 이 시기의 사회복지제도는 이전 정권에 제정된 법안들이 일부 확대 시행되거나 정권의 정당성 확보를 위한 도구였다. 주요한 사회복지제도의 변화를 살펴보자면 다음과 같다(이준상 외, 2018 : 303-305). 첫째, 사회복지서비스 관련 법들이 제정 및 개정되었다. 1981년 아동복지법, 심신장애자복지법, 노인복지법 등을 제정하는가 하면, 1983년 사회복지사업법을 개정하여 사회복지관 유형 구분 및 지원근거를 마련하기도 하였다. 둘째, 사회복지전달체계의 개선이 이루어졌다. 1983년 사회복지사업법이 개정되어 민간사회복지 활동의 구심점이라 할 수 있는 사회복지협의회의 법적 근거가 마련되었으며, 1987년부터 사회복지전문요원이 별정직으로 채용되었다. 셋째, 국민의 견제를 낮추고 환심을 얻기 위한 것으로 최저임금제도의 도입(1986년 제정, 1988년 시행), 의료보험 확대, 국민연금제도 실시(1986년 제정, 1988년 시행)가 이루어졌다. 그 밖에도 생활보호법의 전면 개정으로 생계보호, 의료보호, 자활보호, 교육보호, 해산보호, 자제보호 등 6종의 급여가 제공되었으며, 주목할 점은 자활이 이때부터 시작되었다는 것이다.

박정희 정권에서부터 전두환 정권까지의 발전주의 국가 시기는 혼란스러웠던 미군정 시대에서부터 전쟁 시기를 종식하고, 근대적 사회복지제도들이 본격적으로 도입되었다는 점에서 의미가 있다. 그러나 지금까지 살펴보았듯이 경제성장이 최우선시되는 발전주의 복지체제에서 사회복지제도는 경제정책에 종속적이며 정권 유지를 위한 도구로 이용되었다. 그 와중에 사회복지제도의 도입과 확대가 이루어졌어도 경제성장에 방해되지 않는 수준에서, 국가의 재정 부담이 적으면서 자본축적에 용이한 사회보험 중심으로 발전된 것을 볼 수 있었다. 또한 공공부조는 근로능력이 없는 저소득 취약계층에게 한정적으로 제공되어 사회적 권리보다는 선별적, 잔여적 성격이 짙었다. 이러한 사회복지제도의 유산들은 경로의존적 제약으로 작용하면서 현재 우리나라 사회복지제도 발전에도 깊은 영향을 주고 있다(이영수, 2020). 경제성장을 우선시하는 선성장-후분배 논리는 여전히 정책결정자들과 국민의 의식에 뿌리박혀 사회복지제도와 정책의 발전을 제약하고 있으며, 대기업 정규직 중심으로 출발한 사회보험은 광범위한 사각지대를 형성하여 현재까지도 문제로 지적되고 있다(최원규 외, 2021 : 401).

4) 민주화 시기 : 사회복지 규모의 양적 확대

1987년 6월 민주화 항쟁 이후 노태우 정권은 최초로 대통령 직선제를 통해 수립되었음에도 불구하고 정치적 지지기반이 이전과 동일한 보수적인 정권이었다. 이 시기의 사회복지 관련한 주요한 특징 중 하나는 국가 예산에서 복지비 지출이 차지하는 비중이 증가하였다는 것이다. 1986년 이전에는 2% 남짓하였던 것이 1990년에는 5.02%를 차지할 정도로 그 비중이 늘어났다(이준상 외, 2018 : 306). 두 번째로, 전두환 정권 말기부터 시작된 복지정책 변화를 이어 근로자의 복지향상을 위한 시도가 이루어졌다. 가령 1991년 사내복지기금법을 조성하여 기업의 복지제공을 의무화하는가 하면, 1992년 한국노총과 협의하여 노동은행을 설립하고 이를 통한 근로자의 생활자금 및 대부사업을 실시하였다. 한편 1988년 장애인등록제를 실시하였고, 1990년 장애인고용촉진 등에 관한 법률을 제정함으로써 상시근로자 300인 이상 고용하는 사업장의 경우 전체 근로자의 1%를 장애인으로 의무 고용하도록 하였다(김태성 · 성경륭, 2014).

1990년대 군부 정권이 종식되고 문민정부가 출범하였다. 1990년대 초반 세계화 추세에 따라 UN안전보장이사회와 1995년 OECD에 가입하여 선진국의 반열에 오르는가 하면, 구조조정으로 대변되는 신자유주의 경제정책과 함께 1997년 외환위기는 대량실업과 사회적 양극화 현상을 심화시켰다. 이러한 사회경제적 변화로 인해 우리나라에서도 복지국가에 대한 논의를 시작하며 '한국형 복지사회 모형 건설 전략'을 발표하기도 하였다. 이에 따라 1995년 실업문제에 대비한 고용보험 도입, 1995년 사회보장기본법 제정 등이 이루어지기도 하였지만, 가시적으로 보일 정도의 뚜렷한 성과는 거두지 못했다. 그 원인으로 여전히 남아있는 사회복지에 대한 국가의 책임 회피 및 개인에 대한 자기책임원칙 강조, 장기적 발전을 위한 미래를 구상하였음에도 실질적 재원 마련에 대한 의지 부족 등이 지적된다(이준상 외, 2018 : 309).

독재정권이 끝나고 민주화 시대가 열린 이 시기는 사회정의에 대한 국민의 열망과 함께 본격적으로 세계화에 발맞추어 과거와 다른 새로운 복지 패러다임에 대한 필요성을 인식했다는 점에서 의미가 있다. 그럼에도 불구하고 앞서 지적한 바와 같이 사회복지에 대한 정부의 책임 회피와 개인의 책임 강조는 여전히 잔여적이고, 일부 취약계층에 한정적인 복지정책을 시행하도록 하였다. 이와 더불어 실질적인 재원 마련 부족은 보다 혁신적인 복지 제도의 발전을 이끌지 못하게 하였다.

5) 신사회적 위험의 등장과 사회보장의 강화

김대중 정부는 경제위기 속에서 출발하여 위기극복과 구조조정으로 인해 발생한 대량 실업자 등 취약계층을 보호하기 위해 복지정책을 확대하였다. 김대중 정부는 '생산적 복지'라는 이념 아래 노동연계복지를 통한 노동시장 참여기회 제공, 빈민의 자립 유도를 강조하였다. 주요한 사회복지제도의 변화에는 1998년 국민의료보험법을 국민건강보험법으로 개정하여 기존의 조합주의 방식을 통합주의 방식으로 전환하였으며, 1999년 생활보호법을 폐지하고 국민기초생활보장법을 제정함으로써 기초생계를 보장받을 수 있는 권리를 부여하고자 하였다. 이 외에도 1999년 국민연금법을 개정하여 국민연금 적용대상을 자영업자까지 확대하거나 2000년 산재보험을 개정함으로써 모든 사업체로 그 범위를 확대하는 등 기존 사회보험의 범위 확대 및 보장성 강화를 꾀하였다. 이처럼 김대중 정부 시기는 경제위기에 대응하여 사회보험을 중심으로 기존 제도의 확대가 이루어졌다는 점에서 의미가 있으나, 노동시장 유연화로 대거 발생한 실업자, 비정규직 노동자 등 불안정노동자를 포괄하지 못했다는 점에서 한계가 있다(양재진, 2003; 이준상, 2018 : 309-312).

김대중 정부의 복지정책 기조를 유사하게 이어간 노무현 정부는 '참여 복지'를 강조하였다. 이것의 핵심은 빈부격차 해소와 중산층 확대를 통한 더불어 잘 사는 국가를 지향하는 것이었다(양재진, 2008). 특별히 저출산, 고령화 등 신사회적 위험이 부각되면서 정부는 이에 대응하기 위해 2005년 저출산고령사회기본법 제정 및 대통령 직속 저출산고령사회위원회를 설치하였으며, '고령사회대책특별위원회'를 구성하여 고령사회대책기본법, 장기요양보호에 관한 특별법, 노인복지법, 고령자고용촉진법 등을 제・개정하였다. 그 밖에도 사각지대 해소를 위해 국민기초생활수급자의 선정기준 완화, 긴급지원제도의 도입, 아동복지법 개정을 통해 지역아동센터를 아동복지시설로 규정 및 운영비 지원 등의 노력을 하였다. 이처럼 노무현 정부는 국가 주도하에 신사회적 위험에 대처하기 위해 다양한 제도를 도입하고 기존 제도를 확대하기도 하였다(이준상, 2018 : 312-315).

2008년 출범한 이명박 정부는 '능동적 복지'를 강조하였는데, 이는 사회적 위험의 예방과 해결을 위해 국가의 책임을 강화하고 자립의 기회를 확대하기 위해 개인과 사회, 국가가 협력하며, 국민의 기본생활을 보장하여 안정적이고 행복한 삶을 지지하는 복지로 규정할 수 있다(이준상 외, 2018 : 314-315). 이를 위해 근로장려세제 시행, 빈곤의 대물림 방지를 위한 저소득 아동 대상의 통합지원서비스인 드림스타트 사업 추진, 기초노령연금 개정을 통한 지급대상 확대 등이 이루어지기도 했다. 그러나 친기업적 경제정책과 실용외교 등의 강조로 뚜렷한 성과를 거두지는 못했다.

박근혜 정부는 국민의 생애주기나 생활 영역에 따라 필요한 때에 맞춤형으로 서비스를 제공함으로써 일을 통해 빈곤에서 벗어나 자립할 수 있도록 복지와 고용 간 선순환 구조를 꾀하는 '맞춤형 고용, 복지'를 강조하였다. 이 시기 사회복지제도의 주요한 변화에는 사회보장기본법 전면 개정을 통해 기존의 복지정책을 효과적으로 통합 및 연계하는 조정기구로서 사회보장위원회를 구성하도록 하였고, 주민센터를 지역복지허브로 개편하여 동 주민센터의 주요 기능을 일반행정에서 복지행정으로 전환하였다. 이 밖에도 2014년 기초연금법 제정, 2015년 「사회보장급여의 이용 제공 및 수급권자 발굴에 관한 법률」 제정 등이 이루어졌다. 그러나 보수정권 특성상 보편주의로의 이행 방향이 있었으나 정책의 주요 내용은 자유주의에 기초한 선별적 복지정책의 방향성을 유지하였다는 평가가 있다(이준상 외, 2018 : 317).

2016년 최순실 게이트로 인해 박근혜 정부는 임기를 채우지 못한 채 탄핵되며 붕괴되었고, 2017년 문재인 정부가 새롭게 출범하게 되었다. 문재인 정부는 '포용적 복지'를 내세우며 어느 계층도 소외됨 없이 경제성장의 과실과 복지서비스를 누리고 개인의 역량과 잠재력을 최대한 발휘할 수 있도록 할 것을 강조하였다(김미곤 외, 2017). 이에 따라 치매국가책임제를 통한 의료지원 강화, 아동수당 신설, 장애인등급제 폐지, 부양의무자 기준 폐지, 기초연금 및 국민기초생활수급비에 대한 보장성 강화 등 후보 시절부터 공약으로 내세운 복지정책들을 시행하였다. 이처럼 국가가 출생부터 사망까지 국민의 전 생애를 돕고 책임지는 복지국가의 기틀을 마련하자는 계획 아래 다양한 정책이 시행되었음에도, 청년이나 중장년층과 같은 새로운 소득보장의 사각지대 이슈, 증가하는 불평등과 양극화 문제, 노령화 사회의 노인 빈곤 등 해결해야 할 과제가 많다.

CHAPTER 06

전문직으로서의 사회복지

1. 사회복지 전문직의 정체성
2. 우리나라 사회복지사 자격제도
3. 외국의 사회복지사 자격제도

CHAPTER 06

전문직으로서의 사회복지

1. 사회복지 전문직의 정체성

전문직에 대한 사전적 정의는 '전문적인 지식이나 기술이 필요한 직업'이다. 그렇다면 사회복지사는 전문직이라고 할 수 있을까. 이 같은 물음은 사회복지 발달역사에서 끊임없이 제기되어 왔다. 사회복지 전문직에 대한 논의가 처음 시작된 것은 미국 사회복지가 자선활동에서 전문직으로 발전할 무렵이었다. 1915년에 열린 자선 및 교정 컨퍼런스에서 플렉스너(Flexner)는 「사회복지실천은 전문직인가?」라는 논문 발표를 통해 사회복지가 전문직이 아니라 클라이언트를 다른 기관에 의뢰하는 중개인에 불과하다고 주장하였다. 사회복지가 전문직이 아니라는 주장의 근거는 다음과 같다. 첫째, 사회복지는 사회과학적 기초가 결여되어 있고, 둘째, 독자적이고 정확한 지식체계와 가르치고 배울 수 있는 전문기술이 없으며, 셋째, 정부 책임 아래 실시되는 교육제도와 전문적 자격제도가 없다. 넷째, 협회와 같이 전문가를 위한 전문적 조직체가 없고, 다섯째, 전문적 실천에 대한 윤리강령이 부재하다. 이에 덧붙여 플렉스너는 사회복지가 전문직으로 발전하기 어려운 이유에 대해 사회복지 범위가 너무 광범위하여 경계를 명확히 설정하는 것이 불가능하다고 설명하였다(이경준 외, 2020 : 105-106). 이러한 플렉스너의 비판이 있은 후 미국 사회복지학계는 전문성 제고를 위해 전문가로서 석사과정 이수의 의무화(1952), 전국 단위의 사회사업가조직인 전미사회사업가협회 창설 및 윤리강령 채택(1955) 등의 노력을 하였다. 또한 전문직으로 인정받기 위해 이론을 구축하는 과정에서 정신분석이론에 크게 의존하여 심리학 중심의 의료모델에 치우치게 되었고, 이는 미국의 사회복지가 개별사회사업 중심으로 발달하는 데 지대한 영향을 끼쳤다.

시간이 흐르고 1950년대 후반에 이르러 그린우드(Greenwood)는 사회복지 전문성에 대해 논하면서 기존의 전문직 규정에 비추어 봤을 때 사회복지는 이미 전문직에 속한다고 판단하였다. 그는 사회복지 전문직의 속성으로 다음의 다섯 가지를 제시하였다(김혜영 외, 2020 : 106; Greenwood, 1957). 첫째, 체계화된 지식기반과 기술이다. 이것은 전문직 여부를 판가름하는 가장 중요한 요소이다. 둘째, 전문적 권위이다. 클라이언트와의 관계에서 사회복지사는 전문직으로서 부여된 권위와 신뢰가 있어야 한다. 셋째, 사회적 승인이다. 전문직에 부여된 권한과 특권이 사회적으로 승인되기 위해서는 전문 교육기관과 전문적 교육과정, 전문자격증 체계 등이 요구된다. 넷째, 전문직 윤리강령이다. 사회적 승인으로부터 주어지는 전문직의 특권이 남용되는 것을 방지하고 규제하기 위해 공식적이며 체계화된 윤리강령이 존재해야 한다. 이는 이타적이고 공공서비스 지향적이며, 전문적 행동의 기준이 된다. 다섯째, 전문직 문화이다. 전문직은 전문적 가치, 규범을 공유하고 전문협회와 같은 네트워크를 통해 유지된다. 또 동일 분야에서 오랜 교육과 훈련을 통해 전문가집단 내 동일시된 고유문화를 가지는 특성이 있다.

한편 홀(Hall, 1968)은 사회복지 전문직의 속성을 태도적 측면에서 다섯 가지로 제시하였다(김혜영 외, 2020 : 107; 박종우, 1994). 간략히 살펴보면 다음과 같다. 첫째, 전문조직의 활용이다. 전문조직을 활용하여 직업의 가치와 신념, 정체성을 강화하고 학술모임 등을 통해 공동체 의식을 형성한다. 둘째, 공공서비스에 대한 신념이다. 서비스의 속성이 개인 및 개인이 속한 집단의 이익이 아니라 대중을 위한 공공서비스를 추구한다는 것이다. 셋째, 자기규제에 관한 신념이다. 전문직의 업무에 대한 판단은 전문가와 그 동료가 가장 잘 판단한다는 것이다. 넷째, 경제적 이익추구 이상의 전문적 소명의식이다. 전문직에 대한 외부 보상과 경제적 이익이 적더라도 자신의 직업에 대한 헌신을 목적으로 인식하는 소명의식을 가지는 것이다. 다섯째, 실무의 자율성으로 업무에 대한 자율성을 갖고 전문적 판단을 한다는 것이다.

이러한 논의를 종합하여 볼 때, 역사적으로 사회복지는 전문직의 속성들을 내면화함으로써 전문적인 성장과 발전을 이루려는 일련의 과정을 거쳤고, 전문직으로서 갖춰야 할 지식 및 기술, 자격과 가치, 윤리 등을 보유한 전문직이라고 판단할 수 있다. 그러므로 더 이상 사회복지의 전문성 유무를 따지는 것보다 전문성 제고를 위해 기존에 가진 소중한 자산(지식, 기술, 가치, 윤리 등)을 더욱 발전시키고 성장할 수 있도록 방안을 모색하는 것이 중요할 것이다. 덧붙여, 사회복지사의 직무 특성상 '전체로서의 인간', '환경 속의 인간'에 대한 관심을 추구하다 보니, 다른 전문직에 비해 관심 범위가 넓은 만큼 깊이가 모자랄 수 있다(김영철 외, 2022). 그렇다고 이러한 특성 때문에 사회복지사를 비전문적이라고 볼 수는 없다. 사회복지사는 다양한 분야에서 해당 분야가 가지는 고유한 전문성을 살린다. 아동, 노인, 정신건강, 가족과 같은 미시적인 분야에서부터 사회보험, 공공부조, 복지국가와 같은 거시정책에 이르기까지 각 분야에서 사회복지사는 심도 있는 전문성을 발휘하는 것이다. 그 대상이 무엇이 되었든 간에 인간을 비롯하여 그를 둘러싼 여러 사회환경을 이해하기 위해 인구학적 특성(노인, 아동, 청년 등), 건강과 장애요소, 서비스 운영의 주체와 조직 특성, 사회복지정책 등에 대한 적절한 지식과 기술이 필요하며, 이것이 사회복지사의 핵심 역량이자 전문직으로서 인정받기 위한 주된 요인이 될 것이다.

2. 우리나라 사회복지사 자격제도

1) 사회복지사 자격제도의 역사[1]

우리나라의 사회복지사 자격제도는 사회복지사업법 제11조에 의거하여 '사회복지에 관한 소정의 전문지식과 기술을 가진 자에게 사회복지사 자격을 부여하고 이들에게 복지업무를 담당하게 함으로써 아동, 청소년, 노인, 장애인 등 보호가 필요한 사람들에게 전문적이고 체계적인 복지 서비스를 제공'하기 위해 도입되었다. 이 같은 자격제도의 발전과정을 살펴보면 다음과 같다.

(1) 사회복지시설 종사자 무자격 시대(1970년대 이전)

한국전쟁 이후 고아원을 중심으로 한 사회복지시설이 급속히 생겨났지만, 1970년까지 사회복지시설 종사자에 관한 자격제도는 없었으며, 통상적으로 자선사업가라고 불렸다.

(2) 사회복지사업종사자 자격증 시대(1970~1983년)

1970년에 제정된 사회복지사업법 제5조 및 동법 시행령 제9조에서 '사회복지사업종사자 자격증' 제도가 처음으로 도입되었다. 여기서 사회복지사업종사자 자격기준은 등급의 차이가 없었고, 대학에서 사회복지학 전공자가 배출되면서 자격제도의 개정 필요성이 논의되기 시작하였다. 이후 1982년 사회복지사업종사자 자격을 사회복지사 자격제도로 개정하는 논의가 본격적으로 시작되었다.

(3) 사회복지사 자격증 시대(1984년~)

1983년 사회복지사업법 개정으로 사회복지사 제도가 신설되었으며, 3등급 체제로 변경되었다. 사회복지사는 클라이언트를 상담, 대변, 옹호한다는 의미에서

1 한국사회복지사협회 자격관리센터(2021)의 내용을 일부 수정하였음

변호사(辯護士) 직종의 '士(선비 사)'를 반영하여 '社會福祉士'로 그 명칭을 사용하기로 하였다. 1985년 사회복지사 자격증 교부업무를 한국사회복지협의회가 위탁받아 시행하기로 하였으며, 이어서 1999년부터 한국사회복지사협회가 자격증 교부업무를 위탁받아 시행하였다.

(4) 사회복지사 국가시험 시대(2003년~)

사회복지사의 전문성 향상을 위해 2003년부터 사회복지사 1급 국가시험이 시행되었다. 2017년 사회복지사업법의 개정으로 사회복지사 3급 자격을 폐지하였고, 2018년 동법 개정안 통과에 따라 학교사회복지사, 의료사회복지사, 정신건강사회복지사 등이 법정 자격으로 인정받게 되었다.

〈표 6-1〉 사회복지사 자격제도의 역사적 발달과정

시 기	발달과정
1970년	사회복지사업법에서 사회복지사업종사자 자격제도로 시작
1983년	사회복지사 자격제도로 변경
1987년	사회복지 전문요원 공공 영역 배치
1996년	정신보건법이 시행되면서 정신보건사회복지사가 정신보건전문요원으로 포함됨
1997년	한국학교사회복지학회 창립
1999년	기존 사회복지 전문요원(별정직)을 사회복지 전담공무원(일반직)으로 전직 시행 (2000년 신규자부터 사회복지 전담공무원으로 임용됨)
2000년	한국학교사회사업실천가협회 창립
2003년	제1회 사회복지사 1급 자격시험 제도 시행
2005년	제1회 학교사회복지사 자격시험 실시
2017년	사회복지사업법 개정에 따라 2019년 1월 1일부터 사회복지사 3급 자격 폐지
2018년 11월	개정(안) 통과에 따라 학교사회복지사, 의료사회복지사, 정신건강사회복지사 등이 사회복지사업법에 따라 법정 자격이 됨(2020년 11월 시행)

출처 : 양정빈 외(2020), p. 147를 일부 수정하였음.

2) 자격기준 및 교육내용

(1) 자격기준

사회복지사업법 제11조의2에 따르면 다음의 어느 하나에 해당하는 사람은 사회복지사가 될 수 없다고 한다. 첫째, 피성년후견인 또는 피한정후견인인 경우, 둘째, 금고 이상의 형을 선고받고 그 집행이 끝나지 아니하였거나 그 집행을 받지 아니하기로 확정되지 아니한 자, 셋째, 법원의 판결에 따라 자격이 상실되거나 정지된 자, 넷째, 마약, 대마 또는 향정신성의약품의 중독자, 다섯째, 「정신건강증진 및 정신질환자 복지서비스 지원에 관한 법률」 제3조 제1호에 따른 정신질환자는 사회복지사가 될 수 없다.

한편 우리나라의 사회복지사는 자격기준을 크게 1, 2급으로 나누고 있다(동법 제11조). 먼저 사회복지사 1급은 매년 1회 이상 실시되는 국가시험에 합격한 사람에 한하여 주어진다. 1급 시험에 대한 응시자격은 고등교육법에 따른 대학에서 보건복지부령이 정하는 사회복지학 전공교과목과 사회복지 관련 교과목을 이수하고 학사학위를 받은 자, 고등교육법에 따른 대학원에서 사회복지학을 전공하고 석사학위 또는 박사학위를 취득한 자, 전문대학 졸업 후 사회복지사 2급 자격을 가지고 사회복지실천현장에서 1년 이상의 실무경력을 가진 자이다(동법 시행령 제4조).

사회복지사 2급은 다음의 자격 중 하나에 해당하는 자에게 주어진다. 첫째, 고등교육법에 따른 전문대학에서 보건복지부령이 정하는 사회복지학 전공교과목과 사회복지 관련 교과목을 이수하고 졸업한 자, 둘째, 고등교육법에 따른 전문대학을 졸업한 자와 동등 이상의 학력이 있다고 인정하는 자로서 사회복지학 전공교과목과 사회복지 관련 교과목을 이수한 자, 셋째, 고등교육법에 따른 대학을 졸업하거나 이와 동등 이상의 학력이 있는 자로서 보건복지부 장관이 지정하는 교육훈련기관에서 12주 이상 사회복지사업에 관한 교육훈련을 이수한 자, 사회복지사 3급 자격증 소지자로서 3년 이상 사회복지 사업의 실무경험이 있는 자 등에게 2급 자격이 주어진다(동법 시행령 제2조).

(2) 교육내용

사회복지사업법 시행규칙 제3조에서는 사회복지학 전공교과목과 사회복지 관련 교과목에 대한 내용을 명시하고 있다. 사회복지학의 전공교과목은 10개의 필수과목과 27개의 선택과목으로 구성되어 있으며(표 6-2 참조), 대학 및 전문대학 재학생은 필수 10과목 및 선택 7과목 이상을 이수하여야 한다. 또한 대학원 재학생의 경우, 사회복지 관련 교과목 중 사회복지현장실습을 포함한 필수 6과목 이상, 선택 2과목 이상을 이수해야 한다(한국사회복지사협회, 2021).

〈표 6-2〉 사회복지학의 전공교과목 내용

구 분	교과목	이수과목(학점)	
		대학원	대학, 전문대학
필수과목 (10)	사회복지학개론, 사회복지법제와 실천, 사회복지실천기술론, 사회복지실천론, 사회복지정책론, 사회복지조사론, 사회복지행정론, 사회복지현장실습, 인간행동과 사회환경, 지역사회복지론	6과목 18학점(과목당 3학점) 이상	10과목 30학점(과목당 3학점) 이상
선택과목 (27)	가족복지론, 가족상담 및 가족치료, 교정복지론, 국제사회복지론, 노인복지론, 복지국가론, 빈곤론, 사례관리론, 사회문제론, 사회보장론, 사회복지 역사, 사회복지와 문화다양성, 사회복지와 인권, 사회복지윤리와 철학, 사회복지자료분석론, 사회복지 지도감독론, 산업복지론, 아동복지론, 여성복지론, 의료사회복지론, 자원봉사론, 장애인복지론, 정신건강론, 정신건강사회복지론, 청소년복지론, 프로그램 개발과 평가, 학교사회복지론	2과목 6학점(과목당 3학점) 이상	7과목 21학점(과목당 3학점) 이상

* 비고 : 교과목의 명칭이 표의 교과목 명칭과 같지 않더라도 보건복지부장관이 위 표의 교과목과 내용이 같다고 인정하는 경우 그 교과목을 위 표의 교과목으로 본다.

* 대학원에서 사회복지 관련 교과목 필수 6과목, 2과목을 이수하여 사회복지사 자격증을 취득할 시 필수 6과목에 사회복지현장실습이 반드시 포함되어야 함

출처 : 한국사회복지사협회(2021). 2021년 사회복지사 자격관리 지침.

한편 사회복지실습과 관련한 규정을 보면, 기관실습 시간은 160시간 이상이어야 하며, 기관실습 지도자 1명이 동시에 지도할 수 있는 학생 인원은 5명 이내여야 한다. 실습 실시기관은 사회복지사업을 수행하는 기관, 법인, 시설, 단체여야 하고, 보건복지부 장관으로부터 선정되어야 하며, 사회복지사업법 시행규칙 제3조에서 규정하는 실습 지도자[2]가 2명 이상 상근이어야 한다. 실습세미나는 1회당 2시간 이상, 총 15회 이상 실시되어야 하고, 학사, 석사, 박사학위 중 2개 이상의 학위를 사회복지학 전공으로 취득한 자로서 3년 이상의 사회복지학 교육경험 또는 3년 이상의 실무경험이 있는 교수가 지도해야 한다. 한 세미나에 참여하는 학생 수는 30명 이내여야 한다. 현장실습의 점수 산정 방식은 기관실습 지도자가 부여한 평가점수와 실습세미나 교수가 부여한 평가점수를 합산하여 최종 평가점수를 실습세미나 교수가 부여하도록 되어있다(한국사회복지사협회, 2021).

3) 활동 영역

사회복지사는 사회복지사업법이 정한 유일한 국가자격자로서 법률이 정한 사회복지사업을 시행하는 것은 물론이거니와 사회복지사 윤리강령에 따라 문제를 해결하는 전문가이다(제2조, 제11조). 사회복지사의 주요한 업무는 사회복지 프로그램의 개발 및 운영 업무, 시설 거주자의 생활지도 업무, 사회복지를 필요로 하는 사람에 대한 상담 업무가 있다(동법 시행령 제6조). 한편 사회복지사의 활동영역은 크게 공적 영역과 민간 영역으로 구분이 가능하다. 공적 영역에는 사회복지전담공무원(public officials exclusively in charge of social welfare)이 대표적이며, 국가는 사회복지사업에 관한 업무를 담당하도록 시 · 도, 시 · 군 · 구, 읍 · 면 · 동 또는 사회보장사무 전담기구에 사회복지전담공무원을 두고 있다(사회보장급여법 제43조). 민간 영역에서는 정신건강 사회복지사(mental health social worker)와 의료

2 실습 지도자는 1급 사회복지사 자격증을 취득한 후 3년 이상의 사회복지사업 실무경험이 있거나 2급 사회복지사 자격증을 취득한 이후 5년 이상의 사회복지사업 실무경험이 있어야 한다. 또한 기관실습이 실시되는 연도의 전년도에 8시간 이상 보수교육을 받았어야 한다.

사회복지사(medical social worker), 학교 사회복지사(school social worker) 등이 있다. 정신건강 사회복지사는 정신질환의 예방과 정신질환자의 의료 및 사회복귀 등의 업무를 수행하며, 의료 사회복지사는 의료진과 협력하여 질병을 가진 환자와 그 가족의 심리, 사회, 정서, 환경적 문제를 해결할 뿐만 아니라 입원 전·후, 퇴원 이후 사회적 기능을 원활히 할 수 있도록 개입하는 역할을 한다. 또한 학교 사회복지사는 학교 학생과 더불어 그를 둘러싼 환경 속에서 일어나는 다양한 문제를 자원 연계를 통해 예방·해결하며, 양질의 교육환경과 공평한 교육기회를 제공한다(한국사회복지사협회 홈페이지, 2023. 1. 10. 추출).

이 밖에도 사회복지사의 활동분야는 매우 다양하다. 구체적인 내용은 아래의 〈표 6-3〉과 같다.[3]

〈표 6-3〉 사회복지사들의 다양한 활동분야

활동분야	내 용
자원봉사활동 관리	자원봉사자들을 개발, 훈련, 상담하고 자원봉사 활동 프로그램의 기획과 진행, 평가 등 시민력 향상을 통해 사회문제를 해결
후견지원	의사결정능력이 미약한 피후견인의 신상보호, 재산관리에 관한 법적 후견인, 후견감독인, 심층후견감독위원 활동을 수행
기업사회공헌	기업이 자선적, 시혜적 차원의 기부활동을 벗어나 전략적 마케팅에 필요한 사회투자를 통해 기업가치를 창조할 수 있도록 사회공헌문화를 주도
보 훈	보훈재가복지대상자에 대한 서비스 계획 및 관리, 대상자 발굴과 복지환경 실태조사, 보훈섬김이(가사·간병서비스 담당 요양보호사) 관리, 노훈가족 후원물품 신청접수·지급·실태관리, 유관기관 업무협조 등을 수행
법무교정	현행 법무부 소관 교정시설에서 수용자의 재활과 범죄 예방에 개입하고 수용자 자녀 등 그 가족의 2차 피해를 예방
군	군대 내 의무직 등에 속하여 환자의 상담과 복귀를 위한 복지업무를 담당

3 https://www.welfare.net/welfare/cm/cntnts/cntntsView.do?mi=1042&cntntsId=1043

시민사회	자율 · 참여 · 연대 등을 주요 이념으로, 인권 · 사회 · 정치 · 환경 · 경제 등의 분야에 공동의 이해를 가진 사람들이 특정한 목적을 위해 자발적으로 조직하여 사회복지정책 및 제도의 개선을 수행
의 회	국회, 지방의회 등 국민 대표로 구성한 기관에서 법률(조례)을 제 · 개정하고, 행정부와 사법부를 감시하며 책임을 묻는 등 입법, 재정, 일반국정, 외교 등을 수행

3. 외국의 사회복지사 자격제도[4]

1) 미 국

미국 사회복지사협회(National Association of Social Worker, 이하 NASW)는 사회복지사를 인간의 삶을 개선시키는 데 도움을 주려는 강한 동기를 가진 전문직이라고 정의하였다. 구체적으로 사람들이 일상생활에서 문제들을 다루고 관계에 적절히 대처하며, 개인 및 가족 내 문제를 해결하도록 지원하는 것을 사회복지사의 역할이라고 하였다. 미국의 사회복지사 자격제도는 해당 주의 법령에 따라 학위기준, 보수교육 의무 여부 등 차이가 있으며 다양한 형태로 운영되고 있다. 그러나 공통적으로 먼저 사회복지교육협의회(Council on Social Work Education, 이하 CSWE)의 인증을 받아 교육기관에서 정규 사회복지교육을 이수해야 한다. 이후 소지한 학위와 자격조건에 따라 사회복지사의 자격증과 자격시험을 관리하고 있는 사회복지위원회협회(Association of Social Work Board, 이하 ASWB)에서 출제 및 관리하는 자격시험을 통과함으로써 자격증을 취득할 수 있다.

미국에서 사회복지사 자격취득을 위한 중요한 요건 중 하나는 미 사회복지교육협의회(CSWE)의 인증을 받은 정규교육기관에서 사회복지교육을 이수하였는지에 대한 여부이다. 미국 고등교육 인증위원회(Council for Higher Education Accreditation,

4 홍선미 외(2019), pp. 35-46의 내용을 일부 수정하여 정리하였음.

이하 CHEA)의 기준에 적합한 대학 교육기관에 한해 CSWE 인증위원회 심사가 이뤄지며, 이 기준(Educational Policy and Accreditation Standards, 이하 EPAS)을 통과한 사회복지 교육 프로그램의 이수자만 학위의 종류 및 경력 등에 따라 해당되는 자격시험을 통과한 뒤 자격을 취득할 수 있다. 교육 프로그램의 인증 인정기간은 8년으로 이후에는 CSWE의 재인증을 받아야 하며, 자격 취득 관련 교육 프로그램 중 현장실습의 경우 학사학위 프로그램은 최소 400시간, 석사학위 프로그램은 최소 900시간의 현장교육을 받아야 한다.

미국의 50개 주에서 실시되는 사회복지사 자격시험의 출제와 시행, 관리, 자격증 규정 업무는 모두 사회복지위원회협회(ASWB)에서 담당하고 있다. 자격증의 종류는 응시자의 교육수준과 경험수준에 따라 준학사 자격증(Associate), 학사 자격증(Bachelor), 석사 자격증(Master), 고급 제너럴리스트(Advanced Generalist), 임상(Clinical) 자격증의 다섯 가지로 구분된다. 통상적으로 학사 자격증 취득자는 집단, 지역사회 조직 수준에서 프로그램이나 정책, 사회적 조건들을 향상시키는 일들을 하며, 석사학위 이상의 취득자는 정신건강, 장애 등의 어려움을 진단하고 사정, 치료하는 일을 한다. 즉, 교육이수 정도의 차이에 따라 활동분야 및 직무가 달라지는 것이다. 이러한 자격취득을 위해 각 시험은 모두 4개 영역으로 구성되는데, 영역 1은 '인간발달, 다양성, 인간행동과 사회환경'이고, '전문가적 가치와 윤리'는 모든 시험에서 공통적으로 채택된다. 다만, 영역의 명칭이 동일하더라도 시험종류별 세부 시험내용은 모두 상이하다. 구체적인 내용은 다음 〈표 6-4〉와 같다.

〈표 6-4〉 미국 사회복지사 시험 종류별 시험 내용

<table>
<tr><th>시험종류</th><th>영역 1</th><th>영역 2</th><th>영역 3</th><th>영역 4</th></tr>
<tr><td>학 사</td><td rowspan="4">인간발달, 다양성, 인간행동과 사회환경</td><td>사정</td><td rowspan="2">직접 및 간접실천</td><td rowspan="4">전문가적 관계, 가치 및 윤리</td></tr>
<tr><td>석 사</td><td>사정 및 개입계획</td></tr>
<tr><td>고급 제너럴리스트</td><td>미시체계 개입절차 및 실천기술</td><td>거시체계 개입절차 및 실천기술</td></tr>
<tr><td>임 상</td><td>사정, 진단 및 치료계획</td><td>심리치료, 임상적 개입 및 사례관리</td></tr>
</table>

출처 : 홍선미 외(2019), p. 37를 일부 수정.

2) 일 본

「사회복지사 및 개호복지사법」에는 사회복지사를 '전문적인 지식과 기술을 가지고, 신체상 또는 정신상의 장애가 있든지 또는 환경상의 이유로 일상생활을 영위하는 데 지장이 있는 사람의 복지에 관한 상담, 조언, 교육, 복지서비스를 제공하는 자 또는 기타 보건 의료 서비스를 제공하는 자, 기타 관계자들의 연계 및 조정을 하는 자, 기타 원조를 실시하는 자'라고 규정하고 있다. 사회복지사 자격은 국가 자격이며, '명칭 독점'의 자격에 해당되는데, 이는 자격이 없는 사람이 사회복지사라는 명칭을 마음대로 사용해서는 안 된다는 것이다. 사회복지사가 되기 위해 후생 대신이 지정한 시험기관 (재)사회복지 진흥 · 시험센터가 실시하는 '사회복지사 국가시험'에 합격해야 한다. 일본의 「사회복지사 및 개호복지사법」에는 사회복지사의 자격에 대해 명시하고 있으며, 사회복지사 시험에 합격한 사람만이 사회복지사가 될 자격이 있다(제4조). 사회복지사 시험은 연 1회 이상 후생노동성대신이 실시하고 있고, 시험을 통해 사회복지사로서 필요한 지식 및 기능에 대해 검증하고 있다(제5조).

일본의 사회복지사 자격제도는 다음 |그림 6-1|과 같이 12가지의 다양한 경로를 가지고 있다. 이러한 경로 중 하나에 해당하는 경우 수험 자격이 있으며,

국가자격시험을 통해 사회복지사 자격 취득 여부가 결정된다. 사회복지 관련 교육을 받을 수 있는 교육기관은 복지계 대학(4년), 복지계 단기대학 등(3년), 복지계 단기대학 등(2년), 사회복지주사양성기관이 있다. 복지계 대학(4년)은 학교교육법 범위에 따른 대학, 대학원, 전수학교(수업 연한 4년 이상의 전문과정)에 해당하며, 지정과목 또는 기초과목을 이수할 수 있는 학교이다. 복지계 단기대학 등(3년)은 지정과목 또는 기초과목을 이수할 수 있는 교육기관으로서 학교교육법이 기초한 단기대학(수업연한 3년), 전수학교(수업연한 3년 이상의 전문과정), 각종 학교(수업 연한 3년 이상 대학에 입학할 수 있는 자를 입학 자격으로 하는 것)에 해당하는 학교이다. 복지계 단기대학 등(2년)은 지정과목 또는 기초과목을 이수할 수 있는 학교로 학교교육법에 따른 단기전수학교, 각종 학교에 해당한다. 마지막으로 사회복지양성기관은 수업 연한 2년 이상의 학교가 지정되어 있다.

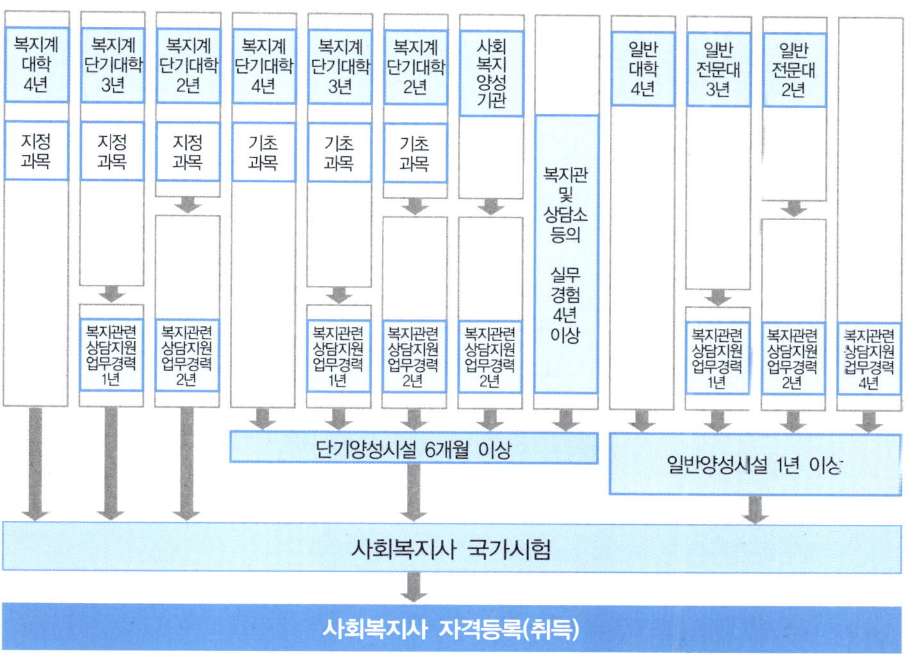

|그림 6-1| 일본의 사회복지사 자격시험 응시자격(자격취득 경로도)

출처 : 홍선미 외(2019), p. 43.

일본의 사회복지사 자격제도 중 특징적인 점 중 하나가 대학의 분류에 따라 이수교과목(지정과목 · 기초과목)이 달라진다는 것이다. 복지계 대학의 경우 지정과목 또는 기초과목을 수강할 수 있고, 각 대학 종류에 따라, 지정과목이나 기초과목을 수강했는지에 따라 자격증 취득 경로가 달라진다. 지정과목과 기초과목에 대한 구체적인 내용은 다음 〈표 6-5〉와 같다.

〈표 6-5〉 일본의 사회복지 교육 이수과목 내용

번호	지정과목	기초과목
1	인체의 구조와 기능 및 질병, 심리학 이론과 심리적 지원, 사회이론과 사회시스템 중 1과목	인체의 구조와 기능 및 질병, 심리학 이론과 심리적 지원, 사회이론과 사회시스템 중 1과목
2	현대사회와 복지	사회조사의 기초
3	사회조사의 기초	상담지원 재단과 직업
4	상담지원 재단과 직업	복지재무행정 및 복지계획
5	상담원조의 이론과 방법	복지서비스의 조직과 경영
6	지역복지의 이론과 방법	사회보장
7	복지재무행정 및 복지계획	고령자에 대한 지원과 개호보험제도
8	복지서비스의 조직과 경영	장애인에 대한 지원과 장애인 자립지원제도
9	사회보장	아동과 가정에 대한 지원과 아동가정복지제도
10	고령자에 대한 지원과 개호보험제도	저소득층에 대한 지원과 생활보호제도
11	장애인에 대한 지원과 장애인 자립지원제도	보건 의료서비스
12	아동과 가정에 대한 지원과 아동가정복지제도	취업지원서비스, 권리옹호와 성년후견제도, 갱생보호제도 중 1과목
13	저소득층에 대한 지원과 생활보호제도	
14	보건의료서비스	
15	취업 지원서비스, 권리옹호와 성년 후견제도, 갱생보호제도 중 1과목	
16	상담원조 연습	
17	상담원조 실습지도	
18	상담원조 실습	

출처 : 홍선미 외(2019), pp. 44-45.

한편 대학분류에 따른 업무경력 기준을 보면, 복지계 대학 4년의 경우 경력이 포함되지 않아도 되며 복지계 단기대학 3년은 업무경력 1년, 복지계 단기대학 2년은 업무경력 2년 등으로 각 대학 연한에 따라 차등을 두고 있다. 또 사회복지주사양성기관의 경우, 업무경력 2년을 기준으로 하고, 대학을 나오지 않고 실무경력이 4년 있으면 대학을 나온 것과 동일한 기준으로 적용되고 있음을 볼 수 있다. 또 다른 하나는 지정과목을 수강한 경우 양성시설에서의 실습이 요구되지 않지만, 기초과목을 수강한 경우 양성시설에서의 실습을 추가로 수행하도록 하고 있었다. 가령 복지계 대학에서 4년을 공부하고 지정과목을 수강하였다면, 양성시설에서 수련할 필요가 없지만, 기초과목을 수강한 경우 단기양성시설에서 6개월 실습과정을 통해 자격조건을 충족시키도록 하고 있었다.

3) 소 결

지금까지 미국과 일본의 사회복지사 자격제도에 대해 살펴보았다. 먼저 미국은 사회복지 자격을 취득하기 위한 기준이 상당히 높은 것이 특징이었다. 사회복지 임상 현장에서 실천가로 활동하기 위해서는 기본적으로 석사 학위 이상이 요구되었고, 학사, 석사 모두 현장교육으로 최소 400~900시간의 실습을 거쳐야 했다. 자격시험 역시 교육 이수 수준에 따라 차등적으로 시행되었으며, 자격증 인증과 갱신을 위한 규정도 마련하고 있었다. 이러한 모습은 우리나라의 사회복지사 자격제도와 상당히 대조적이라고도 할 수 있다. 현재 한국의 사회복지사 자격제도는 지속적인 개정을 거쳐 자격기준이 강화되고 있다. 그럼에도 불구하고 여전히 다양한 경로를 통해 비교적 손쉽게 사회복지사 2급 자격을 취득할 수 있고, 사회복지사 현장실습 시간이나 이수과목 수 역시 외국의 사례와 비교했을 때 현저히 낮은 수준이다. 그렇기에 보다 자격 기준을 엄격하게 할 필요가 있다.

둘째, 일본은 사회복지사 자격을 취득하기 위한 경로가 12가지로 상당히 다양한 것을 볼 수 있었다. 그러나 어떤 방법을 선택하든지 결국 사회복지사 국가시험을 통해 자격을 얻을 수 있도록 하였다. 이 점은 미국 역시 마찬가지로, 네 가지 자격증 모두 시험을 통해 취득할 수 있었다. 한편, 우리나라는 사회복지사 1급의 경우 국가시험을 통해 취득이 가능하지만, 2급은 시험 없이 특정한 과목만 이수한다면 그 자격을 얻을 수 있다. 실제 이러한 점 때문에 4년제 대학 및 전문대학, 대학원 외에도 온라인 학점은행제를 통해 손쉽게 2급 자격증을 얻을 수 있어 사회복지사의 전문성에 대한 논란이 자주 등장하기도 했었다(남석인 외, 2018; 남찬섭, 2019; 홍선미 외, 2019 등). 따라서 사회복지사 자격의 전문성 확증을 위한 수단 중 하나로서 우리나라도 모든 자격 수준에 시험제도를 도입할 것을 고려할 필요가 있다. 덧붙여 일본은 교과목 이수 내용과 교육기관에 따라 국가시험 자격응시 기준을 다르게 설정하고 있었는데, 일본과 유사하게 사회복지사 자격증을 취득할 수 있는 경로가 다양한 우리나라에서도 참고할 만한 사항이다.

셋째, 미국의 경우 교육 이수 정도의 차이에 따라 사회복지 현장에서 하는 역할이 달랐다. 예를 들어, 학사 수준의 자격증 취득자는 중범위 및 거시 분야에 종사하였고, 석사 수준 이상의 취득자는 미시 분야에 종사하고 있었다. 우리나라의 경우 학점은행제, 전문대학, 대학, 대학원 등을 통해 사회복지 자격증을 취득할 수 있었지만 이수과목, 현장실습, 종사하는 분야와 역할 등에 차이를 두고 있지는 않다. 사회복지사 직업 특성상 봉사자, 전문가, 실천가 등 복합적 속성과 넓은 범위를 지니고 있기에 자격제도를 통해 사회복지실천을 분명하게 규정하고, 등급 수준에 따른 전문적 업무분화 및 독립적 전공 이수에 따른 자격취득 과정 등이 명확히 확립될 필요가 있다.

CHAPTER 07

사회복지와 욕구

CHAPTER 07

사회복지와 욕구

1. 욕구원리와 사회복지

소득보장, 의료보장, 사회복지서비스, 주거정책, 고용정책 등 여러 영역의 공통적인 목표와 존재 이유가 사람들의 욕구에 대응하는 것이라는 관점은 사회복지 정책과 실천 관련 논의 속에서 비교적 잘 알려져 있다. 특히 영국 사회정책의 전통에서 이러한 관점은 욕구 기반형 사회정책의 기초라 할 수 있다.

그러나 이러한 기반에 근거한 연구도 현실의 사회복지실천과 정책이 항상 욕구를 최대한으로 충족하기 위해서만 실시되어야 한다는 데 대해서 논란이 있을 수 있다. 현실의 사회정책 결정은 다양한 사회적 · 경제적 · 정치적 요인이 작용하며 반드시 인간의 최대한 욕구 충족을 목표로 일관성 있게 결정되고 실시되지 않는다. 즉, 다른 원리가 작동할 수 있는 것이다.

그렇다면 그처럼 다양한 요인에 좌우되면서 결정되는 사회복지실천과 정책의 기초가 되는 또 다른 원리는 어떤 것이 있을 수 있을까. 정책적 측면이 강조되기는 하지만, 딘(H. Dean)은 사회정책의 기초를 이루는 원리에 대하여, 욕구 원리에 대응하는 원리로 인도주의적 원리를 제시하였다(Dean, 2010). 이에 더하여 온정주의적 대응, 도덕적 대응, 경제주의적 대응을 추가하여 해설하고 있다. 여기서는 위의 세 가지 원리를 바탕으로 ① 질서유지와 사회방어, ② 공헌 및 능력, ③ 시장과 소비자 선호의 원리로 변경하여 정리해 보자(平岡公一 外, 2011 : 425-427).

① 질서유지와 사회방어 : 역사적으로는 빈민이나 장애인에 대한 대책이 사회질서의 혼란이나 지배체제의 동요를 막고 사람들의 안전을 보호하려는 사회 방어적 의도에서 도입되었다는 것은 잘 알려져 있다. 오늘날 복지국가 체제에서도 이러한 의도가 분명히 드러나는 정책이 시행될 수 있다.

② 공헌 및 능력 : 사회보험이나 고용정책이 노동자의 건강을 유지하거나 노동능력을 개선하거나 노동 의욕을 향상하여 생산성을 높이려는 목적이 있다. 이러한 원리가 작용할 경우 높은 공헌과 능력을 기대할 수 있는 노동자를 우대하는 제도를 설계하게 된다.

③ 시장과 소비자 선호 : 시장을 통하여 생활 안정과 향상을 모색하도록 지원하는 것이 사회정책의 목적이 되는 경우가 있다. 대표적인 예로서 세액공제 등의 방법으로 민간보험 가입을 지원하거나 주택구입을 지원하는 정책을 들 수 있다. 이러한 대책은 주로 중류계급 이상의 사회계층을 대상으로 하는 정책이다.

이러한 세 가지 원리 중 어느 것이 현대 복지국가에서 실시되는 광범위한 사회복지 대책을 체계화하고 개선하는 데 기본적인 원리가 될 수 있을지 특정한 원리를 정하기는 쉽지 않다. 시장과 소비자의 선택에 대해서 빈곤층이나 저소득층 대책을 이 원리에 근거하여 체계적으로 정리하기에는 무리가 있다. 공헌 및 능력은 노동능력이 없는 장애인이나 치매 어르신에 대한 정책을 이 원리에 근거하여 전개하기는 쉽지 않다. 또한 대다수 국민이 대상이 되는 연금이나 의료제도에 대하여 질서유지나 사회방어의 원리에 근거하여 추진한다고 가정하기도 어려울 것이다.

질서유지와 사회방어, 공헌 및 능력, 시장과 소비자의 선호와 같은 세 가지 원리에 근거하여 정당화할 수 있는 범위까지 현대 복지국가의 사회복지정책과 실천을 한정해야 한다고 주장할 수는 있다. 그러나 이러한 주장이 현실적인 대책으로 되는 경우 그런 인식은 다양한 사회복지실천과 정책에 관한 체계적인 논의 자체를 무의미하게 만든다. 그 대신에 현실 사회복지 대책의 많은 부분은 욕구 원리에 근거하여 정당화할 수 있으며 이 원리에 근거하여 사회복지실천과 정책을 체계화하고 개선을 추진해야 한다는 논리는 크게 거부감을 불러오지 않는다. 특히 인권이라는 가치를 전제로 하는 사회복지학의 범위 내에서 복지실천과 정책의 바람직한 형태를 체계적이고 구체적으로 검토하려는 경우, 이러한 접근을 분석의 기준으로 하는 것은 꽤 설득력이 높아진다.

물론 욕구 원리를 관철하는 것에 모든 사람이 찬성하지 않을 수 있다. 오히려 대부분 사람이 질서유지와 사회방어, 공헌 및 능력, 시장과 소비자의 선호의 세 가지 원리가 더 중요하게 작용하기를 바랄 수 있다. 따라서 욕구 이외의 원리가 사회복지실천과 정책에 작용할 수 있다는 점을 수용하면서 욕구 원리를 기초로 사회복지실천과 정책의 바람직한 형태를 체계적이고 구체적으로 검토해야 할 것이다.

욕구 기반형 사회복지는 기본적으로 소득보장, 의료보장, 사회복지서비스, 주거, 고용 등 전체 영역에 적용할 수 있을 것이다. 그러나 현실의 복지 대책을 결정할 때 욕구 원리가 작용하는 정도는 영역에 따라 차이가 있을 것이다. 주택이나 고용정책은 일반적으로 시장의 공급과 수요 등과 관련된 경제정책으로서의 성격이 강하고 욕구 원리가 작용하는 범위가 매우 제한적이라 할 수 있다. 소득보장으로서 국민연금 제도의 경우도 사회보험방식이 작동하므로 욕구 원리가 작용하는 범위는 제한되어 있다. 반면 사회복지서비스나 공공부조, 사회수당의 경우, 오늘날 욕구 원리가 작용하는 범위가 다른 정책 영역보다 압도적으로 넓다고 생각할 수 있다. 이런 점에서 욕구 기반형 사회복지는 사회복지서비스나 공공부조, 사회수당의 경우에 더 효과적이라 생각된다.

2. 욕구 개념과 유형

욕구(need)라는 단어는 사회복지 관련 논의에서는 자주 등장한다. 논의하는 사람에 따라 문맥에 따라 활용 방식은 다르다. 그렇지만 대체로 욕구란 어떤 기준에 근거하여 파악된 상태가 사회적으로 개선되거나 해결해야 할 필요가 있다고 사회적으로 인정되는 상태라 할 것이다. 따라서 사회의 어떤 상태가 객관적으로 파악되면 그에 따라 바로 욕구가 생기는 것이 아니라 사회적으로 개선이나 해결이 필요하다고 사회적으로 인정되었을 때 비로소 욕구가 성립한다고 볼 수 있다.

이는 어떤 욕구가 존재한다는 담론이 형성될 경우, 어떠한 기준을 근거로 욕구를 파악할 것인가, 또한 어떠한 상태가 사회적으로 개선되거나 해결할 필요가 있는지 판단하는 것이 중요하다.

이러한 판단의 주체나 기준에 착안하여 설정된 사회적 욕구로서 브래드쇼(Bradshaw, 1972)의 유형이 잘 알려져 있다.

① **규범적 욕구**(normative need) : 전문가, 관료, 사회과학자 등이 바람직한 기준과 개인이나 집단의 상태를 비교하여 그 상태가 바람직한 기준에 부족하다고 판단하는 경우 규범적 욕구가 있다고 인정한다.

② **느낌으로 얻는 욕구**(felt need) : 욕구가 있다는 것을 본인이 자각하고 있는 경우에 이 욕구가 있다고 인정한다.

③ **표명된 욕구**(expressed need) : 느낌으로 얻는 욕구가 서비스 이용을 신청하는 행동으로 전환되는 경우 이 욕구가 있다고 간주한다.

④ **비교 욕구**(comparative need) : 서비스를 이용하고 있는 사람과 동일한 특성을 가지면서 서비스를 이용하지 않는 사람이 있는 경우, 그 사람은 비교 욕구가 있다고 간주한다. 개인 차원 외에 지역 차원에서 비교하고 그 유무를 명확히 할 수도 있다.

또 다른 판단으로 현재적 욕구와 잠재적 욕구로 구분할 수도 있다.

현재적이라는 단어는 실제로 표면에 모습이 드러나 현재 그 욕구가 쉽게 관찰할 수 있는 상태를 말한다. 잠재적 욕구는 내부 깊은 곳에 감추어져 있어 표면으로는 드러나지 않아 관찰할 수 없지만, 뭔가 방법을 연구하면 존재를 파악할 수 있는 상태이다.

따라서 사회복지에 관한 논의에서 현재적 욕구와 잠재적 욕구를 비교하여 생각하면 욕구의 전체적인 모습을 파악하기 위하여 잠재적인 욕구를 어떻게 드러나게 할 것인지가 중요한 과제라 할 수 있다.

그런데 앞의 네 가지 욕구 개념의 유형과 현재적 · 잠재적 욕구라는 유형을 대비하면 1 대 1로 대응되지 않는다.

욕구가 잠재적이라는 상태는 구체적으로 생각하면 욕구가 있는데 본인이 자각하고 있지 못한 상태(상태 A)거나 본인이 욕구를 자각해도 어떤 이유에서 서비스 이용 신청을 하지 않은 상태(상태 B)를 의미할 것이다. 브래드쇼가 제시한 욕구의 네 가지 유형으로 보자면 상태 A는 규범적 욕구가 존재해도 느낌으로 얻는 욕구의 출현을 수반하지 않는 상태라는 것이며, 상태 B는 느낌으로 얻는 욕구가 있어도 표명된 욕구로 전환되지 않은 상태라는 것이다. 상태 A를 욕구가 잠재화한 상태로 볼 것인가. 또한 상태 B도 욕구가 잠재된 상태로 볼 것인가에 따라 달라지므로 잠재적 욕구라는 단어를 접했을 때 그 정의에 주목할 필요가 있다.

현재적 욕구와 잠재적 욕구라는 유형론을 구분할 때 욕구가 잠재되어 있는 상태는 바람직하지 않다는 판단이 들어가는 경우가 보통이며 그것은 욕구의 현재화를 일으키는 요인으로 관심을 끌 것이다. 일반적으로 욕구의 현재화를 일으키는 사회적 · 제도적 요인으로서 다음과 같은 점을 생각할 수 있다.

첫째, 욕구를 충족할 수 있는 제도나 서비스가 존재하지 않는 경우다. 잠재적 욕구를 가진 당사자는 그것이 사회적인 제도로 충족할 수 있다고 생각할 정도가 되지 못할 것이다.

둘째, 욕구를 충족할 수 있는 제도나 서비스가 존재해도 그 존재를 알지 못할 경우, 또는 존재 자체는 알고 있어도 제도나 서비스의 내용이나 기대하는 효과 등을 이해할 수 없는 경우를 생각할 수 있다.

셋째, 욕구를 충족할 수 있는 제도나 서비스가 있어서 그 존재는 알고 있어도 실제로는 그 제도나 서비스 내용이 개별 욕구에 맞지 않을 경우를 생각할 수 있다.

넷째, 제도나 서비스 이용에 스티그마를 수반하는 경우를 생각할 수 있다. 즉, 국가로부터 지원을 받는 것이 수치스럽다는 생각이나 질병이나 장애를 타인에게 알리고 싶지 않다는 이유로 제도나 서비스 이용을 신청하지 않는 경우가 있을 수 있다.

여기서 나아가 좀 더 입체적인 욕구 이론을 살펴보자. 예를 들어, 도얄(Doyal)과 고프(Gough)의 인간 욕구 이론이다. 인간의 욕구를 보편적 목표 실현을 위한 기본적 욕구와 매개적 욕구, 욕구충족을 위한 사회적 전제조건이 연결된 계층적 구조로 제시한다.

첫째, 인간의 욕구가 지향하는 보편적 목표(universal goal)가 있다. 어떤 사회에서도 사람이 자기 자신의 비전을 추구하려 할 때 보편적으로 필요한 목표를 말한다. 어떤 사람에게 있어서 그것이 무엇이든 선(good)의 추구를 방해하는 중대한 침해를 피하는 것은 모든 사람에게 공통적인 객관적 이익이다. 보편적 목표는 이 점을 전제로 선에 관한 개인의 비전을 추구하는 데에 있어서 장애가 되는 근본적 침해를 최소화함으로써 스스로 선택한 생활양식을 통해 참가와 해방을 누릴 수 있는 상태를 실현하는 것이다. 이 보편적 목표는 개인이 선을 추구할 때 그러한 선이 무엇이든, 그것을 사회 속에서 추구해야 하는 이상, 사회참가를 방해하는 장애를 최소화하여 참가할 수 있는 상태를 포함하고 있다.

둘째, 기본적 욕구(basic needs)가 있다. 기본적 욕구는 객관적으로 인정되고 보편적으로 필요한 욕구다. 즉, 개인의 선호와 무관하게 이론과 경험으로 특정

할 수 있다는 점에서 객관적이다. 또한 그것이 충족되지 아니하면 모든 사람에게 중대한 침해가 된다는 의미에서 보편적으로 필요한 욕구를 의미한다. 개인이 선의 추구를 방해하는 중대한 침해를 받는 일 없이 사회의 생활양식에 참가할 수 있기 위해서 신체적 건강과 생각하고 선택할 수 있는 행위 주체로서의 자율성이 필요하다. 신체적 건강은 생존을 위한 기회를 확보하는 데 중요한 지표가 된다. 사회참가의 중대한 지장을 피하기 위해서는 육체적 생존 이상이 필요하다. 사고를 당해 가수면 상태로 생존 장치를 유지한 채 건강을 유지하는 것은 의미가 없다. 따라서 육체적 생존(survival)이 아니라 육체적 건강(health)을 의미한다. 자율성은 잘 생각하고 선택하는 능력이다. ① 인식하고 느끼는 능력의 결여가 없을 것. 이것은 합리적 행동에 최소한 필요한 것이다. ② 이해와 생각을 위해 필요한 능력과 기술의 결여가 없고 언어나 문자의 사용을 비롯하여 일정한 기술이나 능력이 필요하다. ③ 중요한 사회활동에 참가할 기회가 열려 있어야 하며 사회적 기회를 선택할 수 있는 것은 자율성 행사의 필수적인 요소다. 단, 자신이 속한 사회에 참가할 수 있다는 것은 사회규칙이나 관행을 넘어 비판하고 나아가 변경을 요구하는 등 그 수준을 넘어서는 자율성 능력이라 할 수 있다. 이 수준의 자율성은 모든 사회에 적용되는 자율성이 아니라 비판적 자율성이라 할 수 있다. 따라서 자율성은 행위 주체의 자율성과 비판적 자율성 두 가지로 구분할 수 있을 것이다. 두 자율성 모두 잘 생각하고 선택하는 능력이 요구되고 일반적 자율성은 전체주의 독재사회에서도 가능하지만 비판적 자율은 민주주의 정치에 참가할 수 있는 기회가 있어야 한다. 즉, 비판적 자율이 현실적으로 가능하기 위해서는 행위 주체의 일반적 자유와 정치적 자유 모두가 보장되어야 한다. 따라서 참가할 기회와 비판할 기회가 없으면 이해, 인식, 느끼는 능력이 아무리 높아도 객관적으로 볼 때 자율성이 결여된 사회(국가)라 평가할 수 있을 것이다. 비판적 자율성이 지향하는 보편적 목표는 '중대한 제약을 받는 일 없이 참가할 수 있는 것'을 넘어 '스스로 선택한 생활양식에 비판적으로 참가하는 것'이라 할 수 있다.

셋째, 매개적 욕구(intermediate needs)가 있다. 기본적 욕구를 충족하는 방식은 한 가지가 아니다. 음식과 주거 등 신체적 건강, 자율성을 확보하는 데 보편적으로 해당하는 욕구지만, 그것을 충족하기 위한 음식의 종류와 주거 형태는 다양하다. 기본적 욕구는 늘 보편적이지만, 충족하기 위한 물품이나 행위, 관계는 대부분 상대적이다. 따라서 기본적 욕구 충족수단의 객관적 평가는 늘 불규칙할 수밖에 없다. 기본적 욕구를 충족하기 위한 음식이나 주거 등의 개별적, 구체적 내용은 문화의 차이에 따라 다르지만, 단백질 등 영양소, 에너지 공급은 공통적인 특성이다. 따라서 기본적 욕구를 충족하기 위한 물품이나 행위, 관계 등이 작용할 때 인정되는 일반적 · 보편적 특성은 차이를 넘어 공통적으로 인정될 수 있으며, 보편적인 목표와 기본적 욕구를 충족하기 위한 개별적 · 구체적인 물품 · 행위 · 관계를 매개하는 역할을 하고 있다. 따라서 이러한 보편적 특성을 '매개적 욕구'라 할 수 있다. 지역 및 문화적 차이와 무관하게 기본적 욕구를 충족하기 위한 매개적 욕구는 11개(충분히 영양을 갖춘 식사와 음식, 충분한 보호 기능을 갖춘 주거, 위험하지 않은 노동환경, 위험이 없는 자연환경, 적절한 건강 돌봄, 안전한 아동기, 중요한 제일차적 관계의 존재, 신체적 안전, 경제적 보장, 안전한 출산과 자녀 양육, 기초교육)로 구성된다.

넷째, 사회적 전제조건이다. 욕구가 과도하게 개인주의화되지 않도록 '욕구 충족을 위한 사회적 전제조건'이 필요하다. 일반적이고 보편적으로 전제조건이 되는 것은 생산, 생식, 문화의 전달, 정치권력과, 비판적 자율성의 행사를 예상할 때 필수조건이 되는 것은 소극적 자유와 적극적 자유, 정치적 참가를 제시하고 있다.

종합하자면 기본적 욕구는 신체적 건강과 자율성을 의미하며 그 보편적 충족을 위해 매개적 욕구가 필요하다. 이러한 기본적 욕구는 인간의 삶에서 참가와 해방이라는 보편적 목표를 실현하기 위해 인간복지의 최저보장을 평가할 수 있는 지표로 활용할 수 있을 것이다.

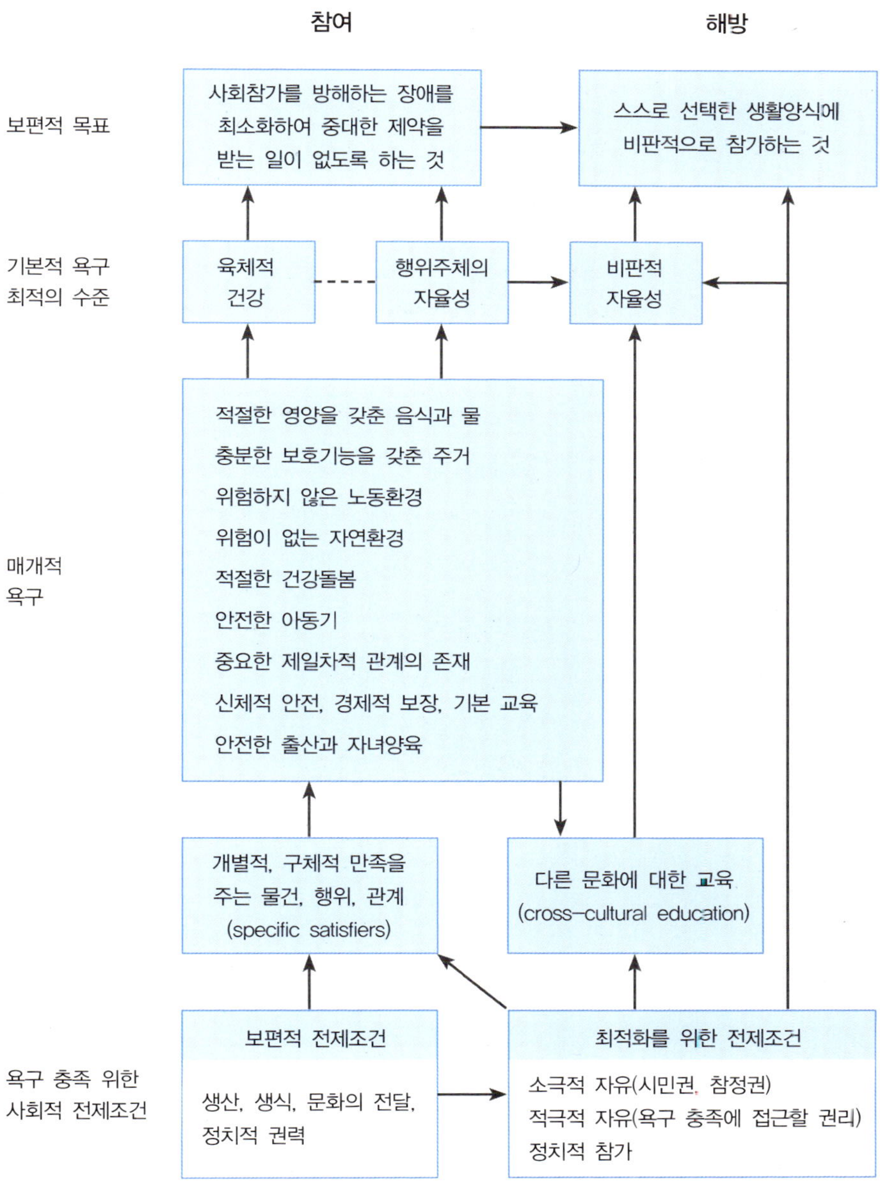

|그림 7-1| 도얄과 고프의 인간욕구이론 개요

출처 : Doyal & Gough(1991), p. 170의 내용을 저자가 일부 수정하여 정리하였음.

3. 생활지원 욕구와 서비스

사회복지에서 욕구는 경제시장이나 비공식 영역에서 충족되는 것이 아니라 사회적으로 충족될 것이라 기대하는 사회적 욕구에 포함된다. 따라서 인간이 사회생활을 꾸려나가기 위해서는 인간의 기본적 욕구와 사회생활의 기본적 욕구가 있으며 사회생활의 기본 욕구가 사회적 원인(사회관계의 부조화, 사회관계의 결여, 사회제도의 결함)으로 인하여 충족될 수 없게 되면서 발생하는 어려움이 복지 욕구라 할 수 있을 것이다. 그러나 생활문제를 초래하는 사회적 원인을 해소하거나 완화하는 것이 복지의 주요 기능으로 설정될 수 있지만, 복지 대책으로서 욕구가 무엇인지를 분명하게 하는 데에 한계가 있다. 정책 과학적 관점에서 어떠한 상태를 일정한 목표로 삼아 기준과 비교하여 괴리가 발생하거나 그 상태를 개선하거나 회복할 필요가 있다면 사회적 욕구의 상태라 할 수 있다. 이러한 상태는 의존적 상태라 할 수 있으며 회복하고 개선할 필요가 있다고 사회적으로 승인을 얻는 경우 복지 욕구라 할 수 있을 것이다.

사회가 어떠한 목표나 기준을 설정할 것인가, 복지 욕구를 어떻게 파악하고 결정할 것인가는 주요한 과제라 할 수 있다. 하지만 복지주체가 욕구를 파악하고 설정하는 과정에서 주관적 요소가 영향을 끼칠 수 있으므로 실제 복지 욕구와 거리감이 생길 수 있다.

이와 상대적으로 욕구의 위상에 초점을 두고 욕구를 이해할 수도 있다. 복지 대책은 사회적으로 인식된 수요에 대응하지만, 욕구 대다수는 그렇지 못하고 잠재되어 버린다. 하지만 그러한 욕구도 파악하여 수요로서 개별적 지원을 제공하고 동시에 잠재적 욕구도 고려하는 복지계획을 수립하는 등 예방적 복지 대책도 필요하다. 그런데 정책 주체만 복지정책을 결정하는 것이 아니다. 권리주체나 대상자와의 상호관계에 따라 영향을 받을 수 있다. 그 경우 복지 욕구는 국민 의식이나 당사자가 전개하는 사회적 행동에 영향을 받아 규정될 것이다.

이러한 입장을 종합하면 복지 욕구는 결국 생활 지원에 대한 욕구로도 해석할

수 있을 것이다. 비공식 부문이나 시장에 의해 충족되지 않는 욕구, 서비스 제공에 대하여 사회적인 합의를 통해 인식된 생활 지원을 기대하는 욕구라고 할 수 있을 것이다. 따라서 생활지원 욕구로 규정하기 위한 자격이나 인정기준 등 복지 주체의 권한에 의해 설정되는 경우가 대부분이며 대상을 정하는 과정에서 욕구가 확대되거나 축소될 수도 있다. 이러한 구조를 정리하면 |그림 7-2|로 보여줄 수 있을 것이다.

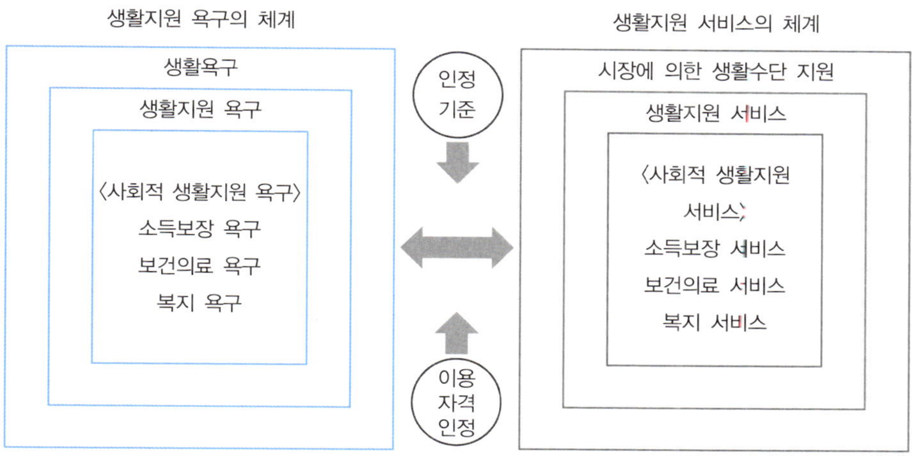

|그림 7-2| 생활지원 욕구와 서비스의 대응 관계

출처 : 古川孝順(2019). 社會福祉原論, p. 156.

4. 욕구 파악의 방법

사회복지 욕구 파악에는 정책을 위해 시행되는 욕구 파악과 실천 활동을 위해 이루어지는 욕구 파악 두 가지 유형이 있다. 욕구 파악을 위해 사용하는 방법도 서로 다르지만, 기본적 관점부터 다르다. 가장 기본적인 관점의 차이는 실천 활동, 즉 현금이나 물품 등의 도움을 제공하는 활동을 실행하기 위한 목적으로 욕구를 파악할 경우, 욕구를 가능한 한 개별화하여 다루지만, 정책이나 계획 수립을 위한 목적으로 욕구를 파악하는 경우, 욕구를 유형화하여 다루게 된다.

구체적으로 정책이나 계획 수립을 위한 욕구 파악을 위해서는 양적 조사법이 주로 활용되고 구체적인 도움 활동을 위해서는 질적 조사법을 더 활용할 수도 있다. 여기서는 주로 정책 수립을 위한 욕구 파악에 초점을 두고 논의를 진행해 보자.

먼저 사회조사에 의한 방법을 살펴보자. 욕구 개념의 유형과 관련하여 생각하면 사회조사법에 의한 욕구 파악을 느낌에 의한 욕구 개념에 근거하는 욕구 조사법과 규범적 욕구 개념에 근거하는 욕구 조사법으로 분류할 수 있다.

느낌에 의한 욕구 개념에 근거하는 조사법은 지역주민 전체 또는 그중 특정 범주에 속하는 사람을 조사대상으로 어떠한 급여 및 서비스가 필요한지 또는 이용하고 싶은지 질문함으로써 욕구를 파악하려는 것이다.

규범적 욕구에 근거하여 조사하는 경우, 그러한 사람들을 대상으로 조사한다는 점에는 차이가 없지만, 특정한 급여 및 서비스의 필요성이나 이용 희망을 직접 묻는 것이 아니라 일정한 규범적 기준, 즉 법령상의 기준, 전문가의 시각으로 얻은 판단기준, 학문적 지식에 근거하는 기준 등에 비추어 욕구의 존재 여부를 판단하는 것이다. 그 기준에 관련된 객관적 속성, 몸과 마음의 상태, 생활상황에 관해 질문하고 그 자료를 분석함으로써 욕구의 존재 여부 · 내용 · 정도를 판단한다.

예를 들어, 보육 욕구를 파악할 때, 느낌에 의한 욕구 개념에 근거하는 조사법에서는 취학 전 아동이 있는 부모에게 보육시설을 이용할 필요가 있는지, 또는 이용하고 싶은지를 묻게 된다. 이에 대하여 규범적 욕구의 개념에 근거하는 욕구 조사법의 경우, 부모의 건강이나 취업상황 또는 아동을 돌볼 수 있는 부모 이외 친족의 존재가 있는지 등을 묻고 그 응답 결과에 따라 보육시설 이용에 필요한 조건을 충족하고 있는지, 전문직의 관점에서 시설 이용의 필요가 있는지를 판단한다.

사회복지서비스 이용은 욕구를 가진 당사자의 희망에 따르는 것이 원칙이다. 최근 당사자에 대한 서비스 선택의 기회 보장이 중요하게 여겨지고 있다. 그러한 관점을 고려하면 사회조사법을 이용한 욕구 파악은 느낌에 의한 욕구에 주목하는 것이 기본적이라 할 수 있다. 그러나 실제 사회생활 속에서 욕구가 잘 드러나지 않거나 포기하는 경우도 있으므로 느낌에만 근거하여 욕구를 파악하고자 하면 불리한 조건에 처해있는 사람들의 욕구나 새롭게 발생하는 욕구를 적절히 파악할 수 없는 경우가 발생한다. 그렇다면 규범적 욕구에 근거하는 욕구 조사법을 적극적으로 활용하는 것이 바람직할 것이다.

사회조사 이외의 욕구 파악 방법도 중요하다. 사회조사를 실시하기 위해서는 상당한 시간과 노력이 걸리므로 일상적으로 자주 하기 어렵다. 사회복지기관이나 시설에서는 통상적인 사회조사 이외의 방법으로 욕구 파악을 할 수 있다. 그 방법은 지역사회 포럼, 사례기록이나 급여 실시 기록 등의 공적인 문서의 분석, 사회지표의 활용, 전문가 회의 참여 등 다양한 방법이 있다(Siegal et al., 1978). 욕구 파악의 목적이나 조건에 따라 적절한 방법을 선택해야 할 것이다. 특히 중요한 것은 일상적인 업무 속에 욕구 파악의 구조를 편입하는 것이다. 그러한 대응의 예로서 정기적으로 실시하는 전문가 회의를 통해 필요한 지원이 이투어지지 않는 사례에 대한 상황을 파악하거나 장기요양보험의 급여 데이터로부터 적절한 서비스 제공이 이루어지고 있지 않은 사례를 파악하는 방법도 있다.

5. 욕구와 온정주의

욕구 개념은 온정주의적 보호주의를 불러일으키는가. 이러한 문제 제기는 욕구 개념을 중요하게 여기는 데 대한 비판 중 하나다. 사회복지에서 욕구 개념은 일정한 사회적 합의나 사회적 승인을 전제로 한다. 규범적 욕구 개념을 선택하는 경우 욕구의 존재 여부, 내용 판단에 있어서 전문가 등의 판단이 당사자의 판단보다도 우선 개입된다. 느낌에 의한 얻은 욕구는 욕구 개념을 선택할 때 행정기관이나 전문직, 연구자 등이 사회적으로 개선하거나 해결해야 할 상태에 대하여 사람들이 실제로 어떻게 느끼는지를 조사하여 비로소 '느낌'의 존재가 분명해지는 경우가 많다. 생활의 어려움에 직면해 있는 사람들이 그 심각함을 스스로 호소하는 경우가 있다고 해도 그것이 느낌으로 얻은 욕구가 되는 경우는 사회적으로 해결이 필요한 문제로 인정하는 경우에만 가능해진다.

이런 점에서 욕구라는 개념은 타인을 통하여 절대적인 가치판단이 외부적으로 담보되는 특징이 있다. 더욱이 이러한 사태는 욕구의 주체가 소수의 상처받기 쉬운 취약한 사람이며 욕구 여부를 판단하는 타인이 행정당국이나 사회의 다수가 되는 경우 온정주의나 억압적 담론에 빠질 위험이 있다. 이러한 지적을 어떻게 이해해야 할 것인가. 예상되는 반응은 사회복지에서 온정주의는 배제해야 할 문제가 아니라 때로는 필요한 것이며 이를 배제해 버리면 판단 능력이 저하되거나 긴급하게 보호할 필요가 있는 사람들의 인권은 지킬 수 없다는 반론이 가능하다. 그러나 사회복지에서 완전히 온정주의를 배제하는 것은 수용되기 어려울 것이다. 욕구 개념이 온정주의를 초래한다는 비판은 반드시 온정주의가 모두 악이라는 전제에 서는 것은 아니며 지금까지 살펴본 욕구 개념의 선택이 사회복지에서 온정주의가 작용하는 범위를 확대하는 방향으로 연결될 가능성이 있다는 정도로 생각하면 될 것이다.

여기서 정책을 위한 욕구 파악과 실천 활동을 다시 확인해 보자. 사회복지정책을 위한 욕구 파악은 정비해야 할 서비스나 내용을 결정하기 위하여 실시하므로 욕구 파악이 욕구를 가진 개인이 이용하는 구체적인 서비스의 양이나 내용을 즉시 결정하지는 않는다. 하지만 당사자의 희망을 무시하여 어떤 서비스 이용을 강요하는 경우는 전혀 상정하고 있지 않다. 따라서 정책을 위한 욕구 파악이 반드시 개인의 희망을 반영하는 형태로 시행되지 않아도 실제 서비스 제공 현장에서 온정주의가 부정적으로 작동하지는 않을 것이다.

하지만 온정주의가 전혀 문제가 되지 않는다고 주장하는 것은 타당하지 않다. 그러한 주장에 대해서는 제공되는 서비스의 양이나 내용이 당사자의 의향에 반하는 것이라면, 본인이 원하는 방식이나 내용이 아닌 서비스를 이용하지 않을 수 없게 될 가능성이 있다는 반론이 가능하다.

이 점에 관해서는 느낌에 의한 욕구 개념에 근거하여 정책 욕구를 파악하면 온정주의를 일으키지 않을 수 없다는 의견이 나올 수도 있다. 그렇다면 규범적 욕구 개념에 근거하여 서비스를 정비하고 그 이용을 지원하는 것이 당사자가 느끼는 욕구로 연결될 수 있다. 하지만 무엇보다 결국 욕구를 알 수 없게 만드는 여러 조건을 제거하는 작업부터 선행하여 당사자가 욕구를 충분히 느낄 수 있는 상태를 만드는 것이 선행되어야 할 것이다. 그러나 느낌에 의한 욕구의 경우라도 사회적 판단이 개입한다는 점에는 차이가 없다. 느낌에만 근거하여 욕구 파악을 하는 것만으로는 욕구 개념이 온정주의를 전제로 한다는 비판을 완전히 허소하지는 못한다(平岡公一, 2011 : 433).

정책을 위한 욕구 파악의 경우라도 온정주의 문제는 쉽게 회피할 수 없는 문제다. 공공정책이나 계획의 내용에 대해서는 다른 사람들의 이해가 필수적이므로 사회복지 서비스의 제공을 사회의 판단을 배제하고 당사자의 판단에만 의존하는 구조를 만들 수는 없다. 이러한 문제를 해결하기 위해서는 사회적 다수의 목소리와 욕구를 가진 당사자의 의견을 적절히 반영하는 공개적인 소통 구조를 더욱 확대해야 할 것이다. 현실에는 욕구를 가진 당사자는 사회적 발언력이 약하고 다수자의 판단이 사회의 판단으로 되는 경우가 자주 발생한다. 그러한 사태를 어떻게 방지할 것인가가 문제이다. 물론 핵심은 당사자의 의향을 효과적으로 반영하여 온정주의가 작동하는 범위를 축소할 수 있는 구조를 어떻게 만들 것인가에 있다.

사회복지사가 가장 필요한 장면, 또는 사회복지사가 가진 전문적 역량이 가장 효과적으로 발휘되는 장면은 도움을 제공하기 어려운 사례를 다루는 경우라고 볼 수 있다. 어려운 사례란 전문직의 관점에서 보면 도움을 받아야 할 욕구가 있어도 도움을 거부하는 사람을 말한다. 이 경우 사회복지사는 어떠한 계기를 도출하여 느낌에 의한 욕구에 대응하는 급여 및 서비스를 도입하면서 어려운 사람과 신뢰 관계를 형성하고, 최종적으로는 전문직의 관점에서 효과적인 급여 및 서비스를 적절히 선택하는 상황을 만든다는 것을 말한다. 거기에는 소위 애초에 볼 수 있는 규범적 욕구와 느낌에 의한 욕구의 괴리가 사회복지사의 실천을 통해 제거될 것이라 기대하는 것이다.

그러나 다른 관점에서 보면 이러한 지원이 실천과정에서 온정적인 접근을 불러올 수 있다고 지적할 수 있다. 욕구를 확정할 때 전문직과 당사자의 관계는 일반적인 평등한 관계는 아니다. 사회적 권위와 전문지식, 법령 등에 의해 인정된 재량권을 가진 전문직에 대하여 전문지식을 가지지 않고 생활 및 생명의 유지를 타인에게 의존하고 있는 당사자는 종속적인 입장이 되기 쉬울 것이다.

사회복지실천의 역사 속에서 이러한 욕구 개념의 필요성과 온정주의가 충돌하는 문제는 표면적으로 심각성을 드러내지 않았지만, 과거의 도움 방식과 논리를 비판적으로 수정하여 새로운 이론이나 모델을 도출하는 자극이 되었을 것이다. 당사자의 주체적인 문제해결을 위해 도움을 제공하고 타인이나 사회제도와 대등한 관계를 맺도록 당사자의 권력을 높이는 데에 초점을 두는 이론과 모델이 등장하게 되는 것이다.

CHAPTER 08

사회복지 운영 체제

1. 복지혼합
2. 계획 대 준시장(Quasi-market)
3. 집권과 분권
4. 서비스의 조정과 연계

CHAPTER 08

사회복지 운영 체제

사회복지 활동에 있어서 목적 달성을 위해 어떠한 복지제도 운영 체제를 선택할지는 중요한 과제 중의 하나다. 일반적으로 운영 체제 설계에서 검토해야 할 기본적인 문제를 다음과 같이 정리하였다.

1. 복지혼합

선진 복지국가는 적어도 일정한 정도까지 사회복지에 관한 욕구 충족은 정부 책임으로 간주해 왔다. 욕구 충족에 어느 정도까지 정부가 책임을 져야 한다는 생각은 어떤 복지 이데올로기가 그 사회에서 지배적인가에 따라 달라질 수 있지만, 욕구 충족에 관한 정부의 책임을 전면적으로 부정하는 사람들은 소수에 불과하다.

그렇지만 욕구 충족에 정부가 책임을 진다는 것이 반드시 서비스 공급을 정부가 직접 시행한다는 의미는 아니다. 오늘날 선진국은 서비스 공급을 정부가 담당하기도 하지만, 민간 비영리조직이나 영리조직 또는 가족이나 이웃에 의해 제공하기도 한다. 복지혼합(welfare mix)이라는 개념은 다양한 주체에 의해 서비스 제공 부족에 대비하거나 서비스 공급의 다양성을 확보하기 위하여 역할을 나누는 상황을 의미하는 개념으로 이용되고 있다.

한편 복지혼합이라는 개념은 설명적인 개념으로 사용되는 경우와 규범 개념으로 사용되는 경우가 다르다(Powell ed., 2007). 설명적인 개념에서 복지혼합은 다양한 주체에 의한 서비스 공급 상황을 객관적으로 기술하기 위하여 사용되며 서비스 공급에 있어서 어떤 상황이 바람직한가에 대한 문제는 다루지 않는다. 이에 대하여 복지혼합이 규범 개념으로 이용되는 경우는 적어도 단 하나의 주체가 아니라 다양한 주체에 의한 서비스 공급이 바람직하다는 가치판단을 포함하는 개념으로 이용된다. 복지혼합 개념은 정부가 독점적으로 서비스를 공급하는 것이 아니라 다양한 공급 주체가 각각 특징을 살려서 역할을 분담하는 것이다. 그 이유는 사회에 존재하는 욕구가 가장 효과적으로 충족되는 상황은 다양한 주체에 의해 가능하다는 규범적 주장을 의미한다. 이때의 복지혼합은 복지다원주의(welfare pluralism)라는 개념과 거의 같은 개념이다.

복지혼합에 대하여 논의할 때 서비스 공급의 4개 모델이 등장하는 경우가 많다. 복지정책 차원에서 전체 모습을 논의한다면 기업복지 부문이 포함되어야 하지만, 직장 보육시설 등을 제외하면 기업복지의 역할은 제한적이므로 4개 부문의 모델로 충분하다고 생각한다.

〈표 8-1〉 복지혼합의 모델

부문	내용
비공식 부문	가족, 친척, 이웃 주민, 친구 등에 의한 일상적 지원 활동
민간영리 부문	영리사업자에 의한 서비스 제공
비영리 부문	비영리사업자에 의한 서비스 제공
정부 부문	중앙정부, 지방정부 등에 의한 서비스 제공

비영리 부문을 구성하는 것은 비영리조직이지만 비영리가 무엇을 의미하는지, 어떤 조직을 비영리조직으로 구분할지 명확하지는 않다. 이에 대한 정확한 이해

가 비영리 부문에 대한 논의의 출발점이 된다. 일반적으로 적용되는 비영리의 조건은 활동으로 얻은 이익을 출자자 등 조직 관계자에게 배분하지 않는 것이며 이러한 지적은 비영리조직을 이해하는 데 기본적인 개념이다. 활동에 따라 조직이 이익을 얻는 것 자체가 비영리조직과 반대는 아니다. 비영리조직의 활동이 모두 자원봉사에 의해 충당될 필요도 없고 직원을 고용하여 적정한 급여를 제공해도 상관없다. 단지 활동으로 얻은 이익을 출자자에게 환원하거나 그 조직의 경영 결정권을 가진 임원이나 회원에게 배분하는 것은 정의에 반대되는 것이다.

이러한 비영리조직의 조건이 비영리 부문에 대한 논의의 출발점이 되지만 만일 그 활동이 이익의 확대를 최대의 목적으로 한다고 해도 과연 무리가 없다고 할 수 있을까. 어떠한 목적이 있어서 비영리 부문을 그렇게 정의할 수도 있겠지만, 그러한 정의는 사회적 통념에 반하는 것이며 복지혼합의 분석을 위해서 효과적이지는 않다. 국제적인 논의도 포함하여 생각한다면 비영리 부문의 구성요건으로서 비영리에 더하여 자발성과 독자성, 두 가지를 포함하는 것이 타당하다.

자발성은 공익을 위하여 기여하고 싶은 사람들의 자발적 의지에 근거하여 활동이 전개된다는 것을 의미한다. 비영리 부문의 이러한 특성에 주목하면 비영리 부문을 대신하여 영국에서 주로 사용되고 있는 자원부문(voluntary sector)이라는 용어를 사용해도 무리가 없을 것이다.

독립성은 민간성이라고 표현할 수도 있으며 정부 조직의 일부이거나 정부의 지도하에서 활동을 전개하는 것이 아니라는 것을 의미한다. 비영리 부문의 이러한 특성에 주목하여 비영리 부문을 대신하여 독립부문(independent sector)이라는 용어를 사용할 수도 있을 것이다.

이처럼 비영리 부문은 비영리성, 자발성, 독립성 세 가지 요소를 갖춘 부문이라 이해하면 될 것이다. 이러한 조건을 엄격히 적용하면 노동조합이나 생활협동조합 등은 비영리조직이라 할 수 없을 것이다. 이러한 조직은 일정한 제한 범위 내에서 출자자인 조합원에 대한 배당이나 잉여금의 배분이 인정되고 있기 때문이다. 그래서 활동의 공공성이나 독립성이라는 공통점에 주목하여 비영리조직과 협동조합을 하나의 범주에 포함하여 비영리 · 협동 부문으로 묶을 수도 있을 것이다. 돌봄서비스 분야에서 협동조합의 역할을 기대하는 등 복지혼합으로서 그 형태를 검토할 때 비영리 · 협동 부문도 혼합의 구성 부문으로 보는 것이 적절할 것이다.

복지혼합을 검토할 때 한 번 더 생각해야 할 것은 사회복지법인이다. 사회복지법인은 비영리성의 조건을 충족하고 있지만, 정부에 의한 강한 규제와 지원이 제공되므로 독립성이 완전히 확보되어 있다고 볼 수 없다. 독립적인 비영리 부문이라 할 수 없는 측면이 있다. 실제 사회복지법인은 공적 비용으로 운영비를 충족하는 경우가 대부분이다. 따라서 비영리 부문과 정부부문의 경계에 위치하는 존재라 할 수 있을 것이다. 운영의 자율성은 보장되지만 설립할 때 행정부의 허가 등 제약이 있으며 우선적으로 실시해야 할 법정 사업의 범위도 규정되어 있는 등 공적인 성격이 매우 강하다.

비공식 부문은 친척, 이웃 주민, 친구 등 일상생활의 교류가 이어지는 가운데 이루어지는 조직화되지 않은 도움 활동이다. 구체적으로 친척에 의한 돌봄과 같이 아이를 돌보거나 노인을 대신하여 장보기를 하는 등 사적인 도움 활동을 기대할 수 있다. 이러한 활동과 자원봉사, 영리활동의 경계선이 반드시 확실한 것은 아니다. 이웃 노인에 대한 도움 지원도 자원봉사 집단의 계획적인 활동으로 전개되면 비영리 부문의 활동으로 볼 수 있을 것이다. 또한 이웃의 아동을 돌보는 경우도 정기적으로 보수를 받아 다수의 아동을 맡아서 돌보는 경우라면 영리부문의 활동으로 볼 수 있다.

사회복지 역사 속에서 민간 비영리조직은 중요한 역할을 해왔다. 욕구를 가진 사람들에게 대응하는 프로그램을 우선 민간 비영리조직이 실시하고 그 필요성이나 효과성이 널리 인정된 후에 정부가 그것을 이어서 실시하는 것도 적지 않았다. 복지국가 체제가 형성되기 이전 시기에는 욕구를 가진 사람들에 대한 대응을 민간 비영리조직에 기대하고 정부의 역할은 가능한 한 제한하는 것이 바람직하다는 사회정서가 강하였다.

복지국가 체제가 형성되면서 욕구를 가진 사람들에 대한 대응이 정부 책임이라는 사고방식이 점차 자리를 잡았다. 그것은 일반적으로는 먼저 소득보장과 의료보장으로 실현되고 일정 기간을 거친 후에 사회복지 서비스에 대해서도 그러한 인식이 정착되는 것이 일반적인 패턴이었다.

복지국가 체제 속에서 비영리 부문을 어떻게 위치하게 할 것인가에 대해서 선진국의 대응은 다양하였다. 4개 부문 모델에 맞춰보면 전반적으로 서비스 공급 속에서 비영리 부문의 역할이 상대적으로 축소되고 공공부문의 역할이 확대되면서 복지국가 체제 속에서 복지혼합의 형태는 다양하게 전개되었다.

1980년대 이후 서비스 공급 주체로서 비영리조직의 역할을 새롭게 재평가하려는 경향이 확대되었다. 뿐만 아니라 영리 부문도 그 특징을 살려서 서비스 운영 체제 속에서 일정한 역할을 담당하는 것이 효과적이라는 입장이 수용되기 시작했다.

복지혼합에서 정부의 역할을 어떻게 이해해야 할 것인가. 이와 관련하여 서비스 공급의 역할, 재정에 관한 역할, 규제 및 감독의 역할, 계획 및 조정의 역할로 구분하여 검토할 필요가 있다.

첫째, 서비스 공급의 역할이다. 복지다원주의 사고를 받아들인다고 해도 공공부문에 의한 서비스 공급이 곧바로 부정되는 것은 아니다. 복지다원주의 사고에 따라 사회복지 운영 체제의 재편성이 이루어진 영국의 커뮤니티케어 개혁에 있어서도 지방자치단체가 직영으로 서비스를 제공하는 것이 무조건 부정되지는 아니하며, 직영의 경우와 민간에 위탁하는 경우를 비교하여 비용 대 효과에서 더 우수한 부문을 선택하는 방식이 도입되었다.

둘째, 재정에 관한 역할이다. 욕구 충족을 위하여 필요한 서비스를 이용할 기회를 평등하게 보장하는 것뿐만 아니라 서비스 공급이 민간부문 중심으로 이루어져도 재정 측면에서는 공공부문이 여전히 큰 비중을 담당해야 한다. 이용자 개인의 부담에 크게 의존하는 구조라면 대부분 양적 · 질적으로 충분한 서비스 이용 기회를 평등하게 보장하기 어려울 것이다. 또한 대상이 한정된 소규모인 경우를 제외하면 기부 등의 민간재원에 의존하여 서비스 프로그램을 운영하기도 어렵다.

셋째, 규칙 및 감독의 역할이다. 기본적으로는 정부 책임에 의해 실시되어야 하는 것이다. 실제의 규칙 및 감독 업무 일부를 민간 기관에 위탁한다는 것을 생각할 수 있지만, 법령에 근거하여 규칙 및 감독 권한의 행사는 최종적으로는 정부 기관이 실행해야 하기 때문이다.

넷째, 계획 및 조정 역할이다. 욕구 파악과 그 결과에 대한 공개와 발표, 서비스 제공체제의 설계, 서비스 공급량의 목표설정, 시설의 정비 및 인재 양성 등 기반 정비, 여러 기관의 연락조정, 새로운 프로그램의 개발 · 평가 · 보급의 촉진 등 다양한 것이 포함된다. 이러한 역할 일부는 민간부문이 담당하는 것이 가능하다. 예를 들어, 서비스 제공에 관한 현장 차원의 조정은 서비스 제공을 담당하는 기관의 상호 협의에 따라 실시할 수 있다. 새로운 프로그램의 개발 및 평가는 상황에 따라 민간부문이 더욱 적극적으로 대응할지도 모른다. 계획 및 조정의 역할이 전체적으로 효과적으로 실시되도록 담보할 수 있는 것은 정부 부문뿐이며 그 역할이 매우 중요하다.

서비스 공급에 대하여 복지다원주의의 생각을 따른다고 해도 사람들에게 욕구에 대응한 서비스가 양적 · 질적으로 충분히 제공되기 위해서는 재정, 규칙 및 감독, 계획 및 조정에 관하여 정부가 해야 할 역할은 매우 크다. 서비스 공급에 대해서는 민간부문의 역할을 중요하게 활용하면서도 재정, 규제 및 감독, 계획 및 조정에 관해서 정부가 책임을 다함으로써 필요한 서비스가 개인에게 확실히 전달될 수 있도록 조건을 정비하는 구조가 확립되어야 한다. 다시 말해 이러한 형태를 '조건 정비 국가'라는 개념으로 이해할 수 있다. 즉, 복지다원주의를 전제로 하는 복지국가는 인간의 복지 실현에 필수적인 조건을 정비하는 국가의 성격을 가진다는 것이다.

2. 계획 대 준시장(Quasi-market)

오늘날 선진 복지국가의 경제 시스템은 공공과 시장 부문으로 구성되는 혼합경제의 성격을 띠고 있다. 시장 부문은 시장원리에 근거하여 자원이 배분되고 공공부문은 계획원리에 근거하여 자원이 배분된다. 이와 같은 혼합경제 시스템 속에서 처음부터 시장원리에 근거하여 사회복지가 운영되기는 어려우므로 여전히 계획원리로 복지 공급이 이루어지는 체제는 중요하다.

시장원리에 근거하는 사회복지 공급이 어려운 이유는 다음과 같은 세 가지를 들 수 있다. 첫째, 복지 욕구를 가진 사람들 대부분은 시장에서 서비스를 구매할 수 있는 재력이 없다. 둘째, 복지 욕구를 가진 사람들 대부분은 몸과 마음의 장애 등으로 이용하는 서비스에 대한 적절한 선택이 가능하거나 사업자와 동등한 입장에서 계약을 맺기 어렵다. 셋째, 사회복지 활동은 영리기업의 수익 창출 경영이 아니므로 공공기관과 민간 비영리조직이 영리기업과의 경쟁에서 밀려나 시장에서 퇴출당하는 것은 바람직하지 않다.

그렇지만 1980년대 이후 복지국가는 계획원리만 고수할 경우, 비효율성이나 행정 서비스의 경직성과 같은 문제를 극복할 수 없다는 비판이 제기되면서 시장원리를 도입하는 경향이 강해졌다. 이러한 입장에 따르면 시장원리에 근거하는 사회복지 확충은 한계가 있으므로 운영에 있어서 다양한 주체를 생각해야 한다는 비판이 제기된다. 따라서 사회복지 운영 체제는 다음과 같은 구조에 의해 해결될 것이라 예상하였다.

첫째, 서비스 공급은 시장에 맡기더라도 자산이 없는 사람들이 서비스를 이용할 수 없게 되는 문제가 발생하지 않도록 서비스 이용의 상당한 비율을 공공이 부담하는 구조를 만드는 것이다.

둘째, 판단력이 부족한 이용자가 악덕 사업자에 의해 손해를 당하는 등의 문제를 방지하기 위하여 일반 상품 등의 경우보다 엄격한 규제를 정부가 설치함으로써 이용자를 지원하는 구조를 만들 수 있다.

셋째, 공공기관 및 민간비영리기관, 영리기업 모두 동등한 기준으로 운영될 수 있도록 시장 구조를 만드는 것이다.

이러한 구조를 시장에 편입할 경우, 이를 준시장(quasi-amrket)이라 한다. 준시장이란 순수한 시장과 다른 성격을 가진 시장이라 할 수 있다. 구체적으로는 시장에서 판매되는 상품 비용 중 상당한 비율을 공적인 재원에 의해 충당하는 것이다. 또한 소비자 보호를 위하여 정부가 일반 상품보다도 엄격한 규제를 부과한다. 마지막으로 시장에 상품을 공급하는 주체로서 영리기업, 공공기관, 민간비영리조직 등 사업목적이나 행동 원리가 다른 조직이 혼합되어 있다.

사회복지에 관하여 준시장 원리의 도입을 목표로 하는 개혁이 이루어진 사례를 예를 들면, 1991년부터 시작된 영국의 커뮤니티케어 개혁, 2000년부터 실시된 일본의 개호보험제도 도입이다. 이들 모두는 준시장 원리를 근거로 사회복지의 운영 체제를 재편성한 개혁이었다.

이론적으로 준시장 메커니즘을 조합한 사회복지 운영 체제는 정부가 수행하는 역할에 초점을 두고 서비스 구입형, 이용자 보조형으로 구분할 수 있다. 서비스 구입형은 정부가 특정 사업자와 계약을 맺고 서비스를 구입하고 이를 복지 욕구를 가진 사람이 이용할 수 있도록 제공하는 구조이다. 이용자 보조형은 이용자가 사업자를 자유롭게 선택하여 서비스를 이용하고 정부가 그 비용 전부 혹은 일부를 부담하는 구조이다.

이 두 유형을 비교할 경우, 각자 다음과 같은 장단점이 있다.

이용자 보조형은 이용자에게 사업자의 자유로운 선택이 완전히 인정되는 장점이 있다. 그러나 서비스 이용에 대하여 이용자를 지원하는 구조가 효과적으로 기능하지 않는다면 서비스 질을 확보할 수 없는 단점이 있다.

서비스 구입형은 개인보다도 전문지식이나 정보수집 능력 차원에서 우월한 정부가 사업자를 선택하는 것으로 서비스 질 확보가 쉽다는 장점이 있다. 단, 정부가 특정 사업자를 부당하게 우대하거나 서비스 질 확보에 소극적일 경우 이야기는 달라질 것이다. 한편 이용자에게 사업자의 자유로운 선택이 보증되지 않을 수 있다는 단점이 있다.

A. 이용자 보조형

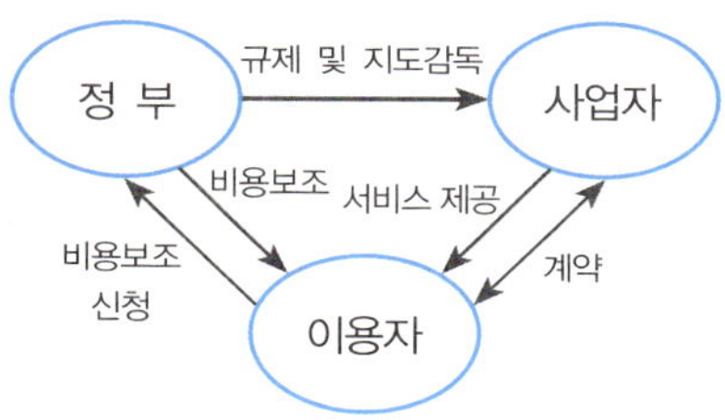

A. 이용자 보조형

이용자가 자유롭게 공급자와 계약을 맺어 서비스를 이용한 다음 정부에게 비용보조를 신청하고, 비용의 전부 또는 일부를 보조 받음

B. 서비스 구입형

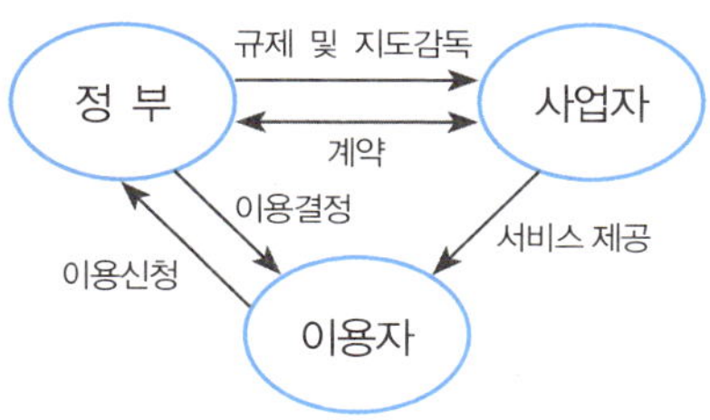

B. 서비스 구입형

정부가 특정 공급자와 체결하여 서비스를 공급시키고, 이용자는 정부에게 서비스 이용 신청을 하고, 그것이 인정되면 공급자로부터 서비스를 제공받을 수 있음. 비용은 정부가 부담하는 구조

[그림 8-1] 준시장의 두 가지 유형

출처 : 平岡公一(2013 : 196, 2017 : 77)을 인용한 김지미(2019 : 44)와 이선영(2020 : 38) 재인용.

이와 관련하여 일본의 개호보험 제도는 서비스 운영 주체가 전형적인 이용자 보조형의 성격을 띤다. 한편 영국의 커뮤니티케어 개혁으로 형성된 서비스 운영 주체는 서비스 구입형이라 할 수 있다. 시설 서비스에 대해서는 이용자의 선택권을 보장할 수 있도록 사업자를 선택할 기회를 보증하려고 노력한다.

사회복지에 준시장 원리를 도입한 결과 기대한 만큼의 성과가 있었는가에 대해서는 다양한 견해가 있다. 그러나 그러한 시도가 성과를 거두었다고 해도 사회복지에 준시장 원리를 도입하기에는 한계가 있다. 즉, 사회복지 중에서도 전문적이고 개별성이 강한 원조 활동이 중심이 되는 분야는 그와 관련된 활동을 상품처럼 시장의 거래 대상으로 하는 데에 무리가 있다. 또한 이용자가 소규모로 제한되는 서비스 프로그램에 대해서도 준시장 방식이 성립하기는 어려울 것이다.

이런 점에서 계획원리에 의한 자원 배분은 여전히 중요한 역할을 담당하고 있다. 계획원리에 의해 자원 배분이 이루어진다고 전제할 경우, 어떠한 방법과 기준에 의해 자원 배분의 구조를 만들지는 정책선택과 제도 설계에 매우 중요하다. 이러한 문제를 분석하기 위한 틀로서 할당론이 등장한다.

할당이란 자원이 필요한 수량에 비하여 부족하고 가격이 배분 기능을 다 하지 못하는 상황에서 동원할 수 있는 배분 방법이라 할 수 있다. 할당은 국가의 예산 편성 및 예산 범위 내에서 국고 보조금을 배분하기 위한 사용처를 결정하고 지방자치단체의 예산 편성 및 이용 결정 권한을 가진 시설의 서비스 대상자 결정과 직원당 서비스 시간 배분 등 다면적 차원에서 이루어진다. 구체적으로는 재정 할당과 서비스 할당 두 가지로 구분할 수 있다.

재정 할당이란 재정 자원을 배분하는 것이다. 매년 예산 총액을 결정하고 예산 중에서 복지예산 총액을 결정하고 각 사업의 예산액을 결정하고 나아가 그 예산의 배분처(지방자치단체와 대상자 집단 등)와 배분액을 결정하는 작업이 포함된다.

한편 서비스 할당은 개별 서비스와 프로그램에 대한 예산이나 인력파견, 물품 공급을 통해 모든 욕구의 충족이 불가능한 경우에 누구에게 어느 정도의 자원(이용 자격, 서비스 시간, 시설 공간 등)을 할당할 것인가에 대한 것이다.

욕구 기반 사회정책에서는 재정 할당이나 서비스 할당도 욕구 원리에 근거하여, 즉 욕구의 양, 심각성, 긴급성 등 성질에 따라 이루어지는 것이 바람직하다고 생각할 수 있다. 만일 사회복지 운영 체제가 이러한 방식에 따라 이루어진다면 할당 방법이나 기준은 결국 욕구 측정의 문제로 귀착될 것이다. 그렇지만 현실의 운영 체제는 욕구 이외 원리의 영향도 받는다. 예를 들어, 욕구 원리에 근거하여 운영이 이루어진다고 해도 욕구의 개별성과 주관성 등으로 그 심각성이나 긴급성 등을 양적으로 측정하여 비교하기가 쉽지 않다. 이러한 점에서 재정 및 서비스 할당에도 욕구 원리 이외의 다양한 원리가 작용한다. 이를 근거르 재정 할당과 서비스 할당에 관한 몇 가지 모델과 방법을 살펴보면 다음과 같다.

현실에서 이루어지는 재정 할당의 기초와 원리를 이해하기 위해서는 합리주의와 점증주의 모델을 주목해야 한다. 합리주의 모델이란 예산 편성이 각 사업의 수요 분석이나 결과의 평가, 또한 재정 목적을 달성하기 위한 전략에 따라 설정된 우선순위에 근거하여 이루어진다고 보는 모델이다. 이 모델에 따른 예산 편성이 이루어지면 연도마다 사업별, 분야별 배분액은 변화한다. 그렇지만 현실적으로는 지식의 한계나 정치적 이해관계의 조정 때문에 예산을 편성할 때 각 사업에 대한 예산 규모는 일정 부분 고정되기 쉽다.

서비스 할당 방법은 구체적으로 ① 신청순, ② 비용징수, ③ 조기마감, ④ 희석, ⑤ 수요 조작 등이 있다. 신청 방식은 얼핏 생각하면 합리적인 근거가 부족해 보이지만 현실적으로 자주 사용된다. 이 원리의 기본 문제는 수요가 감소 경향으로 변하지 않는 한 이 방식을 계속하면 대기자 명단(waiting list)이 길어지면서 파탄을 초래할 수 있다는 점이다. 그래서 욕구 원리에 근거하여 우선순위를 설정하거나 다른 방법을 함께 사용하지 않을 수 없다.

비용징수를 통해 수요를 줄이려는 방법은 더 심각하고 긴급성을 가진 사람일수록 서비스 이용을 위하여 더 많이 비용을 부담할 것이라는 전제에 서 있다. 그 전제가 옳다면 이 방법은 욕구 원리에 근거하는 우선순위 설정과 유사하게 된다. 그런데 현실적으로는 일반 사람들 사이에서 서비스 이용을 위한 부담 능력에 큰 격차가 있으므로 그러한 전제는 바람직하지 않다. 그 반대로 더 심각하고 긴급성을 가진 사람일수록 서비스 이용에 필요한 비용부담 능력은 고통을 초래하지 않는 수준에서 적용되어야 한다는 전제가 바람직할 것이다.

조기마감은 서비스 이용 기간을 제한함으로써 욕구를 가진 사람의 이용 기회를 더 확보하려는 하는 방법이다. 희석은 서비스 이용 시간을 일률적으로 줄이거나 전담하는 직원을 줄이는 대신 더 많은 이용자에게 대응할 수 있도록 하는 방법이다. 조기마감이나 희석도 얼핏 보면 평등주의적 원리에 합치하고 있다고 생각되므로 자주 이용된다. 그렇지만 이용 기간 제한이나 서비스 품질이 떨어져 서비스 효과가 두드러지게 감소하게 되면 보다 많은 사람이 이용할 수 있는 서비스가 될 수 있을지는 몰라도, 누구에게나 그다지 효과 없는 서비스가 될 위험이 있다는 데 주의해야 한다.

수요 조작이란 전문적 관점에 따라 욕구가 줄어들지 않는 경우라도 일정한 방법을 통해 수요를 줄이도록 시도하는 것을 말한다. 심각성이나 긴급성과 같은 특정한 기준을 설정하여 서비스 이용 자격을 제한함으로써 필요한 조건을 엄격하게 만드는 것이 대표적이다. 또는 서비스에 대한 홍보 활동을 줄이는 등 창구에서 정보제공에 대하여 소극적인 자세를 보이는 방법도 가능하다. 이러한 방법은 욕구를 가장 중요한 기반으로 생각하는 사회복지 관점에서 볼 때 바람직하다고 할 수는 없지만, 현실적으로 이러한 방법이 활용되는 경우가 발생한다는 점을 이해해야 할 것이다.

3. 집권과 분권

검토해야 할 또 하나의 기본 문제는 정부차원에서 사회복지행정에 관한 권한과 재원을 어떻게 배분할 것인가에 대한 문제이다. 정부 차원이란 연방제의 경우에 기본적으로는 연방정부와 주 정부, 지방정부이며, 중앙집권 국가는 중앙정부와 지방정부로 구분한다.

서로 다른 차원의 정부 사이의 권한과 재원의 배분 형태에 대해서는 중앙집권적인 운영 체제와 지방분권적인 운영 체제라는 두 개 모델을 설정할 수 있다. 중앙집권적인 운영 체제의 장점은 급여와 규제의 수준이나 내용이 전국적으로 통일되는 것이며, 거주지역에 의한 차이가 생기지 않는다는 것이다. 또한 사회복지의 정책 결정이나 운영에 필요한 정보나 전문지식이 중앙정부에 집중하고 있다면 중앙집권적 운영 체제를 선택하는 것이 욕구 충족에 더 유리해질 가능성이 크다.

지방분권적 운영 체제의 장점은 각 지역에 있어서 욕구 상황이나 활용할 수 있는 사회자원 상황 등의 차이에 따라 지방자치단체마다 독자적인 운영 방법을 선택하는 것이다. 또한 시민에게 있어서 가까운 자치단체에서 의사결정이 이르어지는 것으로 시민참가를 실현하기 쉬운 측면도 있다.

그런데 집중과 분산이라는 차원에서 생각할 필요도 있다. 집중적인 행정 시스템이란 중앙정부에 다수 행정 실시책임을 할당하는 시스템이며 분산적인 행정 시스템이란 지방정부에 다수의 행정사무 실시책임을 할당하는 시스템이다. 사회복지에 관해서는 현금 급여의 경우에는 집중적인 운영 체제를 도입하는 상황도 생각할 수 있지만, 서비스의 경우 집중적 운영 체제는 생각하기 어려우며 거의 분산적인 운영 체제를 도입하는 경우가 많다.

지방자치단체의 역할은 매우 중요하다. 복지국가 체제에서 사회복지 서비스 공급에 대해 정부 역할을 한정하는 경우가 있다고 해도 재정, 규제 및 감독, 계획 및 조정에 관하여 지방정부를 포함한 정부가 상당한 역할을 할 필요가 있다는 것은 사실이다. 스웨덴, 덴마크 등의 북유럽 국가 및 영국의 경우 사회복지 서비스 운영 체제는 원래 분권적 분산시스템이라는 성격을 갖고 있었다. 이 점은 최근에도 큰 변화는 없다. 그러나 복지혼합 상황에서는 북유럽과 영국은 약간 다른 상황이다. 북유럽의 경우 지방자치단체가 직영으로 서비스를 제공하는 상황은 크게 변하지 않았다. 그러나 영국은 커뮤니티 케어 개혁 이후 민간부문의 역할이 대폭 확대되고 있다. 그러나 북유럽 국가와 영국은 공통적으로 재정,

규제 및 감독, 계획 및 조정에 관하여 정부, 특히 지방자치단체가 중심적인 역할을 하고 있다.

이에 대하여 사회보험을 중심으로 사회보장제도를 발전시킨 국가의 상황은 다르다. 예를 들어, 독일의 경우 노인장기요양보험제도의 보험자는 지역 및 직역을 기반으로 하는 보험자가 담당하고 있으며, 요양서비스의 계획 및 조정에 있어서 지방자치단체가 하는 역할은 제한적이다. 프랑스의 경우 전통적으로 의료보험 금고나 연금보험 금고 등의 사회보장기관이 재정 측면에서 중요한 역할을 해왔으며 한편으로 지방자치단체의 계획 및 조정 기능은 제한적이다.

미국도 서비스 공급이 민간 중심이며 노인복지의 계획 및 조정 기능을 담당하고 있는 것이 지역의 관련 기관이라는 점에서 운영 체제에서 지방자치단체가 독점적인 위치를 차지하고 있다고 볼 수 없다. 일본의 경우 노인보건 복지계획 수립이 시작된 1990년대 전반에 사회복지 실시 주체를 기초자치단체(시정촌) 운영 체제로 확립하는 정책이 추진되었다. 그렇지만 2000년 개호보험 제도를 도입하여 개호서비스 제공체제가 재편됨에 따라 서비스 공급에 더하여 사례관리 실시가 민간부문에 맡겨져, 적어도 노인복지 및 개호 분야는 재정 및 계획 · 조정 측면에서 지방자치단체의 역할이 후퇴되었다. 그러나 이후 지방자치단체의 책임을 명확히 하고 서비스 공급을 양적으로 통제하며 자치단체의 권한을 강화하는 개혁이 진행되었다. 이는 재정이나 계획 측면에서 자치단체의 역할이 다시 강화되었다는 점을 의미한다. 이러한 동향을 고려하면 서비스 운영 체제에 있어서 자치단체의 역할을 어떻게 할 것인가에 대한 정책 방향이 반드시 명확히 정해져 있는 것은 아니다. 분권적 시스템으로 전환하는 속도가 더욱 빨라질 것이라 예상하지만 자치단체가 담당하는 역할은 앞으로 제도의 운영 체제를 어떤 방식으로 선택할 것인가에 따라 좌우될 것이다.

4. 서비스의 조정과 연계

서비스 이용에 있어서 서로 다른 사업자와 기관 사이, 서로 다른 기관 사이의 조정과 연계 방식도 중요하다(平岡公一, 2011 : 477-478).

복지 서비스 이용자는 다음과 같은 특성이 있으므로 서비스의 조정과 연계 등을 통한 지원이 필요하다. 첫째, 서비스 이용자는 자주 몸과 마음의 장애 때문에 충분한 판단력을 가지고 있지 못하며 자신의 욕구에 있어서 서비스 내용이나 사업자 선택이 어렵다. 둘째, 실제로 이용하고 있는 서비스 질에 문제가 있어도 서비스 이용자는 그것을 인식하고 개선을 요구하는 데 필요한 판단력이나 소통 능력을 갖고 있지 못하는 경우가 많다. 셋째, 이용자의 판단 능력에 문제가 없어도 타인의 지원에 의존하는 데 부정적인 가치관이 지배하는 사회에서 지원자나 사업자에 대하여 적극적으로 요구를 표출하기 어려워지기 쉽다. 이러한 문제는 서비스 내용의 다양화나 고도화 또는 서비스 공급 주체의 다양화가 진행하면 더욱 심각해지고 이용지원에 대한 필요성을 더 크게 만들 것으로 생각할 수 있다.

이용자 지원방식의 대표적인 형태는 사례관리다. 사례관리는 개인이 각종 공식적인 서비스나 비공식적인 지원을 본인이 처한 상황에 따라 가장 적절히 이용함으로써 효과적으로 욕구를 충족할 수 있도록 개인을 지원하는 방법을 의미한다. 사례관리의 전개 과정은 일반적으로 ① 개별 요구의 조사와 확인, ② 돌봄 계획의 책정, ③ 돌봄 계획의 실행, ④ 서비스나 지원의 제공 상황에 대한 모니터링, ⑤ 돌봄 계획의 실행에 의한 효과평가로 구성된다. 지원의 실천은 필요한 지식 및 기법의 특성을 보고 원칙적으로는 사회복지 이론 및 기술에 근거하여 복지실천 역량을 갖춘 사례관리자가 실시해야 한다. 단지 사례관리자에게 고유의 지식이나 기법보다도 보건의료 기타 전문 영역의 지식이 중요한 경우도 있을 수 있으므로 사회복지사 이외의 다른 배경을 가진 사례관리자가 필요한 사실도 부정할 수 없다(平岡公一 外, 2011 : 478-479).

사례관리의 실시 방법이나 사례관리자의 직무내용이나 권한은 다양하며 사례관리 모델은 ① 브로커 모델과 서비스 관리 모델, ② 치료 모델과 제도 모델 등 유형이 있다. 여기에서 말하는 브로커 모델이란 사례관리자 자신의 권한으로 이용할 수 있는 예산을 갖고 있지 않고 중개자로서 서비스를 소개하는 역할에 한정되는 것이다. 이에 비하여 서비스 관리모델은 일정한 범위의 예산을 집행할 권한이 있는 경우를 말한다. 치료 모델이란 정신건강 분야에서 자주 볼 수 있으며 사례관리의 과정 자체에 치료적 의미가 포함되는 모델이다. 이에 대하여 제도 모델은 서비스를 구분하여 패키지화하여 제공하는 데에 중점을 두는 모델이다.

또한 특정한 1인 전문직이 사례관리자로서 지원을 제공하는 것이 아니라 여러 직종의 전문직으로 구성된 팀에 의해 지원하는 방법, 그 팀의 구성원이 이용자를 결정하여 지원하는 전담 지원(key worker) 방식도 있다. 또한 신체장애인의 경우처럼 스스로 돌봄 계획을 수립하거나 실행과 모니터링을 담당할 능력이 있는 경우에 클라이언트 자신이 사례관리 역할의 주요한 부분을 담당하는 자주적 사례관리 방법도 있다.

이상과 같은 다양한 방법 속에서 지원의 목적과 상황에 따라 방법을 선택하는 것이 중요하다. 개별 이용자의 지원과 함께 사업자 및 기관, 직종 사이의 조정과 연계에 대한 대응도 중요하다. 그러한 대응은 사례관리와 같은 지원 방법이 모색되기 전부터 이루어지는 방식이었다. 일반적으로 조정 및 연계를 위한 대응은 서로 다른 사업자 및 기관의 직원, 서로 다른 분야의 전문직이 팀을 이루거나 회의를 하는 방법으로 이루어진다. 구체적으로는 ① 어떤 지역에서 특정 분야의 서비스 제공 사업자 및 기관의 대표자나 주요 전문직이 정기적으로 모이는 방식과 ② 개별 클라이언트에 맞게 지원하기 위하여 전문직이 모여 협의하는 방식을 생각할 수 있다. 사례관리가 제도화되고 조정과 연계를 촉진하는 기능을 사례관리자가 담당해도 모든 문제를 해결할 수 없다(平岡公一, 2011 : 479). 사례관리와 함께 그 외의 지원 방법에서도 제도적인 조정 및 연계 방식을 강화하는 것이 사회복지 운영 체제의 효과적인 작동을 위해서도 중요하다.

최근 많은 선진국에서 이루어진 서비스 운영 체제의 개혁에 있어서 클라이언트의 주체성을 존중하고 서비스 제공 형태에 본인의 의향을 최대한 반영시키는 것이 중요하게 되었다. 그러나 당사자가 스스로 관리하는 형태의 서비스 이용방식은 운영 체제의 부분적인 개편으로 그 취지를 완성하기는 어려울 것이다. 서비스 운영 체제를 복지 욕구에 맞게 장애 등의 문제를 안고 있는 당사자가 자기결정을 통해 관리할 수 있도록 근본적 개혁을 고민해야 할 것이다. 그 방향은 구체적으로 당사자 자신이 지원인력을 고용하여 필요에 따라 도움을 빌리면서 스스로 급여 청구와 지원을 관리하는 방식이 가능하다. 이러한 서비스 이용방식이 어떻게 진화할 것인지 확실하지 않지만, 서비스 운영 체제의 중요한 선택지로서 비중이 확대될 것임은 분명하다.

CHAPTER 09

사회복지와 재원 부담

1. 사회복지비 지출
2. 조세 및 사회보장부담률
3. 복지 부담과 경제성장

CHAPTER 09

사회복지와 재원 부담

1. 사회복지비 지출

선별주의적 제도는 거시적으로 저복지 · 저부담에 의한 작은 정부, 보편주의적 제도는 고복지 · 고부담에 의한 큰 정부가 된다. 복지의 정도는 사회복지비 지출, 부담의 정도는 조세 및 복지비 부담과 같은 재정부담을 보여준다.

사회복지지출은 사회적 위험에 대한 정부의 보장 수준을 나타내므로 공공이나 민간 기관이 급여를 제공하거나 재정을 통해 지출하는 것을 말한다.

급여에 투입되는 공공과 민간의 사회복지 지출 상황은 국가에 따라 다르다. 예를 들어, 미국은 민간기업이 제공하는 사적 연금이나 사적 의료보험이 많고 공적인 복지지출을 대체한다고 볼 수 있다.

사회복지 지출은 빈곤을 삭감하거나 불평등을 줄이는 효과가 있다. 한편 민간복지에 의한 복지서비스에서는 그러한 효과는 기대할 수 없다. 민간서비스는 노후에 빈곤에 빠질 리스크를 분산시키기 위하여 청년기에 보험료를 적립하는 등

리스크 분산의 기능은 없다. 그 때문에 민간기업이 제공하는 의료보험이 중심이 되는 미국에서는 저소득자에 대한 의료보험의 성과는 매우 낮다.

사회복지비 지출 수준의 정도를 이해하기 위해서는 국제 비교가 필요하다. 사회복지지출의 국제비교는 OECD 국가 간 사회정책을 비교 분석하기 위해 개발한 지표를 통해 보장수준을 파악할 수 있다. 이 지표는 사회적 목적을 가진 9가지 정책 영역의 급여로 구성된다. 구체적으로 소득, 유족, 근로무능력 급여, 보건, 가족, 적극적 노동시장 프로그램(ALMP), 실업, 주거, 기타 사회정책 영역이다.

사회복지지출의 종류는 공공 사회복지지출, 법정 민간사회복지지출, 자발적 민간사회복지지출이 있다. 이 중 국제 비교에서 가장 많이 활용되는 것이 공공 사회복지지출(Public Social Expenditure)이다. 정부의 사회복지지출 통계는 공공사회복지지출과 법정 민간사회복지지출을 합한 것이다. 공공 사회복지지출은 일반 정부지출(공공부조, 사회보상, 사회서비스) 및 사회보험 지출(연금, 건강, 산재, 고용, 장기요양보험), 공기업의 취약계층을 위한 교통, 통신요금 감면으로 구성된다. 민간 사회복지지출은 고용주의 법정 급여(법정 퇴직금, 산전후 휴가급여) 및 취약계층을 위한 교통, 통신 감면으로 구성된다. 민간 사회복지지출은 정부의 세제상의 혜택 또는 재정적 지원을 받으며 규제를 받는 부문으로 경제행위자(대체로 고용주)가 민간보험을 통하여 의무적으로 제공하도록 되어있는 급여를 의미한다.

〈표 9-1〉 사회복지비 지출 국제 비교 지표 구성

부 문	관심 영역	세부 관심 영역	부 문	관심 영역	세부 관심 영역
1. 노령	1.1. 현금급여	1.1.1. 연금 1.1.2. 조기퇴직연금 1.1.3. 기타 현금급여	5. 가족	5.1. 현금급여	5.1.1. 가족수당 5.1.2. 출산전후휴가 및 육아휴직 5.1.3. 기타 현금급여
	1.2. 현물급여	1.2.1. 돌봄서비스/ 가사보조서비스 1.2.2. 기타 현물급여		5.2. 현물급여	5.2.1. ECEC 5.2.2. 가사서비스 5.2.3. 기타 현물급여
2. 유족	2.1. 현금급여	2.1.1. 연금 2.1.2. 기타 현금급여	6. 적극적 노동시장 프로그램		6.0.1. 공공고용서비스 및 행정 6.0.2. 훈련 6.0.4. 고용장려금 6.0.5. 지원고용 및 재활 6.0.6. 직접적 일자리 창출 6.0.7. 창업인센티브
	2.2. 현물급여	2.2.1. 장례비 2.2.2. 기타 현물급여			
3. 근로무능력 관련 급여(장애, 산업, 재해, 질병)	3.1. 현금급여	3.1.1. 장애연금 3.1.2. 연금(산업재해) 3.1.3. 유급질병휴가(산업재해) 3.1.4. 유급질병휴가(기타 질병수당) 3.1.5. 기타 현금급여	7. 실업	7.1. 현금급여	7.1.1. 실업보상/ 해고수당 7.1.2. 노동시장의 환경으로 인한 조기퇴직
				7.2. 현물급여	
	3.2. 현물급여	3.2.1. 돌봄서비스/ 가사보조서비스 3.2.2. 재활서비스 3.2.3. 기타 현물급여	8. 주거	8.2 현물급여	8.2.1. 주거보조 8.2.2. 기타 현물급여
4. 보건	4.2. 현물급여		9. 기타 사회정책 영역	9.1. 현금급여	9.1.1. 소득지원 9.1.2. 기타 현금급여
				9.2. 현물급여	9.2.1. 사회부조 9.2.2. 기타 현물급여

출처 : 국회예산정책처(2021. 2. 24). OECD 주요국의 공공사회복지지출 현황.

사회복지예산은 해마다 큰 폭으로 증가했는데 왜 복지지출이 낮다고 하는지 의문을 제기할 수가 있다. 이는 복지지출 국제비교 지표가 우리나라 사회복지예산 항목과 다르게 되어있기 때문이다. 복지예산은 보건복지부 예산 중심으로 편성되지만, 국제적인 복지지출 지표는 위에서 지적한 것처럼 지표가 다르고 민간 부문까지 포함된다. 복지지출 국제비교 지표를 중심으로 할 때 복지지출이 가장 높은 나라는 프랑스(31.0%)이며 그 다음이 덴마크(28.3%), 스웨덴(25.5%) 순이다. 한국(12.2%)은 두 자리 지출 수준을 보이고 있지만, OECD 평균(20.0)과 비교하면 여전히 낮은 수준(2019년 기준 38개국 중 35위)이다.

(단위 : %)

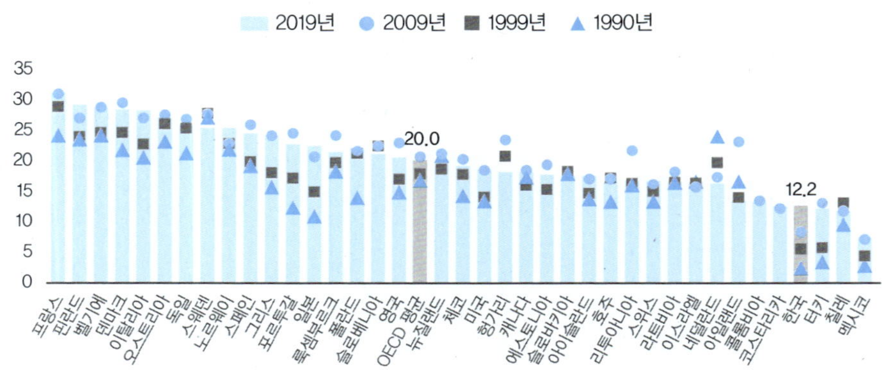

|그림 9-1| 국가별 GDP 대비 공공사회복지지출 비율 비교

주 1. 대부분의 국가들의 데이터가 가용한 시점인 1990년 자료부터 사용
2. 호주, 일본은 2017년, 캐나다, 콜롬비아, 뉴질랜드, 스위스, 코스타리카는 2018년 데이터 사용
3. 콜롬비아와 코스타리카는 자료 부재로 2009년 대신 각각 2010년과 2011년 데이터 사용
4. 2017년까지의 데이터는 확정치이며, 2018년과 2019년의 데이터는 잠정치임

출처 : 국회예산정책처(2021. 2. 24). OECD 주요국의 공공사회복지지출 현황.

〈표 9-2〉 OECD 주요국 사회복지지출 규모 비교 (단위 : GDP 대비 %)

한국	스웨덴	덴마크	프랑스	영국	네덜란드	일본	미국	OECD 평균
12.2	25.5	28.3	31.0	20.6	16.1	–	18.7	20.0

주 : OECD 국가별 비교자료는 OECD(www.oecd.org)의 가장 최근 자료인 2019년(잠정치) 자료임(2020. 12)

출처 : OECD Stat(2020. 12. 기준).

- **OECD 회원국의 GDP 대비 공공사회복지지출 비율 변화 유형**

  - OECD 회원국들의 지난 30년간 GDP 대비 공공사회복지지출 비율 변화는 크게 ① 지속적 증가 국가, ② 증가 후 감소 국가, ③ 지속적 감소 국가의 세 가지 유형으로 분류 가능

〈GDP 대비 공공사회복지지출 비율 변화 : 1990~2019년〉

지속적 증가1	증가하다가 2009년 이후 감소2	지속적 감소
• 38개국 중 13개국3 • 30년간 한국은 4.7배, 터키는 3.2배, 멕시코는 2.4배, 일본은 2.1배로 공공사회복지지출 비율이 큰 폭으로 증가	• 38개국 중 18개국4	• 네덜란드5

- **9대 정책 영역별 구성비를 보면, 대체로 노인, 보건 순으로 높은 비중을 차지**

  - 노인 영역 지출 비중이 가장 큰 국가 : 일본(45.1%), 프랑스(39.6%), 스웨덴(34.9%), 덴마크(33.0%)6
  - 보건 영역 지출 비중이 가장 큰 국가 : 미국(45.7%), 한국(40.7%), 영국(37.4%)7
  - 기타 사회정책 영역 지출 비중이 큰 국가 : 덴마크(31.3%), 스웨덴(27.3%)8

1 10년 주기로 봤을 때 1990년과 1999년 간 증가율 및 2009년과 2019년 간 증가율에 비해 1999년과 2009년 간 증가율이 상당히 큰데, 이는 2009년에 발생한 경제 · 금융위기로 많은 국가들의 GDP가 감소했기 때문

2 프랑스, 핀란드, 벨기에, 이탈리아, 노르웨이, 그리스, 미국, 아이슬란드, 스위스, 콜롬비아, 코스타리카, 한국, 멕시코

3 대부분의 국가는 2009년 전후로 글로벌 경제위기와 유럽재정위기를 겪은 후 긴축재정으로 전환하면서 공공사회복지지출 비율이 감소

4 덴마크, 오스트리아, 독일, 스웨덴, 스페인, 포르투갈, 룩셈부르크, 슬로베니아, 영국, 뉴질랜드, 체코, 헝가리, 에스토니아, 리투아니아, 라트비아, 아일랜드, 터키, 칠레

5 네덜란드는 1970년대까지 높은 수준의 기초연금과 보편적 장해보험을 도입한 진보적이고 관대한 복지국가였음. 그러나 1980년대 이후 장기 경기침체와 고실업으로 야기된 사회보장 지출 급증으로 인해 1993년 GDP 대비 부채 비율이 78%를 넘어서면서 지출 규모가 큰 장해급여와 상병급여 사용을 제한하는 개혁조치를 단행하면서 GDP 대비 공공사회복지지출 비율이 지속적으로 감소

6 일본은 65세 이상 노인인구 비중이 27.7%로 초고령사회이며, 프랑스는 19.5%, 스웨덴은 19.8%, 덴마크는 19.2%로 초고령사회에 근접한 국가

7 미국은 메디케어와 메디케이드 운영, 영국은 무료인 국민보건서비스(NHS) 운영, 한국은 노령연금제도의 미성숙으로 인해 상대적으로 보건 영역 지출 비중이 크게 나타남

8 고용과 복지의 연계를 중시하는 덴마크와 스웨덴은 적극적노동시장프로그램(ALMP)의 지출 비중이 각각 GDP의 2.0%와 1.2%로 OECD 평균(0.5%)보다 높은 수준

〈9대 정책영역별 지출 구성(2017년)〉 (단위 : %)

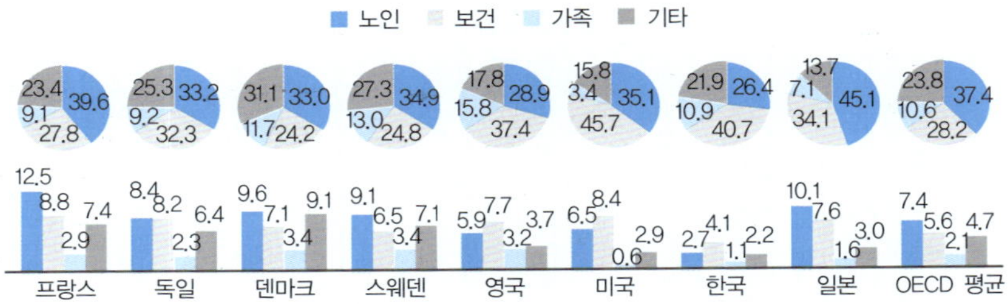

주 1. 원형 그래프 수치는 전체 공공사회복지지출 대비 비중, 막대그래프 수치는 GDP 대비 비율

2. 그래프의 '기타' 지출은 유족, 장애, ALMP, 실업, 주거, 기타 사회정책 영역 지출의 합산 값

출처 : OECD Social Expenditure Database를 토대로 국회예산정책처 정리.

- **보건 영역의 지출 비중이 높은 국가는 현물급여, 노인 영역의 지출 비중이 높은 국가는 현금급여를 중심으로 운영**
  - 보건 영역 지출 비중이 높은 한국과 영국, 미국에서는 현물급여 비중이 우세
  - 노인 영역 지출 비중이 높은 프랑스, 독일은 고령화에 따른 연금지출이 많아 현금급여 비중이 우세

〈국가별 공공사회복지지출의 현물 · 현금 급여 구성(2017년)〉 (단위 : %)

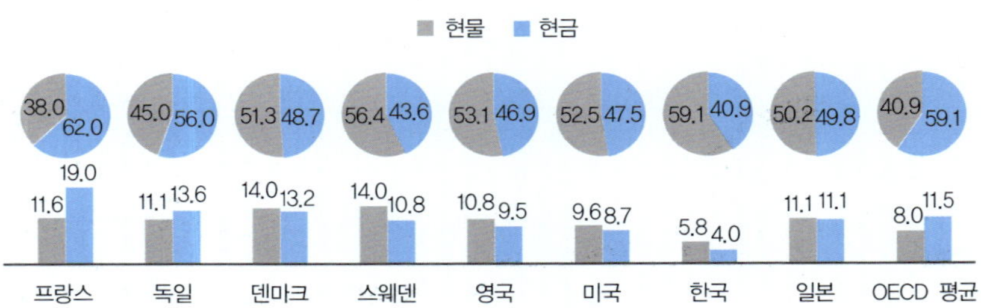

주 : 원형그래프 수치는 전체 공공사회복지지출 대비 비중, 막대그래프 수치는 GDP 대비 비율

출처 : OECD Social Expenditure Database를 토대로 국회예산정책처 정리.

〈GDP 대비 공공사회복지지출 비율과 국민부담률 간 관계(2018년)〉 (단위 : %)

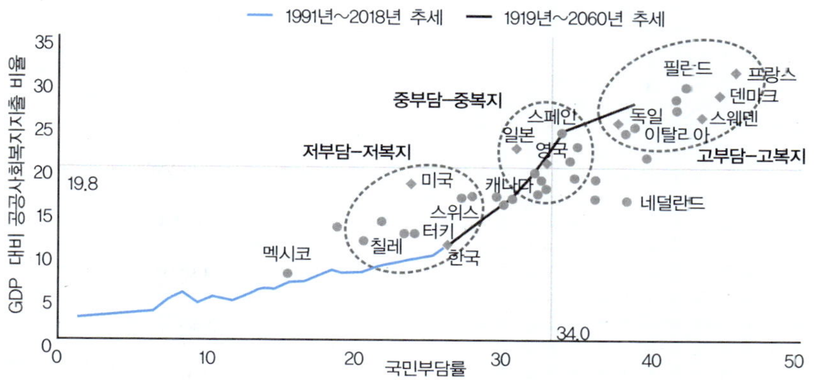

주 1. 호주와 일본은 2017년 데이터, 그 외 36개 국가들은 2018년 데이터

2. 그래프의 회색 선은 OECD 전체 38개국의 국민부담률 및 GDP 대비 공공사회복지지출 평균

3. 파란색 선 그래프는 1991년부터 2018년까지의 한국의 변화 추이이며, 노란색 선 그래프는 국회예산정책처의 '사회보험 수지균형 국민부담률'과 사회보장위원회의 'GDP 대비 공공사회복지지출 비율' 전망 결과를 2020년부터 10년 단위로 2060년까지 연결한 추세

출처 : OECD Revenue Statistics와 OECD Social Expenditure Database를 토대로 국회예산정책처 정리; 국회예산정책처(2020). 2020 NABO 장기 재정전망; 사회보장위원회(2020). 제4차 중장기 사회보장 재정추계.

출처 : 국회예산정책처(2021. 2. 24). OECD 주요국의 공공사회복지지출 현황.

2. 조세 및 사회보장부담률

사회보장급부와는 별도로 조세 및 사회보장부담률이라는 지표로 사회보장의 재정부담을 살펴볼 수 있다. 소위 국민부담률(조세 및 사회보장부담률)은 조세 부담 + 사회보장부담을 GDP로 나눈 값으로 정의할 수 있다. 여기에서 사회보장부담이란 사회보험료 부담을 의미한다.

조세 및 사회보장부담은 사회보장급부비와 연동하고 있으므로 사회보장 급부비가 적은 일본, 미국 등이 가장 낮고 스웨덴이 가장 높다. 조세 및 사회보장급부비는 공공부담률이라 할 수도 있는데, 국민경제 내부의 재분배 정도를 표시하고 있으며 사회보장급부비로 환원되는 것이다. 그 때문에 일정한 삶의 질을 유지하기 위해서는 조세나 사회보험료 부담이 낮으면 민간의 사적인 보육과 같은 무보수 노동과 같은 형태의 부담을 하지 않을 수 없게 된다. 예를 들어, 부담률이 낮은 미국과 높은 스웨덴을 비교하면 가계에서 차지하는 민간의 보건, 교육, 사적 연금, 돌봄의 사적 부담과 조세의 공적 부담의 합계는 미국과 스웨덴의 경우 변화는 없다. 그러나 그 부담의 내역을 살펴보면 미국은 현저히 사적인 부담이 매우 높고 스웨덴은 조세 부담이 높다.

이외에도 사회보장으로서 환원되지 않는 부담을 순부담이라고 한다. 그 정의는 조세 및 사회보장료 부담에서 사회보장 급부비를 공제한 값이다. 순부담의 내용은 공공투자나 방위비, 교육비 등 사회보장 이외의 조세 부담을 의미한다.

3. 복지 부담과 경제성장

사회복지 급여를 보편적으로 제공하기 위해서는 높은 부담을 피할 수 없으므로 다양한 경제적 영향이 발생할 수밖에 없다.

첫째, 기업의 해외 유출, 즉 산업 공동화가 초래될 수 있다. 사회복지 부담을 둘러싸고 자주 제기되는 주장이 산업의 공동화를 초래한다는 비판이다. 특히 사회보장 부담이 법인세에 의존하여 이루어질 경우, 기업의 이익이 발생할 때 부과되는 세금이라 해도 기업 경쟁력을 해치는 요인이 될 수 있다는 것이다. 결국 기업이 해외로 떠날 것이므로 투자도 감소할 것이라는 비판으로 연결된다. 이에 대해서는 기업의 가격경쟁력과 법인세 사이에 직접적인 관계가 없다는 지적을 생각할 필요가 있다. 법인세를 인하해도 투자 환경이 불확실하면 그만큼 투자하지 않고 오히려 내부 유보금으로 적립할 수도 있다.

사회보장 급여의 경우 임금에 전가될 경우도 있을 수 있지만, 가격 이외의 요인에 의한 경쟁력 향상이 더 중요해지므로 기술혁신이 국제경쟁에 있어서 성공의 핵심을 차지하고 있다. 따라서 인건비 중 사회보장 급여의 상승이 본질적인 문제가 될 가능성은 크지 않다고 할 수 있다. 하지만 국민소득은 생산설비 등의 자본과 노동력 인구, 노동 생산성에 의해 결정되므로 이들이 사회보장 급여나 부담 때문에 감소하면 경제성장에 악영향을 끼칠 가능성이 있다는 점에 근거하여 비판을 전개한다.

자본이란 저축이 투자되어 축적되는 경로가 있으므로 사회보장 급여와 부담으로 저축이 감소하면 자본감소를 매개로 국민소득이 감소할 가능성은 있다. 또한 사회보장 급여 제공으로 노동력 참가 인구나 노동 생산성이 낮아지면 경제 규모가 축소한다. 단지 사회보장 급여비와 그 부담이 끼치는 영향은 이익과 손해 모두에 영향을 끼치므로 단순히 사회보장이 일방적으로 감소를 초래한다고 볼 수는 없다. 예를 들어, 사회보장이 노동 공급에 끼치는 부정적 영향력으로 노동 동기 저하, 관대한 급여에 의한 자발적 실업이나 노동 혐오의 확대 등을 지적할 수 있지만, 한편 가족의 주요 생계 유지자가 사회보장세 부담이 증가하면 실질소득이 낮아지므로 이를 보충하기 위하여 오히려 노동 공급을 증대시키는 결과(소득효과), 육아휴직이나 수당 등이 도입되면 여성의 사회진출이 늘어나 노동 공급 총량이 증가하는 긍정적 결과를 예상할 수 있다. 또한 자본의 원천이 되는 저축률에 대한 사회보장의 부정적 영향으로 기업이나 개인의 저축 능력의 저하, 관대한 급여에 의해 초래되는 미래 불안의 해소로 개인 저축률이 낮아질 수 있다. 한편 노후, 부상, 실업 등으로 저축의 붕괴를 감소시키는 효과도 생각할 수 있다. 하지만 정부의 사회보장 분야 투자로 인하여 경제가 활성화되어 고용이 발생하는 투자 효과도 기대할 수 있다.

일반적으로 조세를 통한 재원 확보는 다음과 같은 장점이 있다. ① 기여금을 부담할 수 없는 노동능력이 없는 자와 실업자 등에 대한 복지정책이 가능하다.

② 부담 능력이 없는 저소득층의 생존권을 보장하는 데 필요한 최저수준의 급여와 서비스를 정부가 책임진다. ③ 사회보장의 대상이 되는 개인적 위험은 대부분 개인이 대응할 수 없는 사회적 위험이므로 사회 전체 성원의 이익향상을 위해 대응할 수 있다. ④ 조세를 통한 재원 확보가 누진세 중심으로 정비되면 재분배 효과를 더 높일 수 있다. 반면 단점은 다음과 같다. ① 수익과 부담의 관계가 분명하지 않아서 급여 수준의 인상을 초래할 수 있다. ② 재정낭비를 위해 자산조사를 통한 수급 자격을 관리해야 하므로 행정기관의 자의적 개입이 초래될 수 있다. ③ 재정확보와 관련하여 다른 정책 분야와 경합하게 되므로 재원을 안정적으로 확보하는 데 어려움이 생길 수 있다.

반면 사회보험을 통한 사회보장 재원 확보 방식은 다음과 같은 장점이 있다. ① 급여의 인상이 기여금의 인상으로 연결되므로 무책임한 급여 인상 요구를 억제할 수 있다. ② 보험급여는 기여에 따른 권리이므로 보편주의 방식이 된다. ③ 사회보험 가입자가 제도의 운영에 참가할 수 있다. ④ 보험료는 임금에 부과되므로 사업주는 보험사고가 발생하지 않도록 위험 예방 동기가 강해져 부담의 증대를 억제할 수 있다. ⑤ 사회보험료 징수를 위한 비용이 저렴하고 간편하다. ⑥ 사회보험료는 목적세의 성격의 강하므로 피보험자의 납부 의지가 높다. ⑦ 적립된 사회보험료는 공공투자의 재원으로 사용할 수 있다. 반면 다음과 같은 단점이 있다. ① 보장성 강화와 지속성 강화 사이에 재정적인 균형을 달성하기 어렵다. ② 직역별 장벽이 높으면 비정규직 등 수급 자격에서 격차가 발생한다. ③ 보험료 인상이 노동자의 임금 상승을 상쇄시킬 수 있다.

사회복지를 확대하면 재정적자가 초래되어 경제성장 둔화를 초래할 것이라는 주장은 매우 익숙한 반복지론이다. 그러나 사회복지 급여와 부담 모두 낮은 작은 정부와 급여와 부담 모두 높은 큰 정부로 GDP의 성장률을 국제 비교하면 사회보장 급여와 부담 사이에 명확한 상관관계는 존재하지 않는다. 그 이유는 경제의 규모나 성장률에 사회복지 제도의 급여와 부담 이외의 부분도 영향을 끼치기 때문이다(Wilensky, 2002).

사회복지 제도가 경제성장 저하를 초래한다는 주장이 염두에 두고 있는 것은 저부담 · 저복지로 경제성장도 비교적 우수한 미국형 시스템이다. 미국에서 고용에 관한 정부의 관여는 낮고 직업교육과 훈련 같은 적극적 노동시장 정책은 발달하고 있지 않으며 해고도 매우 허용적이고 노동시장 유연성은 높다. 선별적인 최저보장형 사회복지 프로그램이 중심으로 사회부조나 실업수당 등은 구직활동이나 취업 등을 조건으로 수급권을 부여하는 워크페어 구조를 띠고 있다. 소득격차는 확대되지만, 경제성장은 상대적으로 높은 수준으로 유지되는 것이다.

한편 고부담 · 고복지 스웨덴을 보면 적극적 노동시장 정책에 의해 생산성이 높은 산업으로 노동이동을 가능하게 하면서 사회복지 측면에서는 보편주의적 소득보장형 프로그램을 통해 노동 의욕은 높이면서 보육이나 돌봄 등의 복지제도를 구축하여 노동 공급 증가를 촉진하였다. 이처럼 고용과 복지를 연계시키는 대응으로 고용보장이 재정을 지탱하고 그 재정이 사회복지 급여를 이끄는 순환구조하에서 높은 경제 성장률이 유지되었다 할 수 있다. 사회복지제도는 다른 제도와 독립하여 존재하고 있는 것이 아니다. 사회경제 시스템 전체를 통해 보면 경제에 끼치는 영향이 결코 단선적인 하나의 모습으로 나타나지 않는 것이다.

CHAPTER **10**

사회복지실천의 기초적 이해

1. 사회복지실천의 대상
2. 사회복지실천의 요건
3. 사회복지실천의 역사

CHAPTER 10

사회복지실천의 기초적 이해

1. 사회복지실천의 대상

사회복지 업무의 대상이 되는 사람은 일차적으로는 생활이 어려운 사람이다. 사회복지실천의 구체적 과제는 어려운 사람이 경험하고 있는 문제이며 이것을 사회복지학에서는 생활문제, 복지 욕구 등의 용어로 표현할 수 있을 것이다. 그런데 생활하면서 발생하는 문제를 자본주의 사회의 구조적 문제로 해석하는 구조론적 입장과 사회적 기능의 부조화로 해석하는 기능론적 입장으로 구분하는 경향이 있다. 이 두 입장은 정책연구와 실천지원 연구로 구분하여 논의할 수 있겠다. 또한 사회복지실천 대상을 개인과 사회시스템과의 부조화로 이해하는 것도 가능하다. 따라서 사회복지실천이란 생활의 어려움을 안고 있는 개인이나 그 가족을 대상으로 하면서 삶의 어려움의 원인이 되는 개인과 사회의 부조화 또는 사회관계의 문제를 조정함으로써 지원하는 활동이라 할 수 있다. 이러한 개인과 사회의 부조화를 연결의 상실로 보고 그것을 조정하는 것을 회복이라 해도 좋을 것 같다.

이러한 생활의 어려움과 연결의 상실은 대다수 사람이 경험하는 것이다. 만일의 상황을 예로 들어보자. 대학 진학을 위해 독립하여 대도시에서 홀로 생활하는 학생은 고등학교 시절까지 축적되었던 연결을 상실해 버린다. 더욱이 경제적으로 여유가 없는 경우, 생활비를 마련하기 위해 아르바이트 시간이 길어지면 대학 생활을 여유롭게 할 수 없고 결과적으로 친구도 사귈 수 없어 새로운 연결을 만들 기회도 사라져 버린다. 또한 부모의 경제적 상황이 나빠지면 수입이 더 좋은 아르바이트 자리를 찾아 무리하게 일하게 되고 건강을 해치거나 생계에 쫓겨 생활이 피폐해지고 인간관계도 상실한다. 아르바이트 직장의 경영이 부실해지면 해고되거나 질병으로 일할 수 없게 되고, 집에 고립되어 점차 살아갈 기력을 잃게 될 수 있다. 이러한 생활의 어려움에 의한 연결의 상실은 누구에게나 일어날 수 있는 것이다.

그러나 많은 사람이 이러한 악순환에 빠지지 않고 지내는 것은 어떤 시점에서 가족이나 이웃, 친구 등이 도움을 주거나 상담에 나서줌으로써 대학의 장학금을 신청하거나 학비 감면을 받거나 대학 보건실 등을 통해 진료도 받을 수 있기 때문이다. 대학 장학금이나 보건실 등은 타인의 정보제공 없이 스스로 찾아갈 수도 있다고 생각할 수 있지만, 삶의 어려움이 가중되면 스스로 도움을 요청하기 어려워진다. 자발적으로 어떻게 할 수 있을 것이라고 넘기는 가운데 식사하기도 어려워지고 외출도 힘들어질 것이다. 이것이 생활의 어려움으로 발생하는 연결의 상실로 인한 공포이다.

이처럼 사회복지실천의 대상이 되는 생활문제나 복지 욕구는 일부 특별한 사람들만의 문제가 아니라 누구나 경험할 가능성이 있는 것이다. 단지 대부분 그것이 사회복지를 필요로 하는 단계에서 가족 등의 연결로 해결되는 가운데 복지의 역할을 직접적으로 깨닫지 못할 뿐이다. 그렇게 보면 사회복지란 결코 특별한 작업이 아니라는 것을 알게 된다. 누구에게나 필요하며 많은 사람이 당연히 누려야 할 지원, 즉 산소와 같이 필수적이지만 그것을 누릴 수 없는 사람에게 도움을 제공하기 위하여 가족이나 친구를 대신하여 연결을 회복시키는 것이 복지실천이다.

2. 사회복지실천의 요건

사회복지 실천을 위해 필요한 기본적인 전제조건을 다음과 같이 구분하고자 한다.

1) 사회적 공정

사회복지실천과 가족 등에 의한 상담이나 도움이 다른 점은 그것이 사회적 공정이라는 원칙에 따라 제기되는 데에 있다. 삶의 어려움을 안고 있는 가족이나 친구를 돕는 것은 어디까지나 개인 생활 영역에서 이루어지는 비공식적인 원조 활동이며 거기에서 어떠한 도움이 제공될지는 당사자들의 관계에 맡겨져 있다. 그러나 사회복지실천은 그러한 비공식적인 다양한 원조를 얻을 수 없는 사람에 대하여 사회적 의무로 제공되는 도움이다. 따라서 사회복지실천에 필요한 조건으로서 가장 기본적인 것이 사회적 공정이다(平岡公一 外, 2011 : 27-28).

사회복지실천에서 요구하는 사회적 공정의 원칙은 두 개의 요소로 분해할 수 있다. 첫 번째 요소는 사회적으로 당연한 것으로 인정된 도움이어야 한다는 것이다. 가족 등과의 연결이 있다면 누구나 공기처럼 당연히 이용할 수 있는 도움이라고 사회가 인정하는 이상 과다하게 지나친 것이라고 할 수 없다. 사회복지실천이란 사회적으로 합의되는 최적의 원조라고 할 수 있을 것이다. 두 번째 요소는 사회적으로 인정된 당연한 물품이나 현금의 도움, 소위 원조는 사회의 책임으로 제공되어야 한다는 점이다. 이 점에서 사회복지실천의 비용 부담을 조세 등의 공공 재원으로 요구할 근거가 있다.

사회복지를 공부하는 사람은 다르다고 생각하는 사람도 있을 수 있다. 또한 사회복지사를 정의의 편이라고 판단하는 사람도 있다. 사회복지실천은 일반인이 당연히 이용해야 하는 이익이지만 그 혜택을 받을 수 없는 사람에 대하여 사회적 책임의 대행자로서 그러한 도움이 모두에게 전달되도록 보장하는 일이다. 헌법에서 보장된 법적인 생활보호를 필요한 모든 사람에게 제공하는 것, 당연히 충족되어야 할 최저한의 영양도 섭취하지 못하고 기아에 시달리는 사람에게 긴급하게 식량을 제공하는 일까지 폭넓은 분야가 사회복지실천이다. 그와 관련된 도움 활동이 때로는 언론에 의해 미담처럼 알려질 수도 있을 것이다. 대부분은 사회적 책임이 강한 성격의 활동이다. 그러나 사회복지사는 특별한 존재거나 정의의 전도사가 아니다. 누구나 가능한 일이지만 해야만 하는 일을 사회적 책임을 가지고 더 전문적으로 실시하는 활동가라 할 수 있다.

2) 공감적 이해

사회복지실천이란 일반적으로는 가족 등이 제공하는 도움을 그러한 연결이 없는 사람에게 제공하는 것이다. 그렇다면 도움 자체에 관해서는 전문적인 지식이나 기능 등은 필요하지 않다고 지적하는 의견도 있을 것이다. 확실히 우리는 특별한 교육이나 훈련 없이도 가족으로서 도움을 제공하고 있다. 단지 이것은 실제로 가족이기 때문에 할 수 있는 도움이며 인간 개별존재로서 자연스럽게 이루어지는 도움은 아니다. 이야말로 인간의 연결이 만들어 낸 도움이며 연결이 없으면 도움받지 못하는 상태라면 오히려 그들을 위해 도움을 제공하는 복지사가 필요하다는 점을 일깨워 준다.

사회복지실천으로 제공되는 도움은 가족 등에 의한 비공식적 도움과는 다르게 사적 부양의 연결체계가 없는 사람에 대하여 그러한 연결을 회복하거나 만들어 가도록 돕는 것이다. 많은 사람에게 사람끼리의 연결은 특별히 의식하지 않아도 사회적으로 몸에 익혀지는 것이다. 우리가 호흡하는 방법을 따로 배우지 않는 것과 같다. 그런데 그러한 당연한 일이 인생 출발부터 박탈되거나 이후 과정에서 상실되는 사람들이 있다. 그러한 사람들에게 그 방법을 알게 하려면 특별한 지식이나 경험이 필요할 것이다. 사회복지실천의 방법론이란 그러한 것이다. 예를 들어, 수영을 할 수 있는 사람은 수영강사가 될 수 있는 기초 조건을 갖추고 있지만, 수영을 모르는 사람은 새로운 훈련이 필요한 상황과 마찬가지다.

결국 사회복지실천이 달성하려는 목표는 연결의 회복이며 그 자체는 많은 사람에게 당연하게 가능해야 하지만 그것을 확보할 수 없는 사람을 대상으로 하고 있다는 점에서 소수자나 약자로 보일 수 있는 사람을 대상으로 한다. 그리고 사회의 다수가 아니라 소수를 대상으로 하는 것, 즉 보통과 다른 상황을 대상으로 하는 것이 복지사의 자질을 규정하는 일차적인 기본 요건이 될 것이다.

지금까지 사회복지사의 도움 기능에 대하여 다양한 이론이나 방법이 연구되고 있지만, 가장 중요한 요소의 하나로 꼽을 수 있는 것이 공감적 이해이다. 도움이 필요한 사람의 상황을 자신의 것으로 공감하며 이해하는 것이 도움의 성패를 좌우하는 가장 중요한 요건이 될 것이다. 사회복지실천의 이론이나 방법에 대해서 20세기 이후 다양한 견해가 발표되고 논쟁이 이어졌지만, 클라이언트와 사회복지사의 공감적 이해의 중요성에 대해서는 의심의 여지가 없다(平岡公一 外, 2011 : 31-32).

그런데 도움이 필요한 클라이언트에게 공감적 이해가 우선 필요하다고 강조하는 것은 도움이 필요한 상황이 일반적으로 공감하기 어려운 상황, 다시 말해 보통과는 다른 상황이거나 표준과는 다른 상황에 있는 경우가 많기 때문이다. 따라서 공감적 이해를 가능하게 하는 공감력이란 소수자나 예외적 상황에 대한 배려와 상상력이 필요하다. 그것이 없으면 사회복지실천은 다수자가 보기에 당연한 것을 소수자에게 무리하게 강요하는 방식으로 전개될 수 있다.

사회복지학의 연구와 교육의 본질은 다수의 표준과는 다른 사례를 상상하는 힘에 있다고 생각한다. 이는 주로 노동자 전체를 연구 대상으로 하는 사회정책학이나 소득보장과 의료보장 중심의 사회보장을 연구 대상으로 하는 사회보장론과 구별되는 지점이기도 하다. 노동정책과 사회보장정책도 표준적 노동력이나 표준 가구를 기본으로 규정된다. 이러한 정책이나 학문은 다수를 대상으로 하는 것이다. 하지만 사회복지실천이 대상으로 하는 당연시되지 않는 사람들은 예외적 사례로 취급해 버릴 수 있다.

사회복지학도 사회복지실천 교육에 있어서 중요하게 다루어야 할 지점은 이러한 사회의 소수자를 예외로 다룰 것이 아니라 그들 입장에서 상상하면서 그들이 처해있는 상황을 이해하는 것이다. 그것을 사회 다수에게 설명하는 힘을 교육하는 것이 중요하다. 이런 점에서 사회적 소수자 입장에 서서 상상할 수 있는 사람은 사회복지사의 자질이 있다고 말할 수 있을 것이다.

3) 개별화와 주체성

사회복지실천에서 사회적 소수자를 대변하고 그들의 상황을 배려하는 힘이 중요하지만, 그러한 소수자도 실제로 경험해 보면 모두 다르다. 또한 같은 사람도 시간이 지나면서 다양하게 변해간다. 따라서 사회복지실천에서 도움의 대상이 되는 개인을 언제나 독특하고 개성이 있는 존재로 보는 자세가 중요하다. 특히 케이스워크와 같은 개별적인 도움 활동은 더욱 그러하다(박경일 외, 2017 : 109).

그러나 개별화의 중요성을 실제로 느끼기 위해서는 어느 정도 경험이 쌓인 사회복지사가 유리할 것이다. 초보 사회복지사는 모든 이용자가 유사한 어려움을 겪고 있다고 인식할 수 있기 때문이다. 경험이 쌓여감에 따라 자신이 과거에 경험한 사례에서 능숙하게 할 수 있었던 방법을 새로운 사례에도 응용해 갈 것이다. 그때 빠지기 쉬운 오류가 사례의 차이를 인식하지 않고 과거에 성공했던 방법을 사용하여 오히려 실패를 경험하게 될 때이다. 사회복지사는 그러한 경험을 통하여 개별화 원칙의 중요성을 실감하고 더욱 경험을 쌓아가게 될 것이다.

개별화 원칙이 중요한 또 하나의 이유는 사회복지실천은 단순히 연결을 회복하거나 물질적 지원을 제공하는 데 그치지 않고 연결이나 회복을 통하여 개성이나 인격이 인생 전 과정에 좋은 방향으로 영향을 미치는 것을 목표로 하기 때문이다. 즉, 사회복지실천은 단순한 도움이 아니라 개인의 인간성을 높이는 도움 활동이라 할 수 있다. 그런 의미에서 사회복지실천은 교육이라고도 할 수 있지만, 클라이언트뿐만 아니라 사회복지사도 또한 자신의 인간성을 수양하는 상호성이 강조되고 있다는 점을 생각하면 교육보다는 상호연대와 같은 이미지에 가깝다고 할 것이다.

사회복지실천의 이론 속에는 도움을 받는 사람의 인격적 발달을 자극하도록 강조하는 경우가 있다. 하지만 여기서 발달 개념은 개인의 내적 발달뿐만 아니라 사회적으로 차별당하는 사람들이 서로 도와가면서 사회 속에서 건강하게 성장할 수 있도록 돕는 인격적 발달의 개념이 어울릴 것이다. 아무튼 단순히 생활상의 어려움을 해소하고 인간관계의 연결을 회복하는 것만이 사회복지실천의 최종 목표는 아니다. 거기에서 한발 더 나아가 개인의 값어치 있는 인생(well-being)을 구축해 가는 것까지 목표로 하는 것이 전통적 사회복지실천이다. 그러한 의미에서 도움을 받는 자와 주는 자의 주체나 인격 발달까지 매우 중요하게 생각해야 할 것이다.

3. 사회복지실천의 역사

1) 민간 자선사업

적어도 현재 실천으로 연결되는 사회복지실천의 기원은 19세기 중반에 영국에서 시작된 자선사업의 근대화 및 과학화 동향으로 구체적으로는 자선조직협회(COS : Charity Organization Society) 활동을 들 수 있다. 1869년 런던에서 설립된 자선조직협회는 종교적으로 다양한 자선활동을 조직화함으로써 구제할 가치가 있는 사람을 구제하지 않도록 하며, 또한 구제할 가치가 있는 자를 구제하지 못하게 되는 일을 없애고자 하였다. 따라서 구제 대상자의 생활을 정밀하게 조사하고 구제할 수 있는지를 판단하거나 적절한 지도를 위한 개별적인 방문을 중요시하였다. 사회복지실천 방법의 하나인 케이스워크(casework)는 이러한 활동에서 시작되었다.

자선조직협회의 활동은 미국으로 넘어가 1877년 뉴욕에도 협회가 설립된다. 미국의 자선조직협회에 의한 우애방문활동은 유급 직원이 담당하게 되고, 그 결과 케이스워크의 직업화와 전문화가 진행되고 이에 따라 케이스워커의 양성을 위한 교육 이론 체계가 필요하게 되었다. 케이스워크의 체계화와 양성과정을 체계적으로 정리하는 데 기여한 것이 1889년 볼티모어 자선조직협회 사무국에서 일하던 리치먼드(M. Richmond)였다. 리치먼드는 우애방문활동의 다양한 사례를 정리하여 케이스워크의 표준화를 진행하고 미국에서 케이스워크의 어머니라 할 정도로 사회복지실천 이론의 기초를 형성하는 데 공헌하였다. 케이스워크는 개별적으로 인간과 그 사회환경 사이에 의식적으로 적응을 초래함으로써 인격을 발달시키는 과정으로부터 성립된다는 정의는 현대 사회복지 이론에서도 무시할 수 없는 내용이다. 그런데 이러한 사회복지실천의 발전과정에 몇 가지 의문이 떠오를 수 있다. 왜 19세기 영국과 미국에서 자선사업의 근대화와 과학화가 시작되었을까. 더욱이 사회복지실천의 과학화와 전문화는 영국보다 미국에서 발전하였을까. 적어도 세계대전 이후는 복지국가로서 사회보장제도가 정비되었던 영국이 아니라 복지 수준이 높지 않았던 미국에서 사회복지실천 이론이 발달한 어떤 이유가 있을까. 이러한 의문을 고려하면서 사회복지실천의 윤곽을 그려보자.

영국과 미국에서 사회복지실천의 역사를 생각할 때 중요한 구별은 정부나 지방자치단체가 세금을 징수하여 제공하는 빈곤자 구제와 교회와 민간 자선단체가 자발적인 기부금을 통하여 제공하는 빈곤자 구제의 차이다. 세금으로 이루어지는 구제는 공적인 대책이라는 의미에서 공공부조(public assistance)라 할 수 있다. 자발적인 기부를 통한 구제는 사적 자선사업(private charity) 또는 박애사업(private philanthropy)이라 할 수 있다. 오늘날 공공부조는 정부가 제공하는 다양한 사회보장 대책의 하나에 불과하지만 19세기까지 공공부조는 거의 유일한 공적인 복지 대책이었다고 할 수 있다. 한편 민간 자선사업은 현재 영국에서 자발적 복지단체(voluntary organization)[1], 미국에서 비영리단체(non-profit organization)로 계승되고 있

1 영국의 자발적 복지단체는 자원조직 또는 자원단체로 번역할 수 있는데, 그 실태는 기부금과 정부에 의한 보조금 수입원으로 활동하는 민간복지사업자이며 역사적으로 자선사업단체(charities)라 할 수 있다. 좁은 의미에서의 복지뿐만 아니라 정부에 의한 사회보장제도의 범주 속에서 서비스 제공을 담당하는 단체도 많아 볼런티어라는 성격보다도 민간전문사업자의 성격이 강하다. 이는 미국에서 사적자선단체도 마찬가지다. 영국의 자원조직은 무상으로 일하는 사람의 집단은 아니다(平岡公一 外, 2011).

다. 이처럼 최초의 공공부조 제도가 시작된 17세기 이후 오늘날까지 영국과 미국의 사회복지는 정부에 의한 공적인 복지 대책과 민간단체에 의한 자발적인 복지사업이라는 두 전통이 병행하여 존재한다는 것, 더욱이 사회복지는 민간 자선사업의 전통 속에서 생겨나고 정부에 의한 공식적 복지제도와의 조정을 거쳐 오늘날 정부의 사회보장과 복지제도의 한 축으로 자리하게 되었다는 점을 이해해야 할 것이다.

2) 영국의 민간 자선사업과 사회복지실천

영국 최초의 공공부조 제도는 1601년에 제정된 엘리자베스 구빈법이다. 구빈법이 대상으로 했던 것은 부랑자나 걸인이며 빈곤이 아니라 곤궁(pauperism)이라고 하는 극도의 빈곤 상태였다. 부랑자나 걸인의 존재는 16세기 이미 문제시되었으며 처음에는 단속에 의한 치안 유지를 목적으로 하는 법률이 만들어졌지만, 그러한 방법으로는 효과적으로 문제를 해결할 수 없었다. 그 때문에 지역의 행정단위인 교구마다 빈민 감독관을 배치하여 교구 주민에 의한 구빈세를 재원으로 국가가 곤궁자를 보호하도록 정한 것이 엘리자베스 구빈법이었다. 구빈법에 의한 보호 방법은 아동에게는 도제 훈련을, 일할 수 있는 성인에게는 노동을, 일할 수 없는 환자 등은 시설에서 보호하거나 자신의 집에서 생활비를 지원하였다.

한편, 민간에 의한 사적 자선사업은 구빈법보다도 오래된 것이며 중세적인 기독교 신앙을 배경으로 하여 죽음을 앞둔 부자가 속죄에 의한 구제, 즉 천국에서의 안락 혹은 영원한 평안을 목적으로 하여 교회에 재산을 기부한 것에서 시작된다. 기부된 재산은 교회뿐만 아니라 교구의 빈곤자나 병자에게 배분되는 몫도 있었으며 신탁재산으로서 유언서에서 지정된 용도로 계속 사용된다. 예를 들어, 자선병원이나 민간구빈원(alms house) 등의 건설비나 유지비로 사용되는 경우도 있었다. 그러나 이러한 부자에 의한 기부 재산은 공공사업 등도 포함한 폭넓은 용도로 사용되었다.

18세기가 되면 자선사업을 위한 지나친 거액의 유산기부에 대해서 재산권의 침해로 간주하여 1736년 유족의 상속권을 보호하는 법률이 제정된다. 이 법률이 제정된 후 자선사업에 기부하는 유언 작성에 있어서는 법률적인 절차가 명확하게 되고 그 결과로서 기부 재산의 용도에 대해서도 특별하게 정하였다(Williams, 1989). 이리하여 18세기 후반 시각장애인을 위한 자선단체 등 특정한 목적을 가진 민간 자선단체가 탄생하게 되었다. 더욱이 18세기부터 19세기에 걸쳐 기독교 복음파(evangelicals) 등을 중심으로 하는 신앙 부흥운동이 일어난다. 형식적인 신앙이 아니라 진정한 신앙을 자각하는 것으로 시작하는 복음파 사람들에 의해 신앙심의 자각은 감각적이며 개인적인 체험이며 새롭게 태어나는 것으로 여겨졌다. 그것은 재탄생의 경험이며 신앙에 눈 뜬 사람들은 마치 사람이 변한 것처럼 생활 전반에 걸쳐 절제를 더 하며 자기희생적이 되어 가족이나 이웃을 소중히 대하게 되는 것이다. 이러한 복음파 사람들의 신앙활동은 19세기 영국에서는 자본주의 발달에 수반하는 자유 방임주의라는 개인주의 가치관의 영향을 받으면서 개인의 실천이야말로 그 영혼의 진화를 보여주는 것이라는 영국 특유의 기독교 개인주의 사고를 낳게 되었다. 이처럼 신앙에 눈 뜬 개인은 죄 많은 곤궁자에게 구원의 손을 뻗기 시작하는 것이다. 영국 자선단체의 역사를 연구한 프로체스카(Prochaska)는 이러한 19세기 영국 자선사업의 모습을 '인간의 얼굴을 한 자본주의'라 부르고 있다(Prochaska, 1988 : 21-22). 이리하여 18세기 후반부터 부자뿐만 아니라 서민도 곤궁자를 구원하기 위한 자선사업에 참가하기 위해 특히 여성을 중심으로 대량 출현하기 시작하였다.

19세기 영국은 자선사업이 융성한 시대였다. 1861년에 이루어진 조사에 의하면 당시 런던에는 640개 자선단체가 있으며 그중 279개 단체가 1800년 이후 50년 동안 설립되었으며 144개 단체는 1850년부터 60년 사이에 설립된 것이었다(Woodroofe, 1977 : 23). 남은 217개 단체는 1800년 이전에 설립된 것이며 18세기 후반부터 19세기 중반에 걸쳐 민간 자선사업 단체가 큰 규모로 설립되었던 양상을 이러한 기록을 통해 알 수 있다. 그리고 1869년은 이들 자선사업단체가 개별적으로 활동하는 폐해를 방지하기 위하여 자선사업 전체를 조정하는 역할을 하도록 런던에서 자선조직협회가 설립되었다.

19세기가 되면서 전문적으로 분화된 민간 자선사업은 기부금이 모이기 쉬운 사업에 집중하기가 더 쉬워진다. 그 전형적인 형태가 시각장애인 자선사업이다. 부유층뿐만 아니라 중간층도 남녀노소 누구나 동정하기 쉬운 시각장애인을 구제하는 사업은 19세기 자선사업 분야에서 아동의 구제보다도 인기가 높은 사업이었다. 결과적으로 전국에 몇 개의 시각장애인 자선사업 단체가 만들어지고 지역의 시각장애인을 발견하고 구제금을 지급하는 사업을 경쟁적으로 시행하였다. 그 결과 그중에는 홀로 복수의 자선단체로부터 구제금을 수급하는 시각장애인드 등장하였던 것으로 보인다. 자선조직협회가 문제로 여긴 것은 이러한 자선사업의 중복에 의한 낭비였다. 그러한 자선은 구제 대상자의 자조 정신을 황폐하게 만드는 것이었다. 다시 말해 민간에 의한 단독 자선사업이 상호 연계도 없이 개별적으로 전개되는 것이 구제 대상의 도덕심에 끼치는 폐해를 자각하여 민간 자선사업 입장에서 자기 규제의 필요성을 주장했던 주체가 자선조직 협회였다.

이리하여 영국의 자선조직 협회는 각 자선단체를 조직화하고 중복 구제 등의 폐해를 막기 위하여 지구마다 지구위원회를 설치하여 구제에 관한 신청이나 심사와 방문 지도를 체계적으로 통일하려고 하였다. 지구위원회는 개별 사례의 욕구를 검토하고 사례 기록이 작성되고 대상자를 적절한 자선사업 단체에 소개하고 맞춤형 서비스를 제공하도록 구상하였다. 이는 오늘날 케이스워크의 원형이라 할 수 있을 것이다.

그런데 구제가 중복되는 것을 피하고 검소하게 자조 정신을 내세우는 것을 이상으로 여기는 자선조직협회 입장에서 가장 헛되고 무질서한 대상자를 탈락시키는 구제는 정부가 구빈 행정을 통해 실천해야 하는 것이었다. 다시 말하면 민간 자선사업은 대상자를 성실히 조사하여 실제 구제가 필요한 사람만 구제해야 한다는 것이다. 그 이외의 사람은 가능한 자조 노력을 일깨우도록 정부의 구빈 행정관이 까다롭고 엄격하게 구제하는 것이다. 열심히 절약하여 제공하는 구제도 있지만, 한편으로는 허용할 수 없는 낭비가 제공되는 것이 자선 조직협회에서 본 구빈 행정 실태였다. 또한 원래 일하는 능력이 있는 사람만이 수용되어야 하는 작업장에는 아동부터 환자까지 다양한 사람들이 포함되어 적절한 처우가 불가능하였다.

민간 자선사업 입장에서 평가할 때 당시의 구빈 행정은 비효율적인 혼란을 겪으며 곤궁자의 자립 기회를 빼앗고 오히려 의존을 촉구하는 역효과밖에 없는 것이었다. 이러한 구빈법에 대한 심각한 불신감이 구빈 행정의 개혁을 논의하기 위한 위원회의 설치로 연결되었다. 그에 따라 구빈법의 발본적인 개혁을 제언한 1909년 '구빈법 및 궁핍 구제에 관한 왕립위원회보고서(Report of the Royal Commission on the Poor Laws and the Relief of Distress)'가 출간되었다. 이 구빈법위원회에는 로크(C. S. Loch), 보산케트(H. Bosanquet), 힐(O. Hill)과 같은 당시의 대표적 자선사업가가 위원으로서 임명되었으며 3명 모두 자선조직협회 회원이었다. 이들은 구빈법으로 실시되는 공공부조보다 민간의 자선사업에 의한 구제가 우월한 방법이라 주장하였다. 재가 구호는 구빈법이 아니라 민간 자선사업이 담당한다는 원칙은 다수파 보고서로 다시 확인되었다. 반면 웹(B. Webb)의 주도로 작성된 소수파 보고서는 구빈행정을 폐지하고 정부에 의한 새로운 사회보장제도의 설립을 제안하였다(Woodroofe, K., 1962).

구빈법위원회에서 다수파 보고와 소수파 보고는 다양한 의견대립을 대표하는 것이었다. 그러나 영국의 경우 그 당시 민간 사회사업이 구제의 주류라고 할 수 있지만 소수파 보고는 민간 자선사업의 역할을 거의 언급하고 있지 않다. 제시하는 대부분의 사업은 국가와 지방자치단체가 공식적으로 담당하는 것이었다. 이러한 측면을 생각하면 민간 자선사업 중심으로 사회복지를 앞세우고 있었던 자선조직협회의 회원이 웹 부부가 주장하였던 국가에 의한 국민 최저한의 보장을 내세우는 국가 중심적 복지사업 구상을 수용하기는 불가능한 것이었다.

그러나 그 후 영국의 전개는 오히려 소수파 보고의 시나리오에 가까운 형태로 진행한다. 그 이유는 자선조직협회가 민간 자선사업 전체를 포괄하는 능력이 없었다는 점을 지적할 수 있다. 다시 말하면 민간자선에 의한 조직적이고 대규모의 복지공급은 불가능했다는 것이다. 또한 제1차 세계대전과 세계 대공황을 거쳐 제2차 세계대전으로, 20세기 전반의 영국을 둘러싼 사회경제 체제가 크게 요동치는 가운데 노동조합운동이 발전하였고 아울러 정부도 국가주의적인 사회연대로 정책을 강화한 이유도 있을 것이다. 국민 총력전이라 할 수 있는 제2차 세계대전 중에는 실업은 없어지고 구빈법도 소멸하고 민간자선병원 등은 국가의 통제 속으로 편입되었다.

그러한 가운데 1941년 전후 전쟁 이후의 사회재건을 전제로 사회보장제도를 검토하는 위원회가 설립되고 다음 해 1942년에 '사회보험 및 관련 서비스'라는 보고서가 발행된다. 이 보고서는 위원장의 이름을 대표하여 '베버리지 보고서'라 하고 전후 영국 복지국가의 청사진이 되었다. 이리하여 영국의 민간 자선사업은 19세기 말 정부를 대신하여 빈곤 구제 전체를 담당하는 데까지 성장하였지만, 20세기 중반에는 정부의 사회보장제도의 틀 속에 편입되어 그 존재감을 급속히 상실해 간다. 이에 따라 사회복지실천도 주로 정부 기관이나 자치단체 기관에서 공무원의 직무 중심으로 발전하게 된다.

1834년 영국 신구빈법과 19세기 구빈행정

19세기 구빈행정은 1834년 신구빈법에 의한 열등처우 원칙이나 작업장 등이 유명하다. 당시 매우 엄격한 구제가 제공되었다고 하지만, 최근 연구에 의하면 법 이념으로서 열등처우 원칙이 적용되어도 현실적으로는 철저하게 실시되지 못하는 경우도 있었다고 한다. 작업장은 강제 노동시설이며 빈민을 구제하기 위해 노동능력을 조사하고 일할 수 있는 사람을 구제하고자 할 때 작업장에 강제 수용하지만, 구제비용은 수용자가 부담해야 했다. 이러한 작업장에 수용하는 조치를 원내 구제라 부르고 질병이나 고령 때문에 일할 수 없는 사람을 예외적으로 작업장에 수용하지 않고 구제하는 것을 원외 구제라고 했다. 열등처우 원칙이란 구제된 사람이 구제를 받지 않았던 사람보다도 낮은 생활수준에 머물도록 담보하는 원칙이다. 즉, 작업장의 생활은 원외의 생활보다도 열등한 수준이어야 한다고 생각할 수 있었다.

이러한 작업장에 의한 원내 구제는 영국에서는 이미 18세기에 실시되었다. 그 결과 작업장에서의 원내 구제는 원외 구제보다도 비용이 더 많이 드는 것으로 잘 알려져 있었다. 일할 수 있는 사람은 일반적인 일에 종사할 기회가 있으며 작업장에는 원외에서는 일할 수 없는 사람이 스스로 모여들었다. 그중에는 유아, 환자, 장애인, 노인 등 원외 구제가 되어야 할 사람도 적지 않았고 그 사람들을 돌보기 위해서 오히려 수용하여 관리하는 비용이 더 많이 들었다. 18세기의 실패를 체험하였던 구빈세 납세자들은 1834년 신구빈법 이후에도 법이 정하는 열등처우 원칙을 자신들의 지역에서 실시하려고 생각하지 않았다. 그들은 열등처우 원칙이 관철되면 구빈세 과세액이 늘어날 수 있다는 것을 알고 있었기 때문이다. 그 결과 19세기 후반에 자산구제사업을 정리하고자 한 자선조직 협회의 눈 앞에는 신구빈법의 열등처우 원칙에도 불구하고 원외 구제를 받고 있는 많은 극빈자가 다수 존재하게 되었다.

출처 : 平岡公一(2011), p. 41 참조.

그런데 영국에서 사회복지실천의 역사적 기원을 생각할 때 자선조직 협회만이 아니라 세틀먼트(settlement) 활동도 이해할 필요가 있다. 세틀먼트는 사회개량을 노리는 중상류층 젊은 지식인들이 도시의 빈곤 지역에 인보관이라는 시설을 설립하고 거기에 거주하면서 지역의 사람들과 교류하고 그들을 이해하면서 그들과 함께 다양한 여가 활동 등을 기획하여 사회교육을 실천하는 것이다. 세틀먼트는 자선조직협회와 같이 빈곤자 개인을 지원하는 구빈 사업보다 더 넓은 대상자를 향한 활동이며 빈곤의 원인을 개인보다도 사회환경에서 요구하는 점 등에 있어서 자선조직협회와 차이가 있다.

영국에서의 세틀먼트 시설(인보관)은 1884년에 설립된 토인비 홀이 최초이며 그 후 몇 개의 인보관이 런던의 이스트엔드 등 당시의 빈곤 지구를 중심으로 설립되었다. 이러한 인보관 몇 개는 현재 런던 대학의 학생 기숙사로 사용되고 있다는 것에서 알 수 있는 것처럼 그 대다수가 대학 관계자에 의해 설립되었으므로 대학의 세틀먼트 운동이라고도 할 수 있다. 당시 런던에는 테임즈 강 북측에 옥스퍼드대학, 남측에 캠브리지 대학 중심의 인보관이 있었다(Beavan, 1901).

이처럼 초기의 세틀먼트 운동이란 교외의 수도원과 같은 곳에 속세와 떨어져 학문을 했던 대학이 도시의 가난한 사람 속으로 나와서 그들에게 교양을 확대함과 함께 실제 사회개량에 공헌할 수 있는 연구를 강화하고 싶다는 동기에 근거하였다. 따라서 세틀먼트는 자선조직협회의 케이스워크와 같이 빈곤자 개인을 구제하려고 하기보다는 사회 전체, 특히 저변 사회의 구제를 지향하는 것이라고 할 수 있다. 또한 인보관에 살고 있던 학생이나 지식인 등은 자선조직 협회의 우애방문원과 달리 지역 사람들에게 직접 자선적 동기로 물품 제공 등 도움을 제공하기보다 변화된 친구로서 대등한 관계를 형성하고자 하였다. 자선조직 협회는 빈곤자의 도덕적 변화를 추구하는 구제를 지향하였지만, 세틀먼트는 빈곤 지역에 함께 살아가면서 지역사회를 이해하는 것을 첫 번째 목적으로 하였다.

오늘날 사회복지실천의 기법은 개별지도(case work), 집단지도(group work), 지역사회조직(community organization)이라는 3대 방법론으로 구성되어 있지만, 모두 19세기 말의 자선조직 협회와 세틀먼트에 기원을 가진 것이라 할 수 있다. 빈곤의 원인은 빈곤자 개인에게 있다는 신념에 따라 그러한 개인을 자선사업가가 방문하여 생활 상담을 통하여 개인의 인격에 바람직한 변화를 초래하고자 하였다. 이것이 케이스워크 실천의 원점이다. 반면 세틀먼트 활동을 하고 있던 데니슨(E. Denison)이나 바네트(S. Barnett) 등은 빈곤의 원인에는 저임금이나 실업, 산업의 불균형, 개인의 노력 다양한 요인이 있다는 점을 근거로 사회개량을 주장하였다. 이러한 입장은 사회환경에 도전한다는 의미에서 지역사회 조직화의 원점이며 오늘날 지역사회복지로 계승되고 있다. 또한 인보관에서 지역주민을 대상으로 이루어진 다양한 클럽활동은 참가자가 동일한 목적을 가진 집단 속에서 협력과 교류를 통해 자기의 역할과 능력을 확장하는 기회를 지원하는 집단지도의 원점이 되고 있다.

그러나 이러한 세 개의 사회복지실천 기법은 19세기 말까지 분화되지 않았으며 그 이론적 배경을 명확히 형성하지 않았다. 그것을 잘 보여주고 있는 것이 힐

(O. Hill)의 자선사업이다. 자선조직협회의 회원이었던 힐은 빈곤의 책임은 개인에 있다는 신념을 굳게 견지하였다. 그렇지만 그녀는 런던 빈민 지역에 들어가 빈민 주택개량 지원활동을 전개하였다. 빈곤 지역에 들어가 함께 살아간다는 의미에서 세틀먼트 활동과도 유사하며 주거 환경의 문제를 인식하고 있는 점에서는 사회개량적 활동이라 할 수도 있다. 따라서 그녀의 사례를 볼 때 케이스워크와 지역사회조직화는 구별할 수 있는 것이 아니라 오히려 하나의 몸체로서 이해할 수 있는 측면이 있다고 생각할 수 있다. 마찬가지로 토인비 홀을 설립한 바네트는 집단활동이 개인의 능력이나 인격을 높인다고 믿고 토인비 홀의 일상적인 클럽활동, 연구회, 토론회 등을 통하여 이웃과의 연결이라는 정신적 연대를 키우는 것을 중요하게 여겼다. 그렇지만 동시에 지역 사람들을 개인으로서 다루어야 한다는 케이스워크의 개별화 원리도 그대로 유지하고자 하였다(Woodroofe, 1962).

사회복지실천 기법이 세부적으로 구분되지 않았던 19세기 자선사업계는 실천의 기초가 되는 이론도 미분화되었다. 자선조직 협회는 빈곤의 원인은 개인에 있다는 개인 책임론을 강하게 믿고 있었지만, 사회 책임론을 믿는 세틀먼트 활동가들도 개인의 인격 향상의 필요성은 인식하고 있었다. 또한 그들 사이에 의견의 차이가 있었다고 해도 그들은 옥스퍼드대학 동창회를 통해, 또한 자매나 형제 등 교우를 통하여 서로 교류를 하고 있었다. 이러한 교우관계를 통하여 세틀먼트 활동가들의 사회책임론은 자선조직협회 회원이나 우애방문원들에게 일정한 영향을 주고 있었다. 이처럼 당시의 영국 자선사업계는 개인의 책임을 강조하면서도 동시에 사회환경의 개선을 주장하는 것이 모순된 것은 아니었다.

당시 영국에서 중요한 대립은 자선사업 대 사회개량이 아니라 넓은 의미에서의 자선사업과 사회주의와의 관계, 다르게 표현하면 민간 사회사업과 국가 사회보험 사이에 있었다고 할 수 있다. 예를 들어, 세틀먼트는 노동자의 상호이해와 연대를 목표로 하고는 있었지만, 우애조합이나 노동조합 등과 같은 노동자 동지의 상호부조와는 다르게 중류층 지식인의 자발적인 활동을 통한 오히려 넓은 의미에서 자선조직협회와 동일한 자선적 성격을 지향하는 것이었다.

한편 웹 부처를 비롯하여 페이비언협회에 참가한 사회민주주의자들은 빈곤의 원인을 사회에서 찾는 사회개량주의자였지만 세틀먼트 활동가나 자선조직협회와 같이 계급 간 상호이해를 통한 대응에 관심이 적었다. 오히려 페이비언 사회주의자들은 노동자 계급의 연대를 중요시하고 노동조합운동을 지지함과 아울러 우애조합이 가진 노동자의 상호 저축조합과 같은 기능을 국가에 의한 사회보험제도로 발달하도록 노력하였다. 이러한 페이비언 사회주의나 노동조합운동이 부상하면서 자선조직 협회와 세틀먼트 사이의 개인 책임론과 사회 책임론은 19세기 말 영국 자선사업계의 노선에 대한 논의를 더욱 폭넓게 만들었다.

3) 미국의 민간 자선사업과 사회복지실천

(1) 미국의 구빈법과 자선사업

영국에서 17세기부터 시작된 공공 구빈행정과 민간 자선사업 제도는 19세기에 상호조정의 필요성이 인식되고 20세기에 제도적 재편을 피할 수 없게 되었다. 이러한 상황은 미국도 마찬가지였다. 영국의 구빈제도는 17세기 중반 미국의 식민지로 도입되었다. 그러나 빈곤자의 보호와 통제를 의도했던 영국과 다르게 개척식민지였던 미국의 초기 구빈법은 지역사회에 의한 상호 부조적 측면도 강하였다. 위탁 양부모 제도처럼 성인 빈민도 지역사회의 일반가정에 공공 비용에 의해 아동 부양을 위탁할 수 있었다. 그러나 미국에서도 1675년 백인 이주자와 미국 선주민 사이에서 일어난 대규모 전쟁으로 인해 발생한 빈민, 18세기에 핀란드나 독일에서 대거 유입된 이민 등으로 기존 지역사회 단위의 공공 구빈 사업이 효과를 기대할 수 없게 되면서 주 정부의 개입과 사적 자선의 필요성이 증가한다(Trattner, 1978 : 19).

영국과 마찬가지로 미국도 민간 자선사업이 활발히 시작된 것은 18세기라 할 수 있다. 18세기 초에 영국과 마찬가지로 부유층의 대규모 기부를 통한 재원으로 병원이 건설되거나 교회를 중심으로 구빈 사업이 실시되었다. 그러나 영국에

비하면 미국의 민간 자선사업은 부유층의 빈민에 대한 시혜라는 신분적 사명감으로 무장한 박애정신뿐만 아니라 동포에 대한 상호부조 정신으로 발전한 자선사업도 발달하였다. 예를 들어, 영국에서 노동자의 상호부조 조직으로 만들어진 우애조합은 미국에서는 타국 땅에서 같은 나라 출신끼리의 연결을 기반으로 빈곤한 회원을 지원하는 자선단체로서 발전하였다. 1657년 보스턴에서 설립된 스코틀랜드 자선협회를 비롯하여 18세기 미국 전역에 다양한 민족계 자선협회가 설립되었다(Trattner, 1978 : 33-34).

또한 퀘이커교도 등 유럽에서 이단시되었던 종교 신자에 의한 자선사업도 상호부조 정신을 기반으로 하는 박애 사업으로 발전하였다. 1720년대 말 복음파에 의한 신앙부흥운동은 영국과 마찬가지로 서민층에 대한 자선사업 참가를 촉진하였는데, 미국에서는 상호 부조적 자선사업 전통으로 뿌리내리면서 민족이나 종교의 벽을 초월한 도움 제공이라는 박애주의적 전개를 초래하였다. 어쨌든 19세기까지 영국과 마찬가지로 미국에서도 공공 구빈사업보다 민간의 자선사업이 우수하다는 신념이 정착되어 있었다. 그리고 미국의 자선사업은 영국과 다르게 다양한 종교조직이나 민족에 따른 단체, 출신 국가별 단체가 경쟁적으로 활동하는 상황에서 활발히 전개되었다(Trattner, 1978).

(2) 구빈사업의 변화

미국에서도 19세기가 되면 공적 빈민구제와 민간 자선사업 관계의 재검토가 이루어진다. 1820년대 공공 재가 구제의 폐해가 지적되어 21년 매사추세츠주의 퀸시 보고서나 뉴욕주 의회에 보고된 24년의 예이츠 보고서 등에서 공공의 구제는 시설에서 제공되는 원내 구제로 제한하고 재가로 제공되는 구제는 민간 자선단체에 맡겨야 한다는 논의가 활발해진다. 이 결과 미국 전역에서 공립 구빈 시설이 지역마다 설립되어 공공에 의한 시설 구제의 기반을 이루었다. 그러나 지역의 외부에서 유입된 빈민의 구제를 위하여, 또한 지역 단위 시설에서는 대응할 수 없는 전문적 시설 등의 필요성이 증가하면서 점차 광역자치단체 구빈 시설이 설립되기 시작하였다. 19세기 후반이 되면 이러한 광역자치단체의 공립 및 사립 구빈 시설을 지도하고 운영관리를 중앙집권적으로 감독하기 위한 자선위원회가 일부 주에서 설립된다(平岡公一 外, 2011 : 49).

한편 민간 자선사업도 개혁의 움직임이 나타난다. 1843년 설립된 뉴욕 빈민 생활 개량협회는 뉴욕시의 치안에 위기의식을 가진 백인 중산계급 프로테스탄트의 자기 보호를 위한 동기라 할 수 있지만, 구제 대상자의 문제를 구체적으로 조사하여 개별적인 자립을 도우려 했다는 의미에서 케이스워크의 선구적 사업이었다고 할 수 있다. 또한 각 지역의 빈민 생활 개량협회의 19세기 중반 활동이 이후 자선조직 협회 활동의 기반을 만들었다고 볼 수 있을 것이다.

더욱이 1880년대는 공공의 재가 보호에 사용되는 구제비 횡령 사건이 발생하여 공공 구제는 시설 내 구제로 제한해야 한다는 비판이 다시 강화되어 공공의 재가 보호가 대도시 일부 지역에서 폐지된다. 이는 지방행정에 의한 공공의 시설 내 보호와 민간 자선사업에 의한 재가 보호라는 분업을 초래했다고 할 수 있다.

또한 영국은 민간 자선사업에 재가 보호 모두를 수용할 수 있을 정도의 역량은 부족했지만, 미국의 민간 자선사업은 그러한 역량이 충분했다는 점도 주목해야 할 것이다. 1878년 당시 필라델피아 지역에만 800여 개의 자선단체가 존재했다(Trattner, 1978 : 83). 그런데 공공의 재가 보호가 폐지된 이후에 다수의 민간 자선사업 단체가 충분한 연락조정도 없이 개별 단체의 판단으로 재가 보호를 산만하게 진행하는 상태가 발생하였다. 이러한 상황은 민간 자선사업의 조직화와 효율적 조정을 표방하는 자선조직 협회가 영국 이상으로 미국에서 활발해지는 결과를 초래하였다(Woodroofe, 1962).

미국으로 건너간 영국인 목사 거틴(S. H. Gurteen)에 의해 1877년 버팔로에 설립된 미국 최초의 자선조직 협회는 미국 자선사업에 큰 영향을 끼쳤다. 5년 후 1882년 미국 22개 도시에 협회가 설립되고 더욱이 10개 도시에서 협회의 방침을 계승하는 단체가 만들어진다. 미국의 전통 자선사업가나 사회개량가들 일부에게 자선조직 협회는 비인간적이며 아무것도 해주지 않는다는 비판도 있었지만, 협회의 사례조사와 체계적인 기록과 같은 실천 기술은 빈민 실태조사와 개별원조 방법의 체계화라는 측면에서 큰 성과를 달성했다고 할 수 있다. 미국 자선조직협회의 이러한 성과는 리치먼드의 업적으로 잘 알려져 있다.

1861년 태어난 리치먼드는 어려서 부모를 잃은 후 볼티모어의 친척에게서 자랐다. 1878년 뉴욕 출판사에서 사무원으로 일하지만, 건강을 해치고 1881년 볼티모어로 돌아와 문구점 등에서 경리와 사무직에 종사하였다. 그리고 1889년 볼티모어 자선조직협회의 회계보조 일자리를 얻은 것이 리치먼드와 사회복지실천과의 우연한 만남이었다. 경험도 없는 여성이며 학력도 없던 그녀가 2년 후 1891년 볼티모어 자선조직협회의 사무국장이 된 것을 생각하면 그녀의 활약이 적지 않았을 것이라는 점을 추측할 수 있다. 더욱이 1899년에 대도시 필라델피아 자선조직 협회의 사무국장이 되어 협회조직 개편이나 우애방문원 양성과정을 정비하는 데 노력하였다. 또한 노동자 보호를 위한 사회입법 활동에도 관여하여 펜실베이니아주 노동자 행정이나 구빈행정에 영향을 끼치고 지역 전체의 자선사업 조직화와 개량에 공헌하였다. 리치먼드에 의한 사회개량의 관여는 사회개량의 소매상 방법이라는 표현으로 잘 알려진 것처럼 어떠한 사회개량도 개별 사례에 대한 구체적인 자료에 근거하여 이루어져야 한다는 신념에 기반하고 있다. 즉, 사회개량을 전개하는 논의의 근거로서 우애 방문원이 축적한 사례기록을 활용함으로써 자선조직 협회의 방문 활동과 조사나 기록 방법, 다시 말하면 케이스워크 기술의 장점과 의의를 사회개량이 크게 유행하던 1890년대부터 20세기 초기 미국 여론에 효과적으로 전파할 수 있었다. 더욱이 리치먼드는 전국적 차원의 자선조직 협회의 연계와 사례 기록 양식의 통일 등에도 관여하였는데, 1909년 그러한 사업을 재정적으로 지원한 뉴욕의 러셀 재단의 자선조직부장으로 영입된다. 재단으로 옮긴 리치먼드는 케이스워크의 체계화를 목표로 연구를 주도하고 그에 기반한 케이스워크 실천의 보급 활동에 전념할 수 있게 되어 다수의 안내서 등을 출판하였다. 이후 그 성과를 바탕으로 1917년 『사회진단』과 1922년 『케이스워크란 무엇인가』가 출간되었다(平岡公一 外, 2011 : 50-51).

리치먼드는 다수 우애방문원의 개별적인 원조 사례를 바탕으로 보편적인 요소를 추출하였다. 그 결과 케이스워크를 조사·진단·계획·실천이라는 단계로 이루어지는 일련의 과정으로 받아들임으로써 다양한 실천을 체계적으로 파악할 수 있다는 점을 발견하였다. 『사회진단』에서는 케이스워크 과정 중 조사와 진단 부분이 강조되었지만, 실제 개별적인 지원계획에 대해서는 구체적으로 언급되고 있지는 않다. 그러한 가운데 5년 후에 출간된 『케이스워크란 무엇인가』에서는 클라이언트의 퍼스낼리티 향상을 목표로 클라이언트와 도움을 제공하는 사람 간의 관계가 중요하다는 점을 강조하고 있다. 이리하여 리치먼드는 케이스워크를 체계적으로 제시함으로써 사회복지실천 활동의 전문성에 대한 사회의 이해를 넓히면서 동시에 케이스워커 전문직 교육의 개발까지 연결할 수 있었다.

(3) 세틀먼트와 사회개량

1890년 무렵부터 미국에서도 세틀먼트 활동이 활발해지는데 미국에서는 이를 사회개량이라 하며 빈곤자의 도움 제공만을 생각하던 자선사업과는 구별하는 경향이 강하였다. 영국에서는 가까운 관계에 있었던 세틀먼트와 자선조직협회는 미국에 이식됨으로써 상대적으로 더욱 차별화되는 길로 나아가게 되었다. 이처럼 미국에서 세틀먼트와 자선조직협회가 분화된 것은 미국의 고유한 사회적 조건 때문이라 생각된다.

미국에 영국의 세틀먼트 운동이 이식된 시점은 1889년이다. 런던의 토인비 홀에서 수개월 동안 활동했던 경험이 있는 코이트(S. Coit)는 1889년에 뉴욕에서 인보관 조합(Neighborhood Guild)을 설립하였다. 역시 토인비 홀에 체류한 적이 있던 애덤스(J.Adams)도 스타(E. G. Starr)와 함께 시카고 헐 하우스(Hull House)를 설립하였다. 1890년 미국 전역에 인보관은 4개소뿐이었지만, 1990년 100개소 이상, 1910년 약 400개소가 활동하였다(Trattner, 1978 : 144).

미국의 초기 세틀먼트 운동은 직접 영국의 실천에서 배웠으므로 공통점이 많다. 영국과 마찬가지로 대학과의 관계가 깊고 인보관에 사는 사람 대부분은 그 지역의 생활과 연고가 없는 환경에서 성장한 사람들이었다. 그리고 그들은 지역주민을 구제하기 위해서가 아니라 우선 이웃으로 생활하면서 그들을 이해하고 지역 전체를, 나아가서 사회 또는 세계를 변화하고자 희망하는 점에서 영국의 인보관과 큰 차이가 있다.

그런데 미국의 자선조직 협회와 세틀먼트는 자선사업과 사회개량이라는 형태로 대비되는 측면이 강조되었다. 또한 케이스워크와 지역사회조직도 대립적으로 받아들이는 경향이 나타났다. 세틀먼트 운동이 전해지면서 미국에서 지역사회라는 개념이 위생 · 교육 · 여가 · 주택 · 고용 등 지역 생활의 모든 욕구의 개선을 포함하는 장이 되고, 세틀먼트는 그러한 욕구의 개선을 일정 지역의 문제뿐만 아니라 전체 사회의 입법을 요구하는 운동으로 전개하였다(Woodroofe, 1962). 이는 세틀먼트가 노동자 착취에 반대하고 노동자 보호를 위한 법제를 요구하는 운동으로 연결되었다는 것을 시사하는 것이다.

기본적으로 계급 사회인 영국에서 빈부격차는 출생의 차이와 직결된다. 빈곤의 사회적 원인을 생각하는 것은 계급 사회라는 영국 사회의 기본 구조에 직면하는 것이다. 자선사업가나 등 영국의 사회개량 활동가가 고민한 지점은 전통적인 계급 사회를 유지하면서 어떻게 계급 사이의 대립을 완화할 것인가의 문제였다. 그렇지만 미국은 전통적인 계급은 존재하지 않았으며 동포 의식으로 무장한 자선사업이 노동운동과 연계되는 데에 영국과 같은 저항도 없었으므로 계급대립의 철폐를 주장하는 사회주의로의 연결 고리는 약했을 것이다.

미국의 빈부격차는 출생 때문이기보다 표면적으로는 인종이나 민족 차이에 의해 생기는 것이며 이주한 시기와 사정에 따라 달랐다. 예를 들어, 19세기 말 미국 도시의 빈곤 지역은 영국과 다르게 새로운 이민을 비롯하여 다양한 민족에 의한 거주지역에 따라 구성되고 있었다. 즉, 영국의 인보관이 개입하려 했던 것은 빈부의 격차였지만, 미국의 인보관은 문화의 장벽도 동시에 개량하고자 했다. 그리하여 시카고나 뉴욕과 같은 대도시의 세틀먼트는 지역주민 개인들과 대면하려고 했을 때, 영국과 같이 그들에 대한 개인의 인격 교정을 생각하기 이전에 문화나 관습의 차이에 직면했을 것이며 그들의 인격 향상이란 미국 사회에의 문화적 적응의 과제로서 인식했을 것이다. 즉, 미국에서 빈곤의 원인은 실업 등 외부적 원인뿐만 아니라 개인의 성격이나 행동과 같은 내부적 원인도 또한 개인적 차원이기보다 사회적 · 집단적 차원에 의해 생기는 문제였다고 할 수 있다. 이리하여 미국은 빈곤 문제를 개별 사례마다 해결하려는 자선조직 협회에 의한 케이스워크와 사회적 차원으로 해결하려는 세틀먼트에 의한 지역사회조직으로 이원화되는 길을 걷게 되었다.

(4) 사회복지실천 활동의 제도화

영국과 미국 모두 20세기 초반의 생활 빈곤자의 보호에 대해서는 정부에 의한 공공부조보다도 민간자선 단체에 의한 사회복지실천을 우선해야 할 것이라는 사고가 다수를 차지하고 있었다. 그러나 영국에서는 20세기 전까지는 민간자선 단체의 역량 부족이나 독일의 사회보험제도의 영향, 노동조합의 정치적 대두나 전쟁을 수행해야 할 노동자 남자의 건강 상태 문제 등 다양한 요인에 의해 노령연금이나 실업보험, 건강보험 등의 사회보험제도가 점차 발달한다. 사회보험제도에 의해 국민최저한(national minimum)을 보장하여 국가의 힘을 강하게 만든다는 독일식 사회정책 사상과 노동조합운동의 지원에 의한 영국식 사회보장의 결합이라 할 수 있다. 이리하여 1942년 베버리지 보고서는 소위 요람에서 무덤까지 모든 국민의 생활주기에 따른 욕구에 대응하기 위하여 소득과 의료나 교육과 주거와 관련된 사회서비스를 제공하는 포괄적인 사회보장제도, 즉 복지국가 건설을 선언하였다. 종합적인 사회보장제도가 정비된 복지국가는 과거의 구빈법 중심의 구제행정이나 민간자선 단체가 대상으로 하는 빈민 문제를 모두 해소할 수 있을 것이다. 따라서 베버리지는 구빈법을 계승한 국민부조법(National Assistance Act)도 경과조치로서의 법률이라고 생각하였다. 이에 수반하여 과거의 사회복지사 대다수는 국민부조법에 의한 복지서비스를 담당하는 지방자치단체의 아동국이나 복지국에서 일하게 된다. 또한 병원 사회복지사들은 병원 그 자체가 국민보건서비스법(NHS : National Health Service Act)에 의해 국영화된다. 또한 민간자선단체 대부분은 지방자치단체나 NHS로부터 업무를 위탁받는 형태로 복지국가의 체제로 편입되었다(平岡公一 外, 2011 : 53-54).

그런데 영국에서는 1960년대가 되면 베버리지형 복지국가의 기능 부진이 두드러지게 된다. 사회보험에 의해 필요 없어진 공공부조의 신청은 오히려 증가하며 빈부격차도 확대되었다. 복지국가의 등장 후에도 빈곤 문제가 해소되지 않는 이유는 다양하지만, 적어도 국민 전체를 대상으로 하는 보편적인 사회보장 대책에서 벗어나는 개별적인 욕구를 가진 인구가 상당수 존재하는 것은 분명하였다. 그러한 개인별 욕구에 대응하기 위해서는 대인적 사회서비스(personal social service)가 주요 대책으로 필요한 것이라 인식되었다. 그리고 사회복지사야말로 이 대인적 사회서비스 담당 주체로서 기대되었다. 복지국가의 탄생으로 그 영향이 약해진 전통적인 사회복지실천 활동이었지만 보편적 복지국가 제도의 결함을 보충한다는 의미에서 실천의 개별성이 다시 주목받게 되었다.

1968년 시봄(Seebohm) 보고서에 의해 1970년부터 지방자치단체에 사회서비스부가 설치되고 지금까지 여러 부서로 나누어져 있던 사회복지사들은 이 부서로 집결되었다. 그와 함께 주민에 가까운 서비스 창구에서 모든 생활 상담을 접수하는 가족 서비스가 기본으로 되고 사회복지사의 교육도 전문적 개입을 중요시하는 전문(specialist) 사회복지실천보다도 일반(generic) 사회복지실천이 기본이 되었다. 그러나 시봄 개혁은 그 후에 증가하는 아동학대 사례에 대한 적극적 대응 요구의 영향으로 압력을 받고 재원 부족 문제 등으로 처음 목표대로 진행되지는 않았다. 그 후 1982년 버클리보고서나 1990년대 이후의 지역사회 케어 개혁을 통하여 영국의 사회복지사의 직무나 직장환경은 크게 변화였지만, 영국 복지국가의 사회보장제도 속에서 국민에 대한 개별적 서비스 제공을 담당하는 역할은 본질적으로 변하지 않았다고 할 수 있다.

20세기 초부터 영국에 비하면 민간 자선사업이 크게 발전했던 미국은 정부에 의한 빈민지원은 매우 소극적이었다. 하지만 1929년 이후 세계 대공황 과정에서 정부가 빈민지원에 적극적으로 개입하게 된다. 1932년 대통령에 취임한 루즈벨트는 뉴욕 주지사 시절에 실시한 공공부조 대책을 연방정부에서도 실시하였다. 1933년에 연방긴급구제법(Federal Emergency Relief Act)을 제정하여 역사상 처음으로 연방정부가 공공부조에 대한 책임을 인정하였다. 연방정부는 구제기구를 설치하고 주 정부나 지방자치단체 구체대책에 보조금을 지급하는 등 대책을 계획하여 그 효과를 평가하면서 실업자의 구제업무에 사회복지사를 고용하고자 하였다. 이리하여 지금까지 거의 민간 자선단체에서 고용되었던 사회복지사가 주 정부나 지방자치단체에도 고용되었다(平岡公一 外, 2011 : 56-57).

1930년대에 주 정부나 지방자치단체 등의 공공기관에 고용된 사회복지사는 지금까지의 민간자선 단체의 사회복지사와 비교하여 직장이 다를 뿐만 아니라 그 대상이나 업무도 매우 다르고 그러한 차이는 실천 방식에도 큰 영향을 끼쳤다. 예를 들어, 민간 자선사업의 전통적 대상은 노인이나 장애인, 환자 등 일할 수 없는 사람들이었지만, 1930년대 공공기관의 이용자 대다수는 복지사와 유사한 학력이나 생활력을 가진 실업자들이었다. 즉, 1930년대 공공기관의 사회복지실천은 동료에 의한 도움 제공이며 파트너십과 같은 원칙이 실천 속에서 중요해진다. 또한 당시 빈곤은 대공황이라는 경제변동에 의한 것이며 클라이언트 개인의 어떠한 문제가 원인이 아니었다. 그러한 가운데 개인의 적응을 지원하는 것보다 실업 위험에 대응한 사회보험 제도를 구축하는 것이 문제해결의 방법이라고 생각하는 사회복지사가 증가하였다.

이러한 상황 속에서 1935년 미국에서도 사회보장법이 성립된다. 사회보장법에서 연방정부에 의한 사회보험은 노령연금 보험뿐이며 실업보험은 주 정부에 의한 것이고 의료보험은 성립되지 않았으므로 유럽 복지국가의 사회보장 제도와 비교하면 빈약한 것이었다. 그러나 사회복지사가 공공기관에 고용되고 공공부조 업무에 다수 종사하게 된 점에서는 영국과 마찬가지의 결과를 초래했다고 볼 수 있다. 그러나 미국은 의료가 국영화되지 않았으므로 민간부문의 사회복지실천은

의료기관에서 일하는 복지사를 중심으로 전개되었다. 1950년 통계에 의하면 미국 전역의 사회복지사의 약 40%는 공공부조 영역에서 일하고 있는데, 전문적 교육을 받지 않은 복지사가 많았다. 한편 진료소에서 일하는 정신과 사회복지사는 1%에 지나지 않았지만, 전문교육을 받은 사람의 비율은 매우 높았다(一番ケ瀬, 1963). 즉, 당시 미국에서는 정신과 진료소 사회복지사가 가장 전문성이 높고 공공부조 사회복지사가 가장 전문성이 낮은 업무였다고 볼 수 있다. 그리고 민간부문 사회복지사가 공공부문보다 전문성이 높은 경향을 보이고 있었다.

미국의 민간 사회복지사는 정부에 의한 사회보장제도와 일정한 거리를 둔 채 자유로운 실천을 담당했지만, 한편으로 전문직 자격제도라는 체제에 의해 정비되고 있다. 즉, 개인으로서의 자유로운 실천이 사회에 의해 직업으로서 인정되기 위해서는 그 실천이 이용자로부터 평가되는 것은 물론, 실천의 대상과 범위를 확실하게 정하여 다른 전문직과 원활히 조화를 이룰 필요가 있다. 예를 들어, 미국에서 민간부문 복지사는 중산층 이상을 대상으로 하는 임상 심리 상담사와 유사한 위치 확보에 성공했다고 할 수 있다. 이리하여 미국에서는 1930년대 이후 공공기관에서 일하는 사회복지사가 국가의 사회보장 제도 속에서 사회복지실천 활동을 담당하는 한편, 민간 복지사는 개인적 케이스워크를 독자적인 전문성으로 담당하는 치료적 전문직의 지위를 쌓게 된 것이다(平岡公一 外, 2011 : 57).

세계대전 후 미국에서 사회복지실천이 공공부문과 민간부문으로 분화되어 발전한 것은 공화당 정권의 반대 등에 의해 전후 미국의 사회보장제도가 유럽과 같은 포괄적인 제도가 아니라 부분적인 영역으로 머문 채 사회복지사 모두가 공공부문에 흡수되지 않았기 때문이다. 또한 미국 서민들도 개인이나 가정의 문제를 가족 등에 상담하기보다도 전문가의 조언이나 상담 서비스로 구매하는 습관이 있었다는 점, 세제상 우대제도에 의해 기부금이 많아 민간자선 단체의 재정이 풍부하고 사업규모도 컸다는 점은 민간사회복지가 발달한 주요 이유 중 하나라 할 수 있다.

CHAPTER **11**

사회복지실천 지식과 이론

1. 사회복지실천을 위한 지식
2. 사회복지실천 이론의 발달

CHAPTER 11

사회복지실천 지식과 이론

1. 사회복지실천을 위한 지식

사회학자 매키버(R. M. MacIver)는 사회복지학과 사회학의 차이를 기술과 과학의 차이를 예로 들어 설명하였다(MacIver, 1931). 기술(art)이란 장인의 예술과 같은 것으로 수련을 통해 익히는 것인데, 누구나 똑같은 정도로 습득할 수 있는 것은 아닐 것이다. 한편 과학은 일정한 표준에 근거하여 학습하면 누구나 습득할 수 있다는 가설에 근거하여 교육이 이루어진다. 또한 과학은 대상의 보편적 이해를 목표로 하고 있지만, 기술은 항상 개별화되고 있다. 즉, 과학은 일반적 이론을 개별상황으로 응용하여 개별상황을 보편적으로, 누구나 이해할 수 있는 형태로 설명하려는데, 기술은 항상 개별적인 실천에 고유의 가치가 있으며 이해하는 것보다도 실천하는 것, 뭔가를 이루어 나가는 것에 그 가치가 있다고 할 수 있다. 그러한 '직인의 세계'에 있는 사회복지사에게 과학으로서의 사회학은 직인이 이용할 수 있는 몇 가지 기법을 시사하거나 실천 과정에 있어서 어려움을 예측하는 데 도움이 되지만, 실천 그 자체의 목표나 가치, 우열을 평가하는 기준으로 될 수 없다는 점을 강조하였다.

만일 사회복지실천 활동이 기술, 즉 기예와 같은 것이라면 도제 제도를 통한 수련과 같이 교육은 가능하더라도 과학으로는 될 수 없으므로 전문직으로 될 수 없으며 직업적인 자격으로 정통해지기는 어렵다고 할 수 있다. 그러나 근대화와 함께 다수의 전근대적 기예가 과학화와 전문화를 거쳐 근대적 직업교육 자격체계로 만들어진 것도 사실이다. 예를 들어, 19세기까지는 의료자격은 기예이며 의사는 도제 제도를 통해 수련하도록 했다. 또한 오늘날 미국 대학은 조리사, 댄서까지 모든 직업적 기예가 대학의 교육으로 습득할 수 있는 직업적 자격이 되고 있다. 그러한 가운데 사회복지실천 활동이 장인의 기예에서 과학적 기반을 갖춘 전문직으로 변화한 것도 시대의 요청이라 할 수 있다.

19세기 말부터 시작된 사회복지실천 연구란 사회복지실천을 근대적인 전문자격으로 만들기 위하여 실천의 기법을 검증할 수 있도록 하거나 보편적으로 이해할 수 있도록 설명하는 것이 목적이었다. 이는 복지실천이 처음부터 갖고 있던 고유한 기술적 측면은 오늘날에도 무시할 수 없으며 그것 또한 사회복지실천의 본질 중 하나라고 할 수 있다. 19세기 말 이래 주로 미국에서 진행된 사회복지실천 연구는 사회복지사의 실천에 관한 다양한 지식을 축적하였다. 이러한 복지활동에 관한 지식 축적과 관련된 기본 항목이 오늘날 사회복지실천의 고유성을 이론적으로 확정하는 것이며 사회복지사 양성과정의 기본적 필수사항으로 되어 있다고 생각해도 좋을 것이다.

이러한 사회복지실천의 기초지식의 내용은 시대에 따라 다소 차이는 있지만 대체로 다음과 같이 두 가지로 구분하고자 한다. 첫 번째는 실천 지식이다. 일반적으로는 상담기술, 상담기법, 실천기술 등이라 할 수 있으며 면접의 기법이나 사례기록 모니터링 방법 등 사회복지사의 실천 활동 속에 공유되고 일반화된 지식이며 현장에서 즉시 도움이 되는 구체적인 지식인 경우가 많다. 예를 들어, 리치먼드가 실천했던 초기 사회복지실천 연구의 성과는 이러한 종류의 지식을 축적한 것이라 할 수 있으며, 오늘날 IT 기술을 이용한 새로운 실천이 도입되면서 실천 지식은 새롭게 축적되고 있다.

두 번째는 이론 지식이라 할 수 있으며 인접 과학으로부터 사회복지실천에 응용된 일련의 지식이다. 지금까지 사회복지실천에 응용된 주요 이론을 꼽아보면 20세기 전반기 미국의 행동과학과 사회과학 모두에 영향력을 끼치고 있던 기능주의와 특히 심리학이나 정신의학의 유행을 이끈 프로이트(Freud) 정신역동이론을 들 수 있다. 그 후 20세기 후반은 마르크스주의, 생태학 이론, 행동주의 과학 이론이나 포스트 모던 이론 등이 실천 이론으로 응용되었다고 할 수 있을 것이다(Johnson & Yanca, 2001).

이러한 이론적 지식의 체계는 사회학이나 심리학, 정신의학 등 다른 분야에서 차용된 응용의 지식이다. 사회복지사의 실천 현장에서 직접 얻은 지식은 아니라는 것이다. 따라서 인접 과학으로부터 빌려온 이론적 지식은 사회복지실천가의 고뇌나 의문에 직접 답하기보다는 실천가의 업무 전체상을 이해하거나 실천을 재검토하기 위한 새로운 시각을 제공하는 데 효과적이다.

사회복지 이론이란 학문으로서의 이론 체계가 아니라 사회복지실천 활동에 유용한 인접 학문의 이론적 시각을 포괄하는 성격을 가지고 있다. 사회복지실천 이론의 전통을 학제적이라 할 수 있는 이유가 여기에 있다. 즉, 예외적이며 서로 모순되는 이론도 사회복지실천 속에서 공존할 수 있는 것이다. 다른 학문 분야에서 사회복지로 들어온 연구자가 사회복지학에는 고유한 이론이 무엇인지 모르겠다고 혼란을 느낄 경우 이러한 성격 때문이라 생각한다. 하지만 사회복지학은 무엇인가라는 본질적 질문에 대하여 사회에 대하여 누구나 알 수 있는 방식으로 설명할 수 없다면 그 실천과 연구도 사회적인 승인을 얻기 어려울 것이다.

사회복지실천의 세 가지 요소 – 가치 · 지식 · 기술

다양한 실천 활동 분야로 분산되고 있으므로 전문직으로서의 공통적인 정체성을 갖추지 못했던 미국의 사회복지사들이 통일적인 직업적 기초를 확립하기 위하여 1955년 미국 사회복지사협회(NASW : National Association of Social Workers)를 결성한다. 이에 수반하여 이 협회에서는 전문적인 위원회를 설치하고 사회복지실천의 공통 기반을 확정하는 작업을 시작한다. 이때 복잡하고 다방면에 걸쳐 있는 사회복지실천의 구성요소를 가치(values)와 지식(knowledge), 방법과 기술(methods, skills, techniques) 세 가지 구성요소로 나누어 정리하는 경향이 만들어지고 이러한 개념 정리는 현재까지 유지되고 있다(Bartlett, 1970; Johnson & Yanca, 2001).

2. 사회복지실천 이론의 발달

초기의 사회복지실천 활동은 개인을 바꾸는 것과 사회를 변화시키는 것 두 가지 방향에서 진행되었으며 그 자체에 아무런 모순을 느낄 수 없었다. 그런데 20세기 이후 개인과 사회라는 두 측면으로 명확히 구분되기 시작하였다.

개인을 변화시키려던 사회복지사에게 프로이트 정신역동에 관한 지식은 매력적이었다. 프로이트 이론은 성범죄나 비행 등 다양한 문제행동이나 반사회적 일탈행위를 유아기의 스트레스나 트라우마를 통해 설명한다. 사회복지실천 문맥에서 보면 생활력에서 문제행동의 원인을 찾는 것이다. 그리고 본인을 수용하고 그 말을 경청함으로써 스트레스를 해소하거나 트라우마를 극복하게 하는 것을 문제해결의 방법으로 생각하였다(Payne, 2005 : 79).

제1차 세계대전 시기 미국에서 정신과 의사와 사회복지사의 협동이 활발하게 이루어진 것이 프로이트 이론과 사회복지실천이 만나는 접점의 계기였지만, 프로이트 이론은 인간의 존엄이라는 사회복지실천 이념을 부정하지 않는다. 다시 말하면 인간의 성선설을 부정하지 않는 이론이었으므로 사회복지실천으로 수용되었다고 할 수 있다. 즉, 정신역동이론을 이용한 치료는 인간을 변하게 하는 것이 아니라 외부에 의해 왜곡된 정신발달을 올바로 고치게 함으로써 처음 그대로의 인격으로 회복하는 작업이기 때문이다. 이러한 치료적 관점은 의학이나 교육학 시각의 치료 및 교육관과 다르게 사회복지실천에 고유한 관점이라고 할 수 있을지도 모른다. 사회복지실천의 치료나 훈련, 교육 등 모든 개인에 영향을 끼치는 작업은 개인을 개조하는 것이 아니라 어디까지나 그 사람 본질의 모습으로 회복시키는 것으로 생각할 수 있다.

이러한 정신역동이론이 미국의 사회복지실천에 적용되기 시작한 것은 1920년대이다. 그 후 정신역동이론이 프로이트 융(C. G. Jung), 아들러(A. Adler), 랭크(O. Rank)와 같은 다양한 심리요법으로 분열해 가기 시작하면서 사회복지사도 다양한 심리요법에 관심을 보였는데, 1930년대 프로이트 이론에 근거하여 프로이트파와 그에 대립한 오토 랭크의 심리학에 근거하는 랭크파라는 두 세력으로 수렴되어 사회복지사 양성부터 실천 현장에 이르기까지 미국의 사회복지실천계를 양분하였다(Aptekar, 1964).

프로이트파는 클라이언트의 전체적인 퍼스낼리티 이해를 중요하게 다룬다는 의미에서 진단학파로 불린다. 한편 랭크파는 사회복지사가 제공하는 도움 제공 기능과 클라이언트의 관계를 중요하게 여긴다는 의미에서 기능학파라고 명명한다. 이 기능학파라는 명칭은 애초에 사회과학이나 행동과학에서의 기능주의와 혼동될 수 있는데, 여기에서 말하는 기능이란 사회복지사가 속해 있는 복지 기관의 기능이나 역할을 말하며 기능주의적 인간관이나 사회관에 근거한 이론이다는 의미는 아니다(Dunlap, 1999). 기능학파는 이용자의 마음의 문제나 과거의 트라우마에 과도하게 관계되는 것을 피하며 소득보장이나 주거보장 등 사회복지사가 제공할 수 있는 구체적 도움과의 관계로 제한하여 클라이언트의 의지를 이해하고자 했다. 이러한 의미에서 기능학파는 사회복지사의 역할을 소속된 복지 기관의 실천적 목표로 제한하고 클라이언트의 마음 문제까지 깊이 들어가는 데 소극적이었다고 할 수 있다.

정신역동이론은 사회복지실천에 다양한 의미를 제공하였다. 즉, 클라이언트의 행동을 탐색하고 증상의 근원을 이해하는 개념적 틀을 제공하였다. 또한 인간행동의 많은 부분이 발달 초기 단계에 형성된 패턴의 반복이라는 사실을 이해하는 데 기여하였다(양정남 · 최선령, 2014 : 112).

1950년대 사회복지계는 정신역동이론의 양대 세력이라 할 수 있는 진단학파와 기능학파의 결합이 시도된다. 예를 들어, 펄만(H. H. Perman)에 의한 문제해결 접근은 클라이언트 자신의 문제해결 능력에 주목함으로써 진단학파와 기능학파 양자 모두의 실천적 지식을 이용하여 케이스워크의 실제 과정을 이론적으로 설명하였다. 그리고 마음의 문제보다도 현실적 문제해결에 초점을 집중할 것을 강조하였다(Payne, 2005 : 80). 펄만은 문제해결과정을 '4P'로 표현하였다. '문제'(Problem)를 가지고 있는 '사람'(Person)이 어떤 '장소'(Place)에 자신의 문제를 가지고 도움을 얻기 위해 찾아오게 되고, 이때 사회복지사는 클라이언트와 문제 해결 기능에 관여하며 문제 해결에 필요한 자원을 보완해주는 '과정'(Process)을 활용한다고 설명하였다(양옥경 외, 2010 : 128). 이러한 접근은 사회복지실천이 프로이트의 강한 영향력에서 점차 자유로워지는 과정에서 이루어진 결과라 할 수 있을 것이다.

한편, 사회정의에 관심이 높은 사회복지사는 점차 사회정책학이나 사회민주주의 영향을 받게 된다. 특히 빈곤이나 실업 문제에 대응하던 사회복지사는 자연스럽게 빈곤이나 실업을 불러오는 사회적 원인이 무엇인지 관심을 집중하게 되었다. 빈곤이나 실업이 자본주의 시장의 구조적 결함으로 발생한다면 그에 대한 대응은 빈곤자나 실업자 개인의 노력에 맡길 것이 아니라 공공부조나 실업보험 등의 사회보험제도를 확충하여 해결해야 하는 것이었다. 1960년대 말 미국의 사회복지사 일부는 그러한 입장에서 빈곤한 가정을 방문하여 공공부조를 신청하도록 지원하는 활동을 전개하거나 자신들의 권리를 주장하기 위한 자조 집단 등을 결성하도록 지원하거나 사회를 향하여 해결책을 촉구하는 권리 옹호 및 법률 제정 활동을 전개하였다. 이러한 활동은 사회정의 이념에 근거하는 복지 실천의 전통이라 할 수 있으며 집단이나 지역사회조직, 사회 행동과 같은 사회변혁을 의한 실천 지식을 복지 현장에 축적해 가는 것이었다.

그런데 1960년대 말 미국의 경우 개인을 대상으로 개입하는 케이스워크와 사회를 대상으로 개입하는 지역사회조직이 분열될 수 있는 상황이 되었다. 그와 동시에 개인의 내부적 문제를 해결하려는 실천도 그 성과가 뚜렷하게 나타나지 않거나 사회변혁을 위한 실천도 자본주의 사회에서는 그 활동에도 한계가 있다는 문제의식이 늘어나기 시작하였다. 즉, 두 개의 실천 모두 한계나 문제가 있다는 인식이 퍼져나가기 시작하였다. 이를 계기로 등장한 것이 체계이론이었다.

체계이론은 부분과 전체가 분리하기 어려울 정도로 연결된 시스템을 형성하여 서로 결합하고 있다는 관점에 기초하여 인간과 사회를 이해하려는 사고다. 이러한 부분과 전체를 유기적으로 연결하여 이해하려는 시각 그 자체는 미국의 사회과학 전반에서 1930년대 무렵 발전한 관점이며 넓은 의미에서 기능주의 전통에 연결되는 것이라 할 수 있다. 이 관점을 인간과 사회의 분석에 응용하면 부분과 전체, 즉 개인과 사회는 밀접히 연결되는 것이므로 개인과 사회에 대한 개입은 궁극적으로는 같은 차원에 놓여있다고 할 수 있으며 그중 어느 하나라도 문제가 되면 효과적으로 작동되지 않는다고 해석할 수 있다. 따라서 1970년대 미국 사회복지실천에서 체계이론은 분열된 실천을 통합하는 이론적 기준으로 수용되는 측면이 있었다. 또한 고도의 전문성을 추구하는 가운데 하나의 전문직으로서 정체성을 어떻게 유지할지 전문직 집단으로서 가진 딜레마를 해결하는 데 체계이론은 매우 효과적이었다(Payne, 2005 : 148).

1970년대 초반 이후 체계이론에 생태학의 관점을 가미하여 적용하려는 개입이 만들어졌고, 1980년에는 생활모델(life model)이 등장하였다. 생활모델은 생태학적 체계이론(ecological system theory)으로서 다루어지는 경우가 많은데(Payne, 2005; Suppes & Wells, 2003), 이것은 사회복지실천과 밀접한 연관성이 있다. 먼저 인간관에 초점을 두고 보면 체계 속의 인간, 환경 속의 인간, 상황 속의 인간과 같이 체제와 환경, 상황 등에 주목할 것을 강조하고 있다. 이것은 클라이언트 개인을 책망하지 않는다는 점에서 여전히 성선설을 유지한 인간관이라고 할 수 있을 것이다. 그러나 전통적인 사회복지실천 이념에서 보면 클라이언트가 적극적이고 주체적인 주도로 환경에 개입하도록 기대하는 이론이어야 할 것이다. 생태학적 체계이론도 조건이나 상황, 환경을 조작함으로써 개인의 바람직한 행동을 강화하고자 한다. 만일 개인이 조건화에 의해 좌우되거나 환경에 적응만 해야 하는 수동적 존재로 받아들여진다면 사회복지실천의 전통적 인간관과 맞지 않는다. 또한 생태학적 체계이론과 사회정의 관점에서 접점이 도출되기 어렵다. 생태체계 이론에서 사회문제는 '환경과 개인의 상호작용'의 부조화 또는 사회적 오염이라는 개념으로 이해할 수 있다. 즉, 생태계 균형의 붕괴와 같은 것이며 이 붕괴를 어디까지 사회의 부정으로 규탄할 수 있는가이다. 생태학적 체계이론은 개인과 사회가 일체화되는 것으로 간주하여 그 양쪽 모두에 개입하는 것이었다. 즉, 개인과 환경에 대한 폭넓은 관점과 영역을 포괄하여 문제에 대한 전체적 이해를 가능하게 한다(양정남 · 최선령, 2014 : 105).

1980년대 이후 등장한 실천의 접근 대부분은 생태학적 체계이론을 기본으로 비판하거나 불충분한 점을 보완하려는 노력으로 발전한 지식이라 할 수 있다. 예를 들어, 강점, 임파워먼트 등의 개념은 개인의 주체성이나 사회정의라는 관점을 보강하는 역할을 하는 측면이 있다. 사회복지실천의 전통적인 인간관에서 인간은 처음부터 주체적으로 성장하는 존재이며 무한한 잠재적 능력이 있다. 따라서 사회복지사는 개인을 변화시키는 것이 아니라 개인이 자발적으로 변하는 것을 돕는 데 지나지 아니하며 이러한 태도는 사회복지 실천의 기반이라 할 수 있을 정도로 전통적이며 보편적인 관점이라 할 수 있다. 이러한 개인의 주체적 성장이라는 측면이 강점지향, 해결지향, 임파워먼트 등 개인의 적극적 대처 능력을 끌어내는 접근으로 등장했다고 할 수 있다.

강점지향이나 해결지향의 실천이란 클라이언트의 생활에서 발생하는 문제점이 아니라 효과적으로 수행되고 있는 점에 주목하거나 문제로 생각되는 점 속에서도 장점이나 해결의 실마리를 해석하고 찾아내려는 접근이다. 이때 장점이나 해결의 실마리는 개인의 인지, 정서, 동기, 대처, 재능, 과거 경험 등의 개인적 요인뿐만 아니라, 활용할 수 있는 사회환경적 요인을 포함한다(김혜란 외, 2013 : 112). 따라서 사회복지사는 클라이언트의 생활에 대한 부정적 평가를 철저히 배제하고 모든 것을 긍정적으로 받아들일 수 있도록 돕는다. 이러한 실천은 클라이언트의 현실 인식을 비관에서 낙관으로 전환하려는 것이다. 사회복지사는 경청자가 되어 이용자에게 자신의 생활문제를 표현하게 하면서 질문이나 유도에 따라 이용자 자신의 현실 인식을 긍정적으로 수용하여 자신을 갖게 한다. 현실은 개인이 그것을 어떻게 수용할 것인가에 따라 명과 암으로 될 수 있지만, 개인의 현실 인식은 사회의 지배적 가치에 의해 지배되고 있다. 이러한 전제는 사회적 구성주의(social constructionism) 이론에 근거하고 있다(平岡公一 外, 2011 : 95-96). 예를 들어, 홈리스 생활은 수렵채집이나 유목민의 이동 생활과 유사한 생활 형태라고 해석할 수도 있지만, 사회의 지배적 가치관은 그것을 허용하지 않는다. 그리고 사회적 권력이 없는 홈리스는 지배적 가치관에서 벗어나는 자신을 무가치한 존재로 인식하게 되므로 존엄을 상실하고 대처하는 능력이 박탈당하게 된다. 이처럼 사회적 구성주의 관점은 특정 사회의 정치 경제적 권력의 격차가 개인의 생활양식이나 인생관까지 차별적인 성격으로 고착시킬 수 있다는 점을 지적하는 것이다. 따라서 이러한 접근은 기득권 중심의 지배적 가치관에 의한 부정적인 자기 인식에서 클라이언트를 해방하려는 시도라 할 수 있다.

임파워먼트 접근은 사람이 환경과의 상호교류에서 권리 · 기회 · 자원을 박탈당하거나 상실한 경우에 이를 회복시켜 주려는 노력이라고 할 수 있다(나동석 외, 2014 : 150). 이 접근은 이용자의 부정적인 자기 인식을 긍정적인 것으로 바꾼다는 점에서는 강점 지향 실천 등과 유사하지만, 사회의 권력 격차라는 문제에 강한 관심을 가진다. 소수민족이나 장애인 등 사회의 편견이나 차별에 노출된 사람이 문제를 겪고 있다면 자신을 부정적으로 받아들이는 경향이 강하고 존엄성에 상처를 입을 가능성이 크다. 그러한 사람의 자기 인식을 긍정적으로 바꾸기 위해서는 개별적인 대응으로는 부족하며 유사하게 차별을 당하는 사람 모두의 문제로서 접근해야 할 것이다. 이는 개인의 자신감 회복을 위해 집단으로서 권리를 옹호하는 접근법이므로 개별 상담과 동시에 평등한 입장에서 사람들의 자조 집단 참가를 지원하고 동시에 집단의 주장을 대변하면서 차별적인 사회제도를 개혁하려는 실천이다.

지금까지 실천 이론의 발달과정을 볼 때 최근의 큰 흐름은 특정한 이론이나 접근에 집중하기보다 문제 해결을 위해 여러 가지 방법을 통합적으로 활용하여 개입하려는 '통합적 접근'이라 할 수 있다. 이는 공통적인 기초로서 사회복지실천의 지식을 초기의 심리 내적인 정신역동적 측면에서부터 사회와 문화, 즉 상황 속의 인간을 이해하고 설명하는 데까지 확대하여 인간의 잠재성을 개발하려는 미래지향적 자세를 강조하는 것이다(나동석 외, 2014 : 306). 인간에게 초점을 두거나 환경에 초점을 두는 이분법적 형태가 아니라 통합하여 사회적 기능수행 영역에 복지사가 개입해야 한다는 점을 시사한다. 이 과정에서 사회복지사는 상담가이자 대변자이며, 자원을 연결 · 조정하면서 서비스를 점검하고 평가하는 종합적인 역할을 수행할 것이다.

CHAPTER 12

사회복지실천의 윤리

1. 윤리원칙
2. 우리나라 사회복지사 윤리강령

CHAPTER 12

사회복지실천의 윤리

1. 윤리원칙

사회복지실천의 가치와 관련된 지식은 구체적으로 생명의 존중, 인권, 사회정의, 사회적 공정, 이용자 주체, 자기결정, 권리옹호, 임파워먼트, 정상화, 사회적 포용 등의 이념과 관련된 지식을 보기로 들 수 있다. 이는 다른 국가의 사회복지실천 현장에서도 역사적으로 시도된 가운데 내면화된 지식이다. 사회복지실천과 관련하여 복수의 가치가 대립하거나 모순되는 사례가 발생하는 경우는 널리 알려져 있으며 그러한 모순과 대립은 개별 실천에서 최적의 조정을 이루기 위한 실천과 연구로 전개된다. 다시 말하면 가치 대립에 대해 실천 현장과 이론 연구 모두 모순적 문제로 인식하고 있다.

사회복지실천의 윤리와 관련된 국제표준은 국제 사회복지사연맹(IFSW : International Federation of Social Workers)의 윤리원칙 선언이라 할 수 있다. 사회복지실천은 사회 변화와 발전, 사회 통합, 사람들의 권한 부여와 해방을 촉진하는 실천 기반 직업이자 학문이라 할 수 있다. 사회정의, 인권, 집단적 책임 및 다양성에 대한 존중의 원칙은 사회복지실천의 핵심 가치라 할 수 있다. 사회과학, 인문학 및 토착 지식의 이론에 기반을 둔 사회복지실천은 삶의 문제를 해결하고 웰빙을 향상시키기 위해 사람과 구조를 참여시킨다(IFSW[1], 2018).

그러한 원칙은 사회복지실천의 핵심 가치를 유지하겠다는 약속으로서 사회복지사의 윤리적 원칙으로 작동한다. 이를 구체적으로 설명하면 다음과 같다.

① 인간의 고유한 존엄성에 대한 인식이다. 사회복지사는 모든 인간의 태도, 말, 행동에 있어 고유한 존엄성과 가치를 인정하고 존중한다. 모든 사람을 존중하지만, 자신이나 다른 사람을 평가절하하거나 낙인을 찍는 사람들의 신념과 행동에 도전한다.

② 인권증진이다. 모든 인간의 기본적이고 양도할 수 없는 권리를 포용하고 증진한다. 고유한 가치, 모든 사람의 존엄성, 그리고 이에 따른 개인과 사회, 시민권에 대한 존중을 기반으로 한다. 종종 경쟁하는 인권 사이에서 적절한 균형을 찾기 위해 사람들과 협력한다.

③ 사회정의의 증진이다. 사회정의를 달성하는 데 사람들을 참여시킬 책임이 있다. 즉 첫째, 차별과 제도적 억압에 도전한다. 구체적으로 나이, 능력, 시민권, 계급, 문화, 민족, 성별, 성 정체성, 언어, 국적, 신체적 특징, 신체적 또는 정신적 능력, 정치신념, 빈곤, 종교, 사회경제적 지위, 가족구조 등에 의한 차별과 억압이다. 둘째, 다양성을 존중한다. 개인, 가족, 집단, 지역사회 차이를 고려하여 사회의 인종 및 문화적 다양성을 존중하는 포괄적인 커뮤니티를 강화하기 위해 노력한다. 셋째, 공평한 자원에 대한 접근이다. 자원과 부의 접근과 공평한 분배를 옹호하고 노력한다. 넷째, 부당한 정책 및 관행에 대해 도전한다. 정책과 자원이 부적절하거나 억압적이거나 불공정하거나 해로운 상황에서 고용주, 정책 입안자, 정치인 및 대중의 관심을 끌기 위해 노력한다. 이 과정에서 사회복지사가 불이익을 받아서는 안 된다. 특히 사회복지사는 자신의 안전과 보안을 위협할 수 있는 상황을 인식

1 https://www.ifsw.org/global-social-work-statement-of-ethical-principles/

하고 그러한 상황에서 현명한 선택을 해야 한다. 또한 사회복지사 자신을 위험에 빠뜨릴 행동을 강요받지 않는다. 다섯째, 연대의 구축이다. 전문직 내·외부에서 지역사회 및 동료와 적극적으로 협력하여 변혁적 변화와 포용적이고 책임 있는 사회를 위해 일하는 연대 네트워크를 구축한다.

④ 자기결정권의 증진이다. 다른 사람들의 권리와 정당한 이익을 위협하지 않는 한 스스로 선택과 결정을 내릴 수 있는 사람들의 권리를 존중하고 증진한다.

⑤ 참여권의 증진이다. 사람들의 자존감과 능력을 구축하고 삶에 영향을 미치는 결정과 행동의 모든 측면에서 완전한 참여와 참여를 촉진하기 위해 노력한다.

⑥ 기밀 유지 및 개인정보의 보호다. 복지사 자신이나 타인에게 해를 끼칠 위험이 있거나 기타 법적 제한이 없는 한 기밀 및 사생활 보호에 대한 사람들의 권리를 존중하고 그에 따라 일한다. 또한 기밀 및 개인정보 보호에 대한 그러한 제한에 대해 복지사가 관여하는 사람들에게 알린다.

⑦ 사람을 전체로서 대한다. 사람들의 삶의 생물학적, 심리적, 사회적, 영적 차원을 인식하고 모든 사람들을 전체 인간으로 이해하고 대우한다. 이러한 인정은 사회복지사가 참여하는 사람, 조직 및 지역사회의 완전한 참여와 함께 전체론적 평가 및 개입을 공식화하는 데 사용된다.

⑧ 기술 및 소셜미디어의 윤리적 사용이다. 사회복지사는 디지털 기술 및 소셜미디어의 사용이 개인 정보 보호 및 기밀 유지, 이해 상충, 능력 및 문서화를 포함하되 이에 국한되지 않는 많은 윤리적 기준의 실행에 위협이 될 수 있음을 인식하고 필요한 지식과 기술을 습득해야 한다. 또한 기술을 사용할 때 비윤리적인 관행으로부터 보호한다.

⑨ 직업적 성실성이다. 필요한 자격을 보유하고 직무를 수행하는 데 필요한 기술과 역량을 개발·유지해야 한다. 또한 평화와 비폭력을 지지하고 평화 구축 및 재건을 위해 일할 수 있다. 하지만 직업적 또는 개인적 능력으로

사람을 상대로 무기를 사용해서는 안 된다. 그리고 성실하게 행동해야 한다. 권력과 신뢰 관계를 남용해서는 안 된다. 개인 생활과 직업 생활의 경계를 인식하고 물질적 이득을 위해 지위를 남용하지 않는다. 직장, 사생활 및 사회에서 자신을 돌보는 데 필요한 조치를 해야 할 의무가 있다. 함께 일하는 사람들에게 행동의 책임을 다해야 하며 국제법률과 협약을 준수하고 모든 사람의 피해를 최소화하기 위해 협상해야 한다. 결정은 항상 경험적 증거에 근거해야 한다.

2. 우리나라 사회복지사 윤리강령

우리나라도 이에 근거하여 사회복지사의 실천 활동에서의 윤리강령 기조를 유지하고 있다.

한국사회복지사협회 사회복지사 윤리강령

전문

사회복지사는 인본주의 · 평등주의 사상에 기초하여, 모든 인간의 존엄성과 가치를 존중하고 천부의 자유권과 생존권의 보장활동에 헌신한다. 특히 사회적 · 경제적 약자들의 편에 서서 사회정의와 평등 · 자유와 민주주의 가치를 실현하는 데 앞장선다. 또한 도움을 필요로 하는 사람들의 사회적 지위와 기능을 향상시키기 위해 저들과 함께 일하며, 사회제도 개선과, 관련된 제반 활동에 주도적으로 참여한다.

사회복지사는 개인의 주체성과 자기결정권을 보장하는 데 최선을 다하고, 어떠한 여건에서도 개인이 부당하게 희생되는 일이 없도록 한다. 이러한 사명을 실천하기 위하여 전문적 지식과 기술을 개발하고, 사회적 가치를 실현하는 전문가로서의 능력과 품위를 유지하기 위해 노력한다. 이에 우리는 클라이언트 · 동료 · 기관 그리고 지역사회 및 전체사회와 관련된 사회복지사의 행위와 활동을 판단 · 평가하며 인도하는 윤리기준을 다음과 같이 선언하고 이를 준수할 것을 다짐한다.

윤리기준	• 전문가로서의 자세(품위, 책임감, 차별금지, 간섭 및 압력 배제 등 7개 항) • 전문성 개발을 위한 노력(지식과 기술개발, 동의 획득, 비밀보장, 교육 등 5개 항) • 경제적 이득에 대한 태도(차별대우 금지, 합리적 이용료, 경제적 이득 금지 등 3개 항)
클라이언트에 대한 윤리기준	• 클라이언트와의 관계(존엄성, 권익옹호 등 9개 항) • 동료의 클라이언트와의 관계(2개 항)
동료에 대한 윤리기준	• 동료(존중, 협력, 조치 등 6개 항) • 슈퍼바이저(책임, 지도와 조언 등 4개 항)
사회에 대한 윤리기준	• 인권존중과 인간평등에 헌신, 사회적 약자의 옹호와 대변 • 사회서비스 개발 사회정책의 수립, 발전, 입법, 집행에 적극 참여 • 사회환경 개선과 사회정의 증진 사회정책 수립, 발전, 입법, 집행을 요구하고 옹호 • 지역사회문제 이해, 해결에 적극 참여 등
기관에 대한 윤리기준	• 효과성, 효율성 증진을 위해 노력, 클라이언트에게 이익이 되도록 활동 • 기관의 부당한 요구, 정책에 대하여 대응하고 사회복지윤리위원회에 보고 • 소속기관 활동에 적극 참여, 기관의 성장발전을 위해 노력 등
사회복지사 선서	나는 모든 사람들이 인간다운 삶을 누릴 수 있도록 인간 존엄성과 사회정의의 신념을 바탕으로 개인 · 가족 · 집단 · 조직 · 지역사회 전체 사회와 함께 한다. 나는 언제나 소외되고 고통받는 사람들의 편에 서서, 저들의 인권과 권익을 지키며, 사회의 불의와 부정을 거부하고, 개인이익보다 공공이익을 앞세운다. 나는 사회복지사 윤리강령을 준수함으로써, 도덕성과 책임성을 갖춘 사회복지사로 헌신한다. 나는 나의 자유의지에 따라 명예를 걸고 이를 엄숙하게 선서합니다.

이상과 같이 사회복지실천에 있어서 국제 윤리규정 및 국내의 윤리강령 등을 보면 인권 및 인간의 존엄과 사회정의라는 두 이념이 중시되고 있는 것을 알 수 있다. 따라서 사회복지 이론의 대다수는 이 두 개 이념을 실현하기 위하여 인접 여러 과학으로부터 응용되었던 것으로 정리할 수 있을 것이다. 즉, 인간이란 무엇인가와 같은 인간관에 관한 이론과 사회는 무엇인가라는 사회관에 관한 이론이다.

사회복지실천에 있어서 인권 및 인간의 존엄이라는 이념은 인간이란 본래 선한 것이며 부단하게 그 인격을 발전하는 것이 가능하다는 신념에 근거하고 있다. 즉, 철저한 성선설에 근거하고 있으며 인간을 신뢰하여 어떤 상황이 되어도 인간의 양심에 반하지 않는 자세가 존재하고 있다. 따라서 그러한 신념을 보강해 주는 이론이 활용되기 쉽다. 예를 들어, 프로이트의 정신분석 이론은 선한 인간이 왜 흉악한 행위를 실시하는 것인가에 대한 의문을 유소년기의 억압이라는 원인에 의해서 해명해 주는 것이다. 마찬가지로 사회정의 이념은 사회에 부정이나 불공정이 존재하는 것을 전제로 하고 있으며 그러한 불공정이 왜 발생할 것인가, 또한 그것들을 바로 잡기 위한 방법을 제시해 주는 사회이론이 적용되었다 할 수 있다.

더욱이 그러한 인간관이나 사회관에 근거하는 이론이나 관점은 사회복지실천에 응용하는 과정에서 실천에 도움이 되는 형태의 지식으로 변형된다. 이리하여 실천적 지식으로서의 다양한 이론이나 모델, 접근이 형성되고 그러한 실천적 지식에 근거한 실천에서의 반성이 다시 이론과 이념에도 피드백되는 관계가 나타난다. 그러한 의미에서 사회복지실천의 과학화는 사회복지 이론 · 이념 · 실천과 관련된 지식이 삼위일체가 된 상호작용을 통해 전개된 것으로서 해석할 수 있을 것이다. 이러한 장점을 고려하면서 사회복지실천을 이해할 필요가 있다.

CHAPTER 13

사회복지정책의 기초적 이해

1. 복지정책의 필요성
2. 복지정책의 주체와 객체
3. 복지정책의 시간과 공간

CHAPTER 13

사회복지정책의 기초적 이해

1. 복지정책의 필요성

사회복지와 복지정책이 필요한 이유는 무엇인가. 이에 대한 근본적인 물음에 답을 생각해 보자. 우리나라의 경우 헌법 제34조의 규정을 근거로 국가의 활동으로서 사회와 복지정책의 존재와 실시를 정당화할 수 있다. 국제적으로는 세계인권선언 제22조, 제25조, 국제인권 A 규약(사회권 규약) 제9조가 복지정책의 규범적 정당성의 근거를 제공한다고 볼 수 있다. 학술적 논의에서는 법과 권리의 근거와 함께 시민권, 사회연대, 사회정의와 같은 가치 개념의 해석을 통하여 복지정책과 그 배경을 이루는 복지국가의 존재에 어울리는 규범적 정당화와 필요성의 근거로 이루어져 왔다. 한편 이와 같은 근거와 함께 역사적 전개도 사회복지정책의 존재 이유를 둘러싼 질문에 대한 응답이라고 할 수 있다. 빈민 구제나 약자의 보호는 동양과 서양을 불문하고 어떤 시대에도 볼 수 있는 보편적인 흐름이다. 그렇지만 우리가 잘 알고 있는 사회복지와 정책은 어디까지나 서양 근대의 산물이며 서구에서 개화된 인권이나 민주주의 사상을 기반으로 하고 있다.

또한 복지정책은 서구 자본주의 체제가 초래하는 사회문제를 올바로 수정하고 인간의 자립을 지원하기 위해 발달하였다. 서구 사회에서는 19세기 후반부터 국가의 복지정책이 정비되기 시작하여 20세기가 되면 시민권에 근거하는 사회권의 실현을 목표로 하는 복지국가 체제가 본격적으로 발전하였다. 그리고 완전고용의 추진과 함께 소득재분배에 의한 격차를 시정하고자 하면서 보건의료, 주택, 교육, 보육, 돌봄 등의 사회서비스가 사회생활의 기초로서 정비되었다.

〈표 13-1〉 복지정책의 필요성 근거

구분	내용
헌법 제34조	① 모든 국민은 인간다운 생활을 할 권리를 가진다. ② 국가는 사회보장 · 사회복지의 증진에 노력할 의무를 진다. ③ 국가는 여자의 복지와 권익의 향상을 위하여 노력하여야 한다. ④ 국가는 노인과 청소년의 복지향상을 위한 정책을 실시할 의무를 진다. ⑤ 신체장애자 및 질병 · 노령 기타의 사유로 생활능력이 없는 국민은 법률이 정하는 바에 의하여 국가의 보호를 받는다. ⑥ 국가는 재해를 예방하고 그 위험으로부터 국민을 보호하기 위하여 노력하여야 한다.
세계인권선언 제22조	모든 사람은 사회의 일원으로서 사회보장을 받을 권리를 가지며 또한 국가적 노력 및 국제적 협력에 의해, 또한 각국의 조직 및 자원에 따라 자기의 존엄과 자기의 인격의 자유로운 발전을 해칠 수 없는 경제적, 사회적, 문화적 권리를 실현할 권리를 가진다.
세계인권선언 제25조	1. 모든 인간은 의식주, 의료 및 필요한 사회적 시설 등에 의해 자기 및 가족의 건강 및 복지에 충분한 생활수준을 보호할 권리 및 실업, 질병, 심신장애, 배우자의 사망, 노령 기타 불가항력에 의한 생활불능의 경우에 보장을 받을 권리를 가진다. 2. 어머니와 아이는 특별한 보호 및 지원을 받을 권리를 가진다. 모든 아동은 동일한 사회적 보호를 받는다.
국제인권 A 규약 제9조	이 규약의 체약국은 사회보장 기타의 사회보장에 대한 모든 사람의 권리를 인정한다.

출처 : 세계인권선언, 사회적 · 문화적 권리규약(A규약)은 외교부 홈페이지에서 참조함.

2. 복지정책의 주체와 객체

복지정책의 주체는 국가, 즉 중앙정부나 지방정부다. 그렇지만 복지정책의 주체를 반드시 국가만 독점하는 것은 아니다. 앞서 살펴본 것처럼 복지혼합이 중요하게 다루어진다. 그러한 논의에서는 공식적인 복지와 비공식적인 복지와의 대등성, 또한 자조와 협력의 상호 보완성이 강조된다. 국가의 복지 역할을 과다하게 비약하여 강조하는 것은 현대 복지정책의 변화 동향 속에서 사실상 정당화하기 어렵다고 볼 수도 있다. 그렇지만 국가는 여전히 복지정책의 전통적인 주체이며 조세 방식의 사회부조나 사회서비스, 사회보험방식의 여러 제도를 담당하고 있다. 시민사회는 다양한 호혜적 관계를 담당하고 시장과 가족은 생산과 재생산, 노동과 소비 등 자조를 담당한다. 각자는 복지의 생산과 공급에서 서로 다른 기능과 한계, 그리고 규범적 의의와 공급원리를 가지고 있다. 단지 시민사회, 시장, 가족이 담당하고 있는 복지 역할의 전체적 관계를 고려하여 무엇을 어떻게 실시할 것인가에 대해 포괄적인 방침을 제시할 수 있는 것은 국가뿐이다. 시민사회에 대해서는 더 구체적 설명이 필요하다. 에스핑 앤더슨(Esping Andersen)의 복지레짐론에서는 국가 · 시장 · 가족이 복지의 생산과 공급에 관계되는 주체로 구분되고 있지만, 시민사회는 제외되어 있다. 그렇지만 시민사회는 복지의 생산 및 공급에 관계되는 주체로서 그 존재감이 더 강해졌다(Greve, B., 2015). 시민사회는 비영리단체, 자선단체, 공제조직, 노동조합, 협동조합과 같은 민간의 조직이나 단체가 조직하는 다양한 호혜적 관계의 총체라 할 수 있다. 결론적으로 국가는 시민사회와 시장, 가족에 의한 복지의 생산과 공급 전체에, 보조금이나 법적 규제 등의 수단을 통하여 영향력을 끼칠 수 있다는 점에서 특별한 지위를 갖고 있다.

복지정책의 객체는 사회문제나 사회적 리스크라 할 수 있다. 그렇지만 실제로 복지정책의 실시는 사회문제나 사회적 리스크 자체에 대한 대처라기보다도 그것으로부터 직접 또는 간접적으로 파생되는 사회적 욕구를 충족하고자 하는 활동이라 할 수 있다. 사회적 욕구란 생활하는 데에 있어서 충족되기 어려운 사안 중, 사회적으로 충족이 기대되는 것을 말한다. 사회적 욕구는 제도적 대응이 필요하지만, 제도의 부실이나 부족 때문에 충족되지 않는 경우가 있다. 이러한 사회적 욕구의 전형적인 것으로 소득보장 욕구, 보건의료 욕구, 복지서비스 욕구 등을 들 수 있다. 어떤 요인에 의해서 제도적 대응이 이루어지지 않고 있는 사회적 욕구를 충족하기 위해서는 시민사회의 상호적 도움이 중요한 역할을 담당하고 있다. 또한 사회적 욕구로서 어떠한 것이 다루어질 것인가는 복지정책에 어떠한 영역을 포함할 것인가에 따라 좌우된다. 복지정책의 영역을 넓게 확대한 영국은 사회적 욕구의 리스트도 넓다. 또한 영국 사회정책학의 대표적 교과서에서는 복지 영역으로서 소득 유지, 고용, 의료, 공중위생, 학교 교육, 평생교육, 주택, 사회적 돌봄, 형사사법 등과 같은 영역이 포함되어 있다(Alcock, P., 2016). 인간의 삶의 욕구는 매일의 생활 속에서 다양한 욕구와 함께 시장과 가족을 통한 자조를 통해 사적으로 충족되어 왔다. 그러한 사적 충족이 어려운 경우에 다양한 이유를 근거로 사회를 통하여 충족을 위한 노력이 이루어지는 것이다. 그런데 복지정책이 발달한 사회에서는 다양한 주체가 서로 도움을 교환하면서 자립 지원이 이루어지기도 한다. 다양한 삶의 욕구가 사회화되고 있지만 사회화되지 않는 욕구는 무엇인가. 또한 무엇이 그러한 사회적 욕구 충족에 장벽으로 되고 있는지에 대해서 깊이 있는 논의와 대응이 더욱 중요해질 것이다.

3. 복지정책의 시간과 공간

복지정책에 의한 사회적 욕구의 충족 활동은 언제 이루어지는가. 우선 복지정책의 활동이 언제 시작되어 언제까지 이루어지는지 살펴보자. 생활에 뭔가 불편함이나 문제를 생겼을 때 신속한 대응이 이루어지는 것은 누구에게나 바람직할 것이다. 대다수의 복지제도는 필요가 발생한 후 공급이 이루어지기까지 시간적인 지체가 발생한다. 공공부조의 긴급보호나 건강보험제도의 급여는 사회적 욕구의 발생과 사회적 자원의 공급 사이에 시간적 간극이 비교적 짧은 제도라 할 수 있다. 건강보험을 제외한 사회보험에서는 수급 자격을 충족하더라도 청구나 인정 기간이 있으며 실시간으로 자원공급이 이루어지지 않는다. 공공부조도 긴급한 경우와 별개로 통상적으로는 신청에서 수급자로 결정되기까지 일정한 시간이 필요하다. 각종 사회복지 서비스도 이와 마찬가지인데 특히 도시 지역에서 수요가 많은 서비스는 대기기간의 장기화가 사회문제가 될 수 있다.

또한 민간 사이의 상호 도움에 의한 자원공급이 언제까지 가능할지도 일괄적으로 정해진 것은 없다. 생활할 때 생기는 필요의 부족 상태는 일시적인 경우도 있지만, 지속적인 경우도 있으므로 급여 기간은 다양하다. 예를 들어, 대표적인 장기급여라 할 수 있는 연금보험 급여 중 노령연금과 장애연금은 기한이 없고 유족연금은 기한이 있다. 고용보험이나 아동수당 등도 기한이 정해져 있다. 공공부조와 사회복지서비스는 자립할 때 공급한다는 의미에서는 기한이 있지만 자립할 수 없는 경우는 기한이 없다고 할 수 있다. 그러나 사회자원을 이용하면서 자립이나 자율적인 생활을 누릴 수도 있으므로 공공부조와 복지서비스가 무기인가 유기인가, 단기인가 장기인가를 엄격히 따지는 것은 의미가 없다고 생각한다.

복지정책과 관계되는 시간을 둘러싼 논점에 대해서 자유시간을 어떻게 확보할 것인가에 대한 중대한 문제를 지적할 수 있다(圷 洋一, 2022 : 77). 인생 대부분을 생산과 재생산 시간으로 보내는 대부분의 현대인에게 여가는 물론 돌봄 시간, 봉사 등 사회활동 참가 시간, 지역사회 과제를 공유하고 협동하여 해결을 도모하는 시간은 거의 없다고 해도 지나치지 않다. 다양한 상황에 처해있는 사람들이 인간답게 시민으로서 책임을 다하면서 자율적으로 살아가는 삶을 지원하기 위해서는 자원 확보를 전제로 하는 자유시간을 가질 권리를 복지정책을 통해 어떻게 보장할 것인가가 과제가 될 것이다.

복지정책이 어디에서 이루어질 것인가와 관련하여 사적인 욕구 충족을 위한 자조는 생활공간으로서의 주거 및 지역사회와 경제 공간으로서의 시장으로 구분된다. 그렇지만 사회적인 욕구 충족의 공간은 다양하게 펼쳐진다. 예를 들어, 건강을 보장하기 위한 사회자원은 병원이나 보건소와 같은 전문적 기관에서 공급되며 자립이나 자율을 지원하기 위한 사회복지 서비스도 또한 전문시설이나 기관에서 공급된다. 이와 같은 제도적 및 전문적 공간뿐만 아니라 복지 · 돌봄 · 의료가 가정 중심으로 공급되는 상황에서는 생활공간으로서의 주거나 지역사회를 통해서도 사회자원이 공급된다. 또한 의료 · 돌봄 · 보육 · 교육 · 주거 등과 관계되는 사회적 욕구 충족은 경제활동 공간인 시장과 결합이 강화되고 있다(圷 洋一, 2022 : 78).

이처럼 복지 공간에서 새로운 경계선이 형성되고 사회적 욕구 충족을 위하여 최적화가 추진되는 것이다. 전문적인 시설이나 기관과 다르게 일반 주택이나 지역사회는 사회적 욕구 충족의 공간으로서 설계되지는 않는다. 자택이나 공공 서비스 개선을 통한 참가의 확대를 비롯하여 지역사회의 조직적 · 계획적인 재설계를 통하여 물리적인 최적화가 진행된다. 가족이나 이웃, 지역사회의 다양한 조직이나 단체 등도 사회적 욕구 충족에 맞는 역할이나 사회관계에 대한 재편이 기획되고 공간편성에 따른 최적화가 추진된다. 마을 만들기나 커뮤니티케어 추진 등은 이러한 공간 최적화의 사례라 할 수 있다. 이러한 복지정책의 공간이 국민국가의 내부에 형성된 공간이라는 점이 분명하다. 제2차 세계대전 후 서구 산업국가는 복지국가를 걸어왔지만, 그것은 국민을 단위로 사회적 욕구를 충족하기 위한 국가 중심의 내부 공간을 창출하는 것이다. 이른바 국민이란 출신국의 국적을 바탕으로 공용어 내지 국어를 사용하며 여전히 한 국가 내에서 생활하는 사람들을 말한다. 그러므로 외국 국적이나 출신지 이외에도 복수의 국적을 가진 사람들, 서로 다른 언어를 사용하는 사람들, 복수 국가에서 생활하는 사람들이 늘어나게 되면 국민을 전제로 만들어진 복지 시스템은 수정될 수밖에 없다. 오늘날 복지정책은 국제화나 세계화 추세가 국민국가의 편성에 미치는 영향과 그에 수반하는 사회적 욕구의 변화에 대해서 새로운 대응이 요구되고 있다.

CHAPTER 14

사회복지정책의 방법과 수준

CHAPTER 14

사회복지정책의 방법과 수준

1. 사회복지정책의 방법

1) 규제와 편익

욕구 충족을 위해서 우선 특정한 제도나 프로그램 설계를 검토할 수 있을 것이다. 이때 제일 먼저 선택해야 할 결정은 규제에 대한 것이다. 규제란 정책 목적을 이루기 위하여 개인이나 기관 등을 일정한 기준에 따르게 하는 것을 의미한다.

규제는 직접 개인에게 현금이나 서비스를 공급하는 것이 아니라 제공되는 복지서비스의 양과 질을 담보하기 위하여 정부가 가진 권한을 활용하는 것이다(平岡公一 外, 2011 : 438-439).

규제의 유형은 다음과 같다. 첫 번째 유형은 사회복지에 관한 활동 또는 활동조직의 설립 및 운영에 대한 규제를 들 수 있다. 예를 들어, 사회복지 분야 관련법에서 사회복지사업의 운영 주체, 사회복지시설의 설치 및 인력 등 시설 운영을 위한 최저기준과 관련된 규제를 확인할 수 있다. 사회복지 활동은 본래 욕구 충족으로 연결되는 활동이지만 그에 대한 규제가 전혀 없다면 욕구 충족보다도 영리가 우선되거나 설비, 인원, 지식 및 기술 부족에 의해 욕구 충족이 적절히 실시되지 않을 가능성도 있으므로 이러한 규제가 시행된다.

두 번째 유형은 욕구 충족으로 연결되는 어떤 행위를 의무적으로 하게 하는 규제를 생각할 수 있다. 예를 들어, 민간기업에 대하여 일정 비율 이상 장애인을 의무적으로 고용하도록 하거나 철도역 등에 장애인 이동용 엘리베이터를 의무적으로 설치하도록 하는 조치를 들 수 있다.

세 번째 유형은 사회복지를 목적으로 하지 않는 활동에 관해 일정한 행위를 금지하거나 제한하는 것이다. 기업의 채용이나 학교 입학전형에서 장애인, 성별 또는 특정 인종 집단 등에 대해 불이익이 발생하는 처우를 할 수 없도록 법으로 금지하는 것이다. 이러한 규제 조치는 편견이나 차별에 근거한 불합리한 행동을 금지하는 것으로 특정한 범주 사람들의 불이익을 막기 위한 목적으로 선택된다. 결과적으로 사회적 약자나 소수자의 고용이나 소득에 관한 욕구 충족으로 연결되도록 기대할 수 있다.

급여를 직접 제공하는 것과 비교하여 규제의 방법은 다음과 같은 장점 및 단점이 존재한다. 먼저 장점은 ① 정부의 지출 부담이 적다. 즉, 규제를 위해서 행정 활동 비용을 지출하지만, 대신 욕구 충족을 위한 활동에 직접 비용을 지출할 필요는 없다. ② 사업자의 영리활동 등에 욕구 충족 기능을 갖추도록 함으로써 그러한 조직의 사회공헌활동을 촉진하거나 사회복지에 관한 사회적인 관심이나 책임 의식을 높이게 할 가능성이 있다. 반면 단점은 ① 사업체 등의 활동을 일정 범위로 제한함으로써 활동의 효율성을 떨어뜨리고 나아가 경제사회의 효율성을 떨어뜨릴 가능성이 있다. 그것을 어떤 근거로 정당화할 수 있을지에 대한 문제가 발생한다. ② 욕구 충족의 책임이 정부에 있는 경우에도 급여를 제공하는 방법 대신 규제라는 방법을 선택함으로써 정부의 책임이 애매해지거나 책임성이 약해지는 문제가 발생할 수 있다.

그런데 단순히 사회복지사업에 관여하는 조직과 단체, 전문가에 대하여 규제만 가하는 것이 아니라 편익도 제공할 수 있다. 이 경우 서비스 이용자는 정부가 사업자에 대하여 행사하는 영향력을 통해 간접적인 혜택을 받게 된다. 예를 들어, 사회복지법은 사회복지법인을 사회복지사업자로서의 지위를 부여하고 설립허가를 통해 엄격한 관리 의무를 부과하여 사업 내용이나 경영 형태에 다양한 규제를 가할 뿐만 아니라 각종 세제혜택 등을 통해 복지 사업의 효과를 촉진하려 한다.

이 외에도 조세지출(tax expenditure)도 생각할 수 있다. 이는 징수해야 할 소득세 등의 세금 일부, 혹은 전액을 면제하는 편익을 제공하는 효과를 거둘 수 있다. 이 방법은 욕구 충족 기능을 조세 체계에 편입시키는 것인데 급여를 하는 데에 대상자 발굴 및 전달 등 새롭게 들어가는 행정 활동 비용을 절약할 수 있는 장점이 있다. 하지만 소득세 등 세금을 거두지 않는 저소득층에게는 이익이 없고 제도 설계에 따라 소득이 높은 계층이 더 많은 혜택을 볼 가능성이 생기는 단점이 있다.

이처럼 정부가 복지서비스 제공에 관계되는 다양한 주체나 사업자를 대상으로 규제나 편익을 제공함으로써 일정한 영향력을 행사하는 방법은 복지정책의 중요한 요소라 할 수 있다. 특히 최근 복지정책의 시장화가 추진되어 다양한 사업자가 복지서비스의 공급에 관계하면서 규제나 편익을 제공하는 방법을 통해 서비스 질을 담보함과 동시에 안전이나 권리를 보장하는 정책의 중요성이 점차 높아지고 있다.

2) 급 여

(1) 현금급여와 현물급여

복지정책의 가장 중심적인 요소는 다양한 상황에서 생활하는 데 어려움을 안고 있는 사람들에 대하여 정부가 책임주체가 되어 특정한 자원을 인위적으로 할당하는 것이다. 이 자원을 인위적으로 할당하는 것을 일반적으로 급여라 할 수 있겠다. 누구에게 급여를 제공할 것인가, 무엇을 어느 정도 급여할 것인가, 어떠한 절차로 제공할 것인가, 급여에 필요한 재원을 어떻게 확보할 것인가 등을 검토하고 필요한 급여를 실시하는 것이 복지정책의 중요한 과제라 할 수 있다(平岡公一, 2011 : 440-442).

급여 형태는 크게 현금과 현물로 구분할 수 있다. 양자의 중간적 형태로 특정한 용도로 사용처가 제한되는 바우처(이용권)도 존재한다. 현금급여의 대표적 사례로서 연금제도, 기초생활보장의 생계급여와 주거급여, 고용보험의 구직급여, 아동수당 등을 들 수 있다. 이러한 제도는 생활에 필요한 모든 재화나 서비스가 상품화되는 현대 사회의 양상을 전제로 각 제도가 정하는 적용조건을 충족한 사람에게 일정액의 금전을 제공하여 생활을 유지하는 데 필요한 재화나 서비스에 관한 구매력을 보장하고자 실시된다. 현금 급여의 장점은 금전이라는 매우 범용성이 높은 재화의 공급을 통해 개개인의 자기결정이나 선택의 자유를 존중하면서 그 대상이 되는 사람들의 생활을 직접 지원할 수 있는 점이다. 또한 급여의 전제로 일정한 물적 또는 인적 자원이 미리 정비되어 있어야 하는 현물급여에 비하여 급여를 실시하기 쉬운 장점이 있다.

반대로 현금급여의 단점은 금전이라는 범용성이 너무 높아 수급자가 목적 이외의 용도로 사용하는 것을 완전히 배제할 수 없으며 급여의 목적을 충분히 달성할 수 없는 사례가 발생할 가능성이 있는 점을 지적할 수 있다. 실제로 현금급여를 실시하는 방법은 기여에 근거하는 급여와 욕구에 근거하는 급여로 분류할 수 있다. 기여에 근거한 급여는 금전의 수급에 앞서 미리 기여할 것을 요건으로 하는 구조이며 연금이나 고용보험의 구직 급여 등이 포함된다. 욕구에 근거하는 급여는 금전 수급에 앞서 사전 기여를 요건으로 하지 않고 당사자가 처한 상황에서 객관적으로 판단되는 필요의 정도에 따라 급여가 이루어지는 것이다. 아동수당이나 기초생활보장이 대표적인 구조라 할 수 있다.

현물급여는 복지달성을 목적으로 특정한 조건에 해당하는 사람에게 금전 이외의 재화와 서비스를 할당하는 것을 말한다. 구체적으로는 식품이나 의료와 같은 물품의 공여뿐만 아니라 돌봄, 보육과 같은 대인서비스, 특정한 시설 및 설비를 활용한 생활지원이나 기능훈련, 더욱이 직업소개나 일상생활에 도움이 되는 유익한 정보 제공에 이르기까지 유·무형의 폭넓은 재화나 서비스까지 포함할 수 있다. 현물급여는 사람들의 개별적이고 구체적인 필요와 직접적으로 대응하는 재화나 서비스를 인위적으로 할당하는 구조다. 따라서 현금과 다르게 이용자에 의한 목적 이외의 이용이 생겨나기 어려운 장점이 있다. 예를 들어, 건강한 사람을 치료하기는 불가능하며 걸을 수 있는 사람에게 휠체어를 제공해도 효과가 없다는 점을 생각하면 이해하기 쉬울 것이다. 현금보다도 이용자에 대한 효과가 나타나기 쉬운 것이 현물의 특징이라 할 수 있다. 그러나 현금에 비하여 용도가 명확한 현물급여는 이용자의 자유에 일정한 제약이 더해지는 측면이 있다. 또한 급여의 객체가 되는 재화나 서비스는 미리 특정한 형태를 취하여 준비되어야 하므로 예상을 초월한 복지 욕구의 증감에 따라 임기응변적으로 대처하기가 어려운 한계가 있다. 현금급여와 마찬가지로 현물급여 방법도 기여에 근거하는 급여와 욕구에 근거하는 급여로 구분할 수 있다. 건강보험을 통한 의료서비스나 노인장기요양보험에 의한 돌봄서비스는 기여를 바탕으로 하며 아동이나 장애인 복지 등 각종 복지서비스는 당사자의 욕구에 근거하는 급여라 할 수 있다.

(2) 바우처

바우처(voucher : 이용권) 방식은 현금급여와 현물급여의 보완적·중간적 성격을 갖는다. 이는 특정한 물품이나 서비스를 교환할 수 있는 증서를 욕구가 있는 사람에게 배포하는 것이다. 전형적인 것은 빈민에 대해 식료품점에서 식품과 교환이 가능한 바우처를 제공하는 제도라 할 수 있다.

복지국가 체제에서 빈민에 관한 경제적 욕구에 대해서는 현금급여로 대응하고 돌봄이나 보육, 치료 등 비경제적 욕구에 대해서는 현물급여로 대응한다는 원칙이 확립되어 있다. 단, 경제적 욕구라 해도 목적에 맞게 사용되어야 하는 중요성이 강조되는 경우 현물급여나 바우처 방식이 이용된다. 한편, 현물과 바우처는 빈곤자의 행동에 관한 불신감이 강하게 반영되어 탕진의 방지를 위해서 선택될 수도 있다. 또한 기본적 생활 유지에 필수적인 용도로 사용하도록 하기 위해서도 가능할 것이다. 생계 욕구를 충족하기 위해 직접 현금을 지급하지 않고 식료품을 구매할 수 있는 바우처를 지급하는 배경도 이러한 사정 때문이라 할 수 있다. 바우처의 장점은 현금과 현물급여의 중간적 성격을 띠고 있으므로 현금과 현물의 단점을 일정 부분 커버할 수 있다. 예를 들어, 현물급여보다 수급자의 효용을 증가시킬 수 있다. 현금급여보다 탕진의 위험을 막을 수 있으므로 목표 효율성이 높다. 하지만 중간적 성격 때문에 현금과 현물급여에 비하여 지지세력이 크지 않다는 단점이 있다. 또한 시행과정에서 오용과 남용이 발생하면 현물급여보다 목표 효율성이 낮아질 수 있다(박경일, 2017 : 70).

비경제적 욕구에 관하여 현물급여라는 방식을 선택하는 이유는 전문적인 대응이 필요한 개별성이 강한 욕구에 대해서 순수한 시장만을 통하여 질 높은 서비스를 공급할 가능성은 낮기 때문이다. 시장에서 서비스를 선택하기보다 정부가 서비스 내용을 결정하고 그것을 욕구를 가진 사람에게 제공하도록 하는 편이 효과적이기 때문일 것이다. 그렇지만 이러한 주장에 대하여 다른 관점도 존재한다. 첫째는 예를 들어, 장애인의 자립생활 운동 등 장애인 등 욕구를 가진 당사자 스스로가 선택하고 당사자의 지시에 따라 제공하는 서비스가 아닌 이상 적절한 욕구 충족은 이루어질 수 없다는 시각이다. 둘째는 복지서비스라고 해도 민간과의 협력하에 공급 주체에 대한 일정한 규제를 가하면서 클라이언트에게 정보를 원활하게 제공하면 시장 메커니즘을 통해서도 제공할 수 있다. 그편이 서비스 질을 높이고 비용을 낮게 억제하는 데 효과적이다.

이러한 입장에서는 비경제적 욕구에 대응하는 급여도 반드시 현물급여가 적당하다고는 할 수 없다. 현물급여에 더하여 바우처 방식을 병행하는 것이다. 예를 들어, 장애인 활동 지원 서비스를 이용할 때 장애인 당사자가 직접 활동보조인 고용 등 서비스 결정을 조정하여 이용할 수 있도록 비용을 지급하는 것이다. 이는 현물급여 방식 자체는 변하지 않아도 공급 주체를 선택하는 방식이다. 즉, 서비스 공급 주체의 경쟁 체제를 활용함으로써 현물급여의 단점을 극복하기 위한 방향이라 할 수 있다.

3) 서비스

(1) 시설 서비스와 재가 서비스

제공 방법으로 서비스가 선택되는 경우 기본적으로 서비스 형식(mode)을 정해야 한다. 다시 말해 욕구를 가진 사람들이 어떠한 거주 장소에서 서비스를 이용할지에 대해 그 형식을 선택하는 것이다.

기본적 방식은 수급자가 익숙하게 생활하고 있는 자택에서 계속 거주하는 것을 전제로 제공하는 재가 서비스가 있다. 이와 함께 수급자가 자신의 거주 장소를 벗어나 재가 기능과 서비스 제공 기능을 갖춘 시설로 옮기는 것을 전제로 제공하는 시설 보호서비스 형식으로 구분된다.

재가 서비스는 급여가 이루어지는 장소와 수급자의 거주 장소의 관계에 착안하여 ① 방문형 급여, ② 시설 이용형 급여, ③ 택배형 급여로 구분할 수 있다. 방문형 급여는 서비스를 제공하는 사람이 이용자의 가정을 방문하여 제공하는 서비스이다. 예를 들어, 방문요양이나 가사지원, 방문목욕 등이 대표적이라 할 수 있다. 시설 이용형 급여란 수급자가 서비스가 제공되는 시설이나 기관을 방문하여 이용하는 급여다. 노인이나 장애인을 위한 주간보호 서비스, 보육 서비스 등을 들 수 있다. 택배형 급여는 이용자가 필요로 하는 물품을 이용자의 가정에 배달하는 서비스이며 도시락 배달이나 일상생활 용구의 지급이나 대여 등을 생각할 수 있다.

시설보호 서비스는 시설에 들어가 가정이나 지역사회 연결이 단절되고 사생활이 보호되지 않는 생활, 집단생활의 규칙에 따르는 생활을 수행해야 한다. 이 서비스는 사람들 상당수가 획일적인 욕구 기준에 따라 생활해야 하므로 위축될 우려가 있다. 따라서 이용자는 재가 서비스를 더 선호할 수 있다. 하지만 시설에서는 상대적으로 다양한 전문적 서비스를 받을 수 있다. 또한 직원이 항상 생활자의 상황을 살펴보고 있으므로 위급 상황이나 비상 사고 등에 즉시 대응할 수 있다.

재가 서비스가 확충되고 재가 서비스에 관한 지원이 축적되고 연구 수준이 높아지게 되면 시설 서비스와 재가 서비스의 관계는 변한다(平岡公一 外, 2011 : 443-447).

첫째, 시설의 폐쇄성과 프라이버시 침해에 대한 비판은 복지시설의 운영형태가 다양해지고 구조와 설비 등 수준이 향상되면서 개방된 시설 서비스가 가능해진다. 본인의 적극적인 선택에 따라 이용하고 일반적인 가정과 유사한 생활환경 속에서 이용자의 희망에 따라 돌봄이 제공되는 시설이 증가한다.

둘째, 재가 서비스가 전문적이지 못하다는 지적은 논리적으로 생각하면 재가 서비스의 본질적 단점이라고 할 수는 없다. 왜냐하면 재가 서비스의 경우 전문 설비나 기자재 이용이 어렵거나 전문인력으로부터의 서비스를 이용할 수 없는 한계를 극복하도록 제도를 정비하지 않았기 때문이다. 간호와 재활, 전문 요양 서비스가 재가 서비스로 제공되는 방향이 계속 확충되고 있다.

셋째, 재가 서비스도 비상 신고나 긴급 경보 장치, 독신 가구 긴급 대응 기능 등을 보강하여 집중적인 재가 서비스를 강화하여 문제를 완화할 수 있다.

이외에도 재가 서비스가 시설 서비스보다 비용이 더 저렴하다는 비용 우위에 대한 상대적 장점을 지적하기도 하지만, 비교적 상태가 위중한 돌봄이 필요한 사람의 경우 재가 서비스가 비용이 더 많이 드는 경향이 있다는 점이 지적된다(Knap, 1984). 또한 가족 돌봄 비용을 생각해야 한다. 공적인 비용이 들지 않으므로 저렴하다고 생각할 수도 있지만, 가족의 시각에서 보면 임금 소득에 종사할 수 있는 시간 투입이 어려워져 소득의 손실을 초래할 수 있다. 시설보다 재가 서비스가 비용이 저렴하다는 지적은 항상 타당하다고 볼 수는 없다.

재가 서비스와 시설 서비스의 장단점을 기계적으로 단순하게 비교하는 것은 옳지 않으며 다양한 요인, 특히 두 서비스의 형태가 그 단점을 극복하는 방향으로 변했는가에 따라 달라질 수 있다. 그러한 변화 속에서 시설 서비스와 재가 서비스의 중간적 성격을 가진 형태가 나타나는 데 주목해야 할 것이다. 새로운 형태의 급여 등장은 특정한 분야에서만 보이는 현상은 아니라 이용자 중심의 맞춤형 복지라는 통합된 흐름에 맞는 공통적 움직임으로 이해해야 할 것이다.

(2) 서비스 체계의 발전 단계

서비스 체계란 대상이나 기능이 다른 여러 종류의 서비스 및 프로그램 전체를 말한다. 서비스 체계는 대상별 · 기능별 분화의 형태와 서비스의 기능에 따라 변한다. 서비스 체계는 대체로 다음과 같은 발전 단계를 설정할 수 있다. 제1단계는 시설 서비스의 비중이 매우 높고 기존의 기능 분화가 진행되지 않는 단계다. 제2단계는 시설 서비스 기능 분화가 진행됨과 아울러 재가 서비스가 정비되고 확충되도록 계획이 추진되는 단계다. 제3단계는 재가 서비스의 고도화가 진행되고 아울러 복지시설의 재가로의 전환이 발달하고 재가와 시설 서비스의 중간적인 성격을 가진 서비스가 정비되고 확충되는 단계이다.

제1단계는 사회복지 급여 대부분이 빈곤 및 저소득층을 위한 현금 급여나 시설 서비스의 비중이 대부분을 차지하였던 단계이다. 제2단계에서는 대상 집단의 특성에 따른 전문적 개입이 중요하게 다루어지면서 시설 서비스가 대상 집단별로 기능 분화가 이루어진다. 이 시기가 되면 시설의 전문적 기능이 충실해지면서 재가의 기능을 살린 서비스 제공이 가능해지고 시설보호의 폐쇄적 · 격리적 성격뿐만 아니라 재가 보호의 비전문성 등 문제점에 대해서도 비판이 제기된다. 그러한 가운데 정상화 개념이 침투하여 서비스 제공에서 전문적 기능이 충실해질 뿐만 아니라 장애나 생활문제에 직면하는 사람들에게 다수의 일반 시민과 같이 주거하면서 사회참가와 발달 기회를 보장하도록 요구할 수 있게 되면 다음 단계로 이행된다. 제3단계는 돌봄 등의 욕구를 가진 사람들이 자신의 가정에서 생활할 수 있도록 24시간 체제의 집중적인 가정 보호 서비스나 주택 수리, 복지 용구 대여와 같은 프로그램이 실시되어 재가 서비스의 고도화가 실현된다. 한편 생활시설도 전문적 기능을 제공할 뿐만 아니라 일반 가정과 같은 생활이 가능하도록 환경이 정비되어 개인실이나 소규모 공동 주택과 같은 성격이 강화된다. 이러한 동향과 함께 공동생활가정, 돌봄 제공 주택 등 재가와 시설의 중간적 성격을 가진 서비스가 확충된다. 이러한 일련의 서비스 통합을 위한 체제가 발전한다(平岡公一 外, 2011 : 448-450).

이러한 일련의 과정을 종합한 개념이 커뮤니티 케어라 할 수 있다. 커뮤니티 케어가 고도로 진행되어 이상적인 상태가 되면 장애 등 생활문제의 성격이나 정도에 따른 주거 문제가 사회적인 주거로 정리되는 것이다. 주거 유형은 예를 들어, 장애와 관련해서 유니버설 설계에 의한 주택, 장애 정도에 맞게 주택 수리가 이루어진 주택, 돌봄 제공형 주택, 소규모 공동생활 가정, 1인실 중심의 돌봄이나 장기 요양시설 등 모두가 생활 장면에서의 기본 조건을 정비하고 있다는 것이 중요하다. 이는 시설이 재가 형태로 전환하여 발달한다는 것을 전제로 할 때 가능하다. 또한 집중적인 재가 서비스 제공이 확립되어야 한다. 그 체제 속에는 과거에 생활시설에서만 제공할 수 있었던 이른 아침, 야간, 휴일을 포함한 서비스 제공, 긴급성을 가진 욕구에 대응할 수 있는 서비스 제공도 포함되어야 한다. 아울러 지역사회와의 연결을 유지하는 것이 중요하다. 노인의 심리적 · 기능 저하에 수반하여 사회적으로 고립되거나 장애인이 사회적 네트워크로부터 배제되어 사회참가의 기회가 제한되는 상태가 되어서는 안 된다. 프로그램을 설계하여 서비스 형식을 검토할 때 이러한 커뮤니티 케어의 이상적인 모습을 그리면서 서비스 형식이 이상적인 미래의 모습을 실현할 수 있도록 연결하는 방향이 필요하다.

4) 대상의 범위 : 보편과 선별

급여와 서비스의 대상을 설계할 때 그 범위를 어떻게 설정할지도 중요한 과제다. 대상의 범위 설정은 두 개의 원리, 즉 보편주의와 선별주의가 대립하고 있다. 보편주의와 선별주의 개념은 반드시 통일되어 있지는 않다. 보편주의는 특정한 범주의 사람에게 문자 그대로 치우침 없는 급여 자격을 부여한다는 원칙이라 정의한다. 한편 급여의 대상을 저소득층으로 제한하는 경우는 물론 개별욕구에 관한 전문적 판정에 근거하여 급여를 제공하는 경우 선별주의 원칙에 따르는 것이라 간주할 수 있다. 그런데 사회복지는 개별욕구에 맞게 다르게 대응할 것을 요구하는 경우가 많으므로 이러한 정의에 의하면 사회복지의 급여 대부분은 선별주의가 된다. 따라서 여기서는 급여를 받을 때 자산조사를 수반하여 그 기준을 충족하도록 의무적으로 요구하는 경우를 선별주의라 보는 것이 적절할 것이다. 그러한 경우가 부여되지 않는 경우를 보편주의로 하면 구분이 분명해질 수 있다.

대상 범위의 설계에서 보편주의와 선별주의의 장단점으로 다음을 지적할 수 있겠다. 첫째, 보편주의 급여에 비하여 선별주의 급여는 낙인효과를 수반하는 경우가 많다는 점이다. 선별주의 급여를 받는 것이 빈곤한 상태를 증명하는 것이므로 기여의 원리가 지배하는 산업사회에서 그것이 당사자의 인격에 대한 부정적인 평가로 연결되기 쉬워진다. 둘째, 그 결과로서 선별주의 급여는 포착률이 낮아지는 단점이 있다. 셋째, 선별주의는 빈곤함정(poverty trap) 현상을 일으킬 가능성이 있다. 빈곤함정은 선별주의적 급여를 몇 가지 수급하고 있는 경우에 근로소득이 늘어도 선별주의적 급여를 중단하거나 소득세를 징수하면 손에 들어오는 수입이 줄어드는 사태가 발생하여 빈곤에서 탈출할 수 없게 되고 탈출 의욕조차 손상된다는 의미다. 반면에, 보편주의 급여는 이러한 현상을 만들지 않는다. 넷째, 서비스의 이중기준이라는 문제도 선별주의 단점으로 여겨진다. 이는 무료 또는 저렴한 요금의 공공 서비스 대상을 빈곤층으로 제한하고 그 이외 사람은 시장에서 제공되는 서비스를 개인 비용을 부담하여 이용하는 구조인 경우, 공공 서비스는 시장에서 제공되는 서비스보다 질 낮은 것으로 되기 쉽고 그것이 공공 서비스 이용자에게 낙인을 부여하는 기능을 낳는 문제가 발생할 수 있다. 그렇지만 선별주의 급여는 장점도 있다. 즉, 제한된 자원을 보다 지원이 필요한 사람에게 집중하여 배분할 수 있다. 보편주의 급여의 경우 지원의 필요도가 높은 사람에게도 낮은 사람에게도 낮고 넓게 배분되기 쉽다(박경일, 2016).

보편주의와 선별주의 원리 어느 쪽을 선택하고자 검토할 때 이러한 장단점이 나타나는 방식이 프로그램 설계나 제도 운용, 관련 제도의 형태, 또는 국민 정서 등에 따라 달라진다는 점에 유의할 필요가 있다. 예를 들어, 선별주의 단점인 포착률의 저하 현상은 그러한 사태를 방치하는 방향으로 운영되면 더 심각해질 것이며 포착률 저하를 막기 위해 적극적으로 대응하는 방향으로 보완될 경우, 어느 정도 방지하는 효과를 거둘 수 있을 것이다. 또는 선별주의 급여가 가장 지원이 필요한 사람들에게 집중할 수 있는 장점이 있다고 해도 지원이 필요한 정도에 비하여 자원은 부족한 상태처럼 그 상관관계가 약한 경우에 장점은 크게 드러나지 않을 것이다.

〈표 14-1〉 선별주의와 보편주의 비교

구 분	선별주의	보편주의
범 위	특수한 대상집단 특수 욕구	전체 집단 기본 욕구
자 격	조건화 소득, 재산, 능력조사	인구학적 기준 전체 욕구 전체
수 준	최저 수준 열등 처우	적정 수준 평균 수준
기 간	단기	장기
자기 부담	무료 또는 강화	최소 또는 무료
장 점	효율성이 높음 상대적 비용 절약	공평성이 높음 접근성이 높음
단 점	낙인 차별	도덕적 해이 가능성 대규모 비용

사회복지 프로그램은 욕구의 심각성과 소득 및 자산의 관계가 반드시 강한 상관관계를 가진다고 할 수 없다. 따라서 더 시급한 욕구를 가진 사람에게 자원을 먼저 배분하는 방법으로 표적화(targeting)를 생각할 수 있다. 이는 일률적으로 소득 및 자산을 근거로 하는 기준을 이용하는 것이 아니라 각자 프로그램에 부합하는 기준을 사용하여 우선 자원을 배분하는 방법이다(Gilbert et al., 2001). 표적화는 각각 프로그램에 어울리는 기준을 이용하여 우선하여 자원을 배분한다는 의미로 사용되므로 보다 집중하여 배분한다는 뜻으로 이해해도 좋을 것이다.

표적화에서 주의해야 할 점은 서비스를 위하여 필요한 이용 자원의 총량 그 자체가 감소하는 것, 즉 비용 삭감의 목적으로 시행되는 경우도 있지만, 처음 목적은 서비스 이용기준의 개선을 통해 자원 배분의 효율성과 공평성을 높이는 데에 있다. 표적화를 진행하는 경우는 객관적인 판단기준을 이용하여 서비스의 이용기준이나 서비스 제공을 위한 우선순위를 정하거나, 그렇지 않으면 전문직의 재량에 의해 개별적 욕구의 평가에 따라 서비스 이용 여부를 결정하거나 우선순위를 결정하는 제도 설계상의 선택지가 있다. 장기요양이 필요한 사람의 시설보호를 위해서 요양등급을 일정 수준 이상으로 제한하거나 생활시설 입소 우선순위를 사회복지사 등 전문직 위원들의 판단으로 개별적 욕구에 맞게 결정하는 것이다.

2. 사회복지정책의 수준

복지정책을 통해 급여를 제공할 때 그 수준은 최저수준, 최적 수준의 보장으로 구분할 수 있다. 최저수준 보장의 대표적인 것은 기초생활보장제도이다. 보장기준은 국민에게 인간다운 생활이 가능한 최저한의 생활을 보장할 수 있는 수준을 설정한다. 여기서 최저라고 하는 경우 죽지 않을 정도의 절대적인 낮은 수준, 즉 최소수준이라 생각하기 쉽지만 인간다운 생활이 가능한 사회경제적 상황에 맞는 표준적인 생활을 고려하는 상대적 수준의 실현을 의미할 것이다. 이에 대하여 최적 수준의 보장은 전문적 판단에 따라 사회적 욕구가 충족되는 수준을 의미한다. 질병이 나을 때까지, 즉 의사의 판단에 따라 보건의료 욕구가 충족되었다고 인정될 때까지 급여가 이루어진다는 점에서 의료 공급 제도는 최적수준을 보장하는 전형이라 할 수 있다. 또한 보육, 돌봄, 교육, 주거를 제공하는 사회서비스도 최소보다는 최적 수준의 보장을 목표로 한다. 최저와 대비되는 최대한의 보장도 있다. 이상적인 기준을 전제로 하면 복지정책의 최대수준 보장도 제시할 수 있다. 최대한 지속적인 자원공급이 가능하다면 최대수준이 불가능한 것만은 아니지만, 자원의 제약이 있는 상황에서 최대수준을 추구한 결과가 바로 최적 수준이라 할 수 있을 것이다.

급여의 수준과 관련하여 최근 복지정책에 있어서 시장화도 중요한 변수가 되고 있다. 시장화가 급여 수준에 긍정적이든 부정적이든 어떤 영향을 미칠 것이기 때문이다. 복지정책의 시장화는 두 개 과정이 포함되어 있다. 먼저 서비스의 시장개방에 따라 공급주체가 다원화되는 것, 또 하나는 복지서비스 제공에서 시장 메커니즘을 활용하는 것이다.

복지서비스의 시장개방이란 복지서비스 실시에 관련되는 과거의 규제를 완화함으로써 지방공공단체나 사회복지법인과 같은 특정한 주체가 독점적으로 제공해 온 복지서비스를 민간기업을 포함한 다양한 사업자에게 개방하는 과정이다. 1990년대 이후 정착한 복지 혼합론은 복지서비스의 시장개방 과정을 이론적으로 정당화하는 역할을 했다(西村貴直, 2022 : 81-82). 원래 복지정책은 시장경제의 외부에 있어서 빈곤 문제나 생활문제에 직면한 사람을 대상으로 하며 시장이 제공할 수 없는 시장원리에 어울리지 않는 서비스를 공공의 책임에 근거하여 인위적으로 할당하는 것을 목적으로 하였다. 사회적으로 약한 입장에 있는 사람들의 인권이나 생존을 시장의 압력에서 보호하는 것이 복지정책의 주요 임무였으므로 복지서비스 제공에 관계되는 주체를 엄격히 규제하고 영리를 목적으로 하는 사업자가 복지서비스에 관계하는 것을 막으려는 노력이 반영되어 왔다. 그러나 고령사회가 찾아오고 사람들의 복지 욕구가 보편화되면서 과거와 같이 한정된 주체만으로 복지서비스를 제공하기가 어려워졌다. 이에 따라 영리를 추구하는 민간기업을 포함하여 다양한 사업자가 복지서비스의 제공에 관계할 수 있도록 시스템이 개혁되고 있다. 오늘날 다양한 사업자가 급여의 제공에 관계하고 있으며 내용 및 수준에 중요한 역할을 담당하고 있다.

시장화에 관한 또 다른 측면은 복지서비스 제공에 있어서 시장 메커니즘을 활용하는 것이다. 이는 단순히 복지서비스가 시장의 자유경쟁에 맡겨지는 것을 의미하지는 않는다. 복지서비스의 특성을 바탕으로 사업자에게는 필요한 규제와 이용자 권리를 보장하는 방안도 고려하면서 시장 메커니즘을 이용하여 살리려는 정책적 노력이다. 시장과 유사한 환경에서 복지급여의 내용과 수준을 관리하려는 이러한 시도를 준시장 또는 유사시장(quasi-market) 방식이라 한다는 것은 이미 언급하였다. 준시장의 기본적인 이미지는 복지나 교육과 같은 공적인 급여가 필요한 사람에 대하여 정부로부터 서비스 공급 권한이 인정된 다원화된 주체가 준비한 다양한 메뉴 중에서 필요한 서비스를 선택할 수 있다는 것이다.

이러한 발상은 이용자의 자기결정을 존중하고 선택권이 높아지므로 사업자 사이의 경쟁이 촉발되고 적정한 급여 수준 확보로 연결될 수 있다는 것이다. 영국의 사회정책학자 르그랑(Le Grand, J.)은 적절히 구축된 준시장은 통상적인 시장에서 사람들의 구매력의 차이에 따라 발생하는 불평등을 거의 피할 수 있는 구조로, 공적인 급여가 제공될 수 있는 평등주의적인 구조라고 주장하였다. 이는 이용자의 선택과 공급자 사이의 경쟁으로 급여 수준의 적절성을 기대할 수 있다는 것이다. 그런데 경쟁적인 환경 속에서 일정한 이익을 계속 창출해야 할 경우, 현장에서 일하는 종사자의 처우를 개선하기 어려운 상황이 올 수도 있다. 복지정책의 시장화가 선택권을 높이고 제공되는 서비스 효율화와 수준 향상을 선도하기보다 오히려 급여 수준의 부실화를 초래할 위험도 무시할 수 없다.

CHAPTER 15

사회복지정책의 과정

1. 정책과제의 설정
2. 정책 형성 및 집행
3. 평 가

CHAPTER 15

사회복지정책의 과정

복지정책의 실행은 연속적인 과정으로서 정책과제의 설정, 정책의 형성 및 집행, 정책의 평가로 구분할 수 있다.

1. 정책과제의 설정

정책과제의 설정은 현대인의 생활에 부정적 영향을 끼치고 있는 다양한 종류의 문제와 욕구 가운데 정부가 대응해야 할 과제를 초점화하는 것이다. 여기서 특정한 복지정책의 과제가 처음부터 자동적으로 설정되는 것은 아니다. 사회적으로 논란이 되거나 충격이 큰 사안이 발생하여 그에 따른 데이터나 연구성과가 축적 및 발표되고, 사회운동과 언론의 관심을 통해 여론에 영향을 끼치면서 확실한 과제로 만들어지는 경우가 많다.

2. 정책 형성 및 집행

정책 형성 및 집행 단계에서는 설정된 정책과제를 해결하기 위해 이용할 수 있는 방법을 검토해야 한다. 복지정책 형성에 관계되는 주체로서 정부는 설정된 정책과제의 해결을 위하여 다양한 대책을 비교 및 검토하고 그 실현 가능성이나 기존 정책과의 정합성, 재정적 가능성, 제출된 정책대안에 대한 정치적인 지지의 획득 가능성 등을 찾으면서 구체적으로 정책의 내용을 확실하게 만들어야 한다. 예를 들어, 빈곤에 대한 사회적 관심이 높아지고 극복하는 것이 중요한 정책과제가 되었다고 해도 즉시 자동적으로 바람직한 해결대책에 대한 합의가 형성되지 않는다. 빈곤문제 해결을 위한 복지정책을 검토하려고 하는 경우, 그러한 정책을 형성하는 과정에서 구체적으로 어떠한 상태에 있는 사람을 빈곤자로 간주할 것인가, 다양한 경우에 처해있는 빈곤자 가운데 누구를 우선적인 대상자로 할 것인가, 해결을 위해서 어떤 방법이 효과적인가, 필요한 재원을 어떻게 조달할 것인가 등 다양한 쟁점이 부상한다. 이러한 쟁점에 대하여 국회에서의 심의나 행정기관에서의 검토 등을 통하여 다수의 견해 차이나 이해 대립을 조정하면서 실현 가능한 정책의 틀을 만들어 가야 한다. 이러한 일련의 과정을 복지정책의 형성으로 이해할 수 있을 것이다. 이 과정에서 실제 관계되는 조직이나 주체는 정치가나 관료, 정당, 각종 이익단체 등 다양하다. 특히 사회보장위원회, 그리고 각종 위원회, 지방자치단체의 지역복지협의체 등 각 분야의 전문가나 관계자에 의해 구성되는 자문 및 전문가 기관의 역할도 무시할 수 없다.

한편 이슈와 어젠다의 정책화 과정을 강조하는 공공정책 형성 과정론의 경우 특별히 정치적 과정에 주목한다. 즉, 사회문제와 대중의 수요가 정치적 논점으로 부각되어 이슈화되면 정책 결정자의 관심을 불러일으켜 논의될 수 있는 문제나 이슈의 목록인 어젠다가 만들어지고 문제해결을 위한 다양한 행동경로(정책대안)가 제시된다. 이때 어젠다란 공공정책으로 전환되기 위하여 정책 결정자의 관심을 불러일으키고 논의될 수 있는 상태에 있는 문제나 이슈의 목록을 말한다. 어젠다화를 거쳐 제시된 대안 중 여러 가지의 비교 분석과 검토를 통하여 결정자의 선택으로 정책이 채택·집행되며 이후 성과평가를 거쳐 새로운 정책을 만들어 가는 환류 과정을 거치게 된다(박경일, 2017 : 210-211).

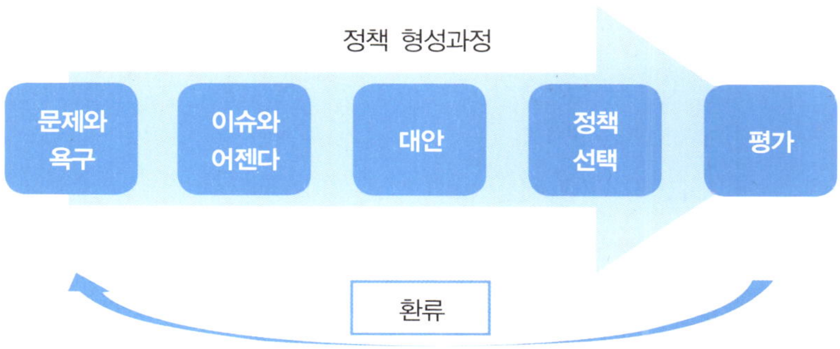

|그림 15-1| 정책 형성과정

복지정책을 구체적으로 실시하기 위해서는 법적 근거가 필요하다. 법률이나 조례에 의한 뒷받침이 없으면 금전이나 서비스를 제공할 수 없으며 특정한 주체에 규제를 가하거나 편익을 제공하는 것도 불가능하다. 기존의 법 체계에서 대응할 수 없는 문제 해결을 시도하기 위해서는 새로운 법령을 제정하거나 기존 법령을 개정해야 한다. 입안된 복지정책 실현을 가능하게 하도록 새로운 법령의 제정 또는 기존 법령을 개정하는 것은 정책실시에 관한 과정으로서 가장 명확히 이해할 수 있는 부분이다. 그러나 새로운 법령의 제정 또는 개정만이 복지정책의 실시를 의미하는 것은 아니다. 법률 제정이나 개정 없이 행정기관이 정할 수 있는 각종 행정규칙에 의해 복지에 관한 급여 내용이나 절차를 통제하는 것도 복지정책의 실시에 관계되는 중요한 구성요소라 할 수 있다. 행정규칙은 행정기관의 운영방법을 정하는 행정입법이다. 일반 국민의 권리나 의무에 직접 영향을 끼치는 것이 목적이 아니므로 의회의 심사나 승인을 받을 필요 없이 행정부의

재량으로 작성하거나 변경할 수 있다. 주로 국가로부터 지방공공단체 등 각종 단체에 법령의 운영지침을 전달하거나 관계자나 행정기관에 행정의 운영방침을 알리고 행정운영 조직이나 기준을 정할 수도 있다. 행정규칙은 복지행정기관에서 현업에 종사하는 직원이 관계하는 서비스의 절차나 내용을 정함으로써 결국 다수 이용자에게 영향을 끼치게 된다. 오히려 법률의 제정이나 개정보다도 제도 운용의 세밀한 부분을 특징짓는 행정규칙의 작성이나 변경이야말로 문제의 당사자나 서비스 이용자에 큰 영향을 끼치는 중요한 복지정책으로서의 측면을 가지는 것이다(西村貴直, 2022 : 90-93).

그런데 현대 사회의 복지정책은 많은 사람들의 생활에 널리 관계하고 있으며 실시하는 데 막대한 재원과 인력의 배치가 필요하다. 새로운 복지 욕구에 대응하는 서비스를 실시하기 위해서는 필요한 시설이나 인재를 확보해야 하는데 단 한 번에 실현되는 것이 없다. 이러한 사정 때문에 복지정책의 도달목표에 달성하는 단계적 과정을 제시하기 위해 국가의 사회보장 기본계획을 바탕으로 지방자치단체별 지역사회보장계획이 필수가 되고 있다. 이와 같이 국가가 제시한 포괄적인 계획이나 기본 방침에 따라 지방자치단체가 실제로 제공하는 서비스 종류나 규모에 대한 수치 목표를 정하고 필요한 재원이나 인원조달을 계획적으로 정하는 과정은 복지정책 형성의 일반적 과정이 되고 있다.

복지계획이 수립되는 과정에서 당사자 및 지역주민의 직접 참가나 의견 표명의 기회를 설정하는 것은 중요하다. 예를 들어, 지역사회보장계획 수립에서 지역주민 등의 의견을 반영시키도록 노력해야 한다. 또한 장애인복지와 관련된 계획 책정 및 변경 등에 있어서 주민 의견을 반영시키기 위하여 필요한 조치를 강구하도록 노력해야 하며 당사자와 가족, 관계 단체로 구성되는 협의회 등을 통한 의견도 경청하도록 노력해야 할 것이다. 실제 당사자와 지역주민의 참가를 촉구하고 그 의견을 반영시키기 위한 방법으로서 정책의 입안 및 책정과정에 관련된 정보공개, 정책과제에 깊이 관계하는 당사자나 조직 및 단체에 대한 청문, 정책 내용에 대하여 다수 사람으로부터 의견을 공모하거나 지역주민과의 의견교환을 시도하는 타운미팅, 워크숍, 당사자를 대변하는 사람의 자문기회 참가와 같은 다양한 형태가 있다. 이러한 기회가 실제로 어느 정도 실효성이 있는지에 대해서는 신중한 검토가 필요하지만, 당사자나 지역주민의 말을 듣는 것이 사회복지정책 수립에 있어서 중요한 조건이 되었다는 것은 매우 중요한 변화다.

3. 평 가

복지정책 과정의 마지막 국면은 구체적으로 실시된 정책이 목적에 맞게 효과를 올리고 있는가, 제시한 목표가 어느 정도 달성되었는가를 평가하는 것이다. 아울러 수정 및 개선 등을 통한 환류 작업까지 반영하는 것이다. 상대적으로 한정된 자원을 효과적으로 활용하기 위해서는 실시된 정책의 고유성이나 효율성을 점검하고 계속 수정과 개선을 가해야 한다. 또한 실시된 정책의 성과를 책임 있게 설명하도록 요구하는 사회적 압력도 고조된다. 예를 들어, 정책평가의 성과를 높이기 위한 기본 사항을 정한 「정부업무 평가기본법(2017)」도 제정되었다. 이 법에 근거하여 복지정책의 책정과 실시에 중심적 역할을 담당하는 보건복지부도 복지행정 전반을 대상으로 객관적이고 전문적인 방법을 통하여 업무의 성과와 정책품질, 국민의 만족도가 제고될 수 있도록 정책평가를 계획적으로 실시해야 한다. 평가업무와 평가기반 구축 등 평가의 체계적이고 효율적 추진을 위해 업무평가 위원회를 구성하여 정책평가에 관계되는 기본계획이나 변경, 운영실태 점검, 새로운 평가제도 도입 등을 심의 · 의결한다. 따라서 복지정책의 개별 영역에서도 각종 복지계획에 관한 조사 · 분석 · 평가를 법적으로 의무화하는 구조를 도입할 수 있을 것이다.

이와 같은 정책평가의 틀은 일련의 과정을 PDCA의 관점에서 이해할 수 있다. PDCA는 민간사업 활동에서 생산 및 품질관리를 효율적으로 행하는 수법으로서 지속적인 업무개선을 위한 접근이다. 구체적으로 Plan(정책입안 및 계획), Do(실시), Check(평가), Action(수정 및 개선)이라는 일련의 사이클이다. 이러한 사이클의 관점에서 보면 정책평가는 정책의 실시과정에서 마지막 단계이면서 동시에 정책을 다음 실시단계로 발전시키는 출발점으로 볼 수 있다.

하지만 평가와 관련된 문제가 없지는 않다. 성과평가의 척도와 관련하여 모순이 발생할 수 있다. 예를 들어, 실시된 정책은 어느 정도 유익한 효과를 초래하지만 당초에 예상했던 수준을 넘어 대폭적인 비용이 더 투입된 경우, 유효성 척도에 의한 평가와 효율 척도 사이에 어느 쪽을 중요시해야 할 것인가. 특히 복지정책의 영역은 저소득층 자녀의 학습지원이나 취약계층의 돌봄 지원체제 구축 등 정량적인 평가가 어려운 정책효과도 있다. 정책평가의 형태 그 자체를 평가하고 개선하는 것이 중요하며 당사자에 의한 평가를 적극적으로 반영시키는 방법에 대해서도 검토가 필요할 것이다.

CHAPTER **16**

사회복지와 복지국가

1. 복지국가의 개념과 목표
2. 복지국가의 이론
3. 복지국가 유형화 논의
4. 복지국가의 위기와 전환

CHAPTER 16

사회복지와 복지국가

1. 복지국가의 개념과 목표

1) 복지국가의 개념과 특징

복지국가 개념 정의는 사회복지의 개념 정의만큼이나 다양하게 이루어질 수 있다. 이것은 연구자의 가치관, 이론, 특정 이념 등 다양한 변수에 따라 달라질 수 있다. 일반적으로 복지국가는 국가의 개입을 통해 시장의 실패가 초래한 사회문제를 해결하고 생활 안전의 기회를 사회적이고 조직적인 느력을 통해 보장하려는 국가라고 할 수 있다(이명현, 2021 : 15). 이 복지국가의 개념을 보다 정교하게 살펴보면 다음과 같다(김태성 · 성경륭, 2014 : 45-53).

먼저 윌렌스키(Wilensky, 1975 : 1)는 복지국가의 핵심이 국가가 모든 국민에게 최소한의 수입, 영양, 건강, 주택, 교육을 보장하는 것에 있다고 보았다. 또한 국가에 의한 복지 제공은 자선과 시혜가 아닌 모든 국민이 누리는 정치적 권리에 기반하여 주어지는 것이라고 하였다. 그러나 어떤 것을 목표로 하여 어느 정도까지 복지가 제공되어야 하는가에 대한 문제에서 그는 평등문제를 고려하지 않았다. 불평등의 감소와 평등의 증진은 국가가 복지정책을 시행할 때 부산물로 따라오는 것이지, 평등이 복지국가의 기준이 될 수는 없다고 명시하였다. 헥셔(Heckscher, 1984 : 6)는 복지국가를 자국 내 거주하는 국민의 삶에 집합적 책임을 지는 국가라고 하였다. 그렇기에 복지국가는 국민이 빈곤 상태에 빠져있을 때 빈곤을 제거하고 국민에게 적절한 사회보장을 제공해야 하는 것이다. 여기서 윌렌스키의 정의와 차이점이 있다면, 헥셔는 '기회의 평등'을 촉진하여 국민의 삶을 향상시키기 위해 노력하는 존재라고 보았다. 한편, 미쉬라(Mishra, 1990 : 34)는 복지국가란 국민의 삶과 관련된 '최소한의 전국적 기준'을 유지하기 위해 국가의 책임을 제도화하는 것이라고 하였다. 구체적으로 이러한 최소한의 전국적 기준을 충족시키기 위해 완전고용의 실현, 국민의 기본 욕구를 충족하기 위한 보편적 서비스 제공, 빈곤의 해소와 예방에 정책의 초점을 둔다. 특히 미쉬라는 완전고용과 보편적 복지서비스 제공 외에도 재분배적 재원조달과 이전지출을 강조하여 기회의 평등에서 한 걸음 나아가 결과의 평등도 어느 정도 증진되어야 한다고 보았다.

코르피(Korpi, 1983 : 185)는 앞서 언급된 '전국적 기준에 따라 복지를 제공'한다는 것이 절대적 빈곤 개념에 입각하여 빈곤선을 설정하고, 이 빈곤선 이하 생활을 하는 사람들에게 국가가 최소한의 보장을 하는 것에 불과하다고 비판하였다. 이것은 매우 낮은 수준의 복지국가이며 복지국가의 이상이 될 수는 없다는 것이다. 이에 따라 코르피는 복지국가 발전 정도를 볼 때, 정치적 민주주의와 국민에 대한 최소한의 사회보장을 전제조건으로 하며, 상대적 빈곤이 어느 정도 감소하는가 또는 결과의 평등이 어느 정도 실현되는가를 고려해야 한다고 했다. 즉, 복지국가는 적극적 재분배를 통해 결과의 평등을 증가시키는 방향으로 노력하는 국가라고 본 것이다. 에스핑 앤더슨(Esping Andersen, 1990 : 3)은 코르피와 유사하면서도 더 적극적인 견해를 밝혔다. 그는 복지국가의 발전 정도가 국민이 스스로 필요하다고 판단할 때 소득중단과 빈곤에 대한 염려 없이 일정 기간 노동시장으로부터 얼마나 자유롭게 빠져나올 수 있는가 하는, 탈상품화 정도에 따라 결정된다고 하였다. 탈상품화가 높은 수준이 되기 위해서는 절대적 빈곤과 상대적 빈곤이 해소되어야 하는 것은 물론이거니와, 강력한 조세정책과 복지정책을 병행하여 심화되는 불평등의 개선까지 이루어져야 한다.

김태성과 성경륭(2014 : 48-49)은 이처럼 다양한 학자들이 제시한 개념들을 정리하면서도 복지국가를 정의함에 있어 세 가지 공통점을 발견할 수 있었다고 한다. 첫째, 복지국가의 경제체제는 자본주의를 전제한다. 복지국가는 자본주의가 진행됨에 따라 발생하는 빈곤 문제, 산업재해의 빈번한 발생과 피해 확대, 불평등의 심화, 경기변동으로 인한 비자발적 실업 발생 등의 해결책으로 등장하였다. 즉, 복지국가는 자본주의적 산업화의 발전에서 오는 다양한 문제들을 사회주의 혁명과 같이 급진적인 방법이 아니라 국가 개입에 의해 점진적이고 누진적인 복지개혁으로 해결하고자 하는 것이다. 둘째, 복지국가의 정치 체제는 민주주의를 전제한다. 선거권 확대를 통한 민주주의의 성장은 비민주적 국가에 의해 억압되었던 사회계급 간 갈등과 투쟁을 촉발하여 일련의 복지개혁을 통한 복지국가 수립에 결정적으로 기여했다고 볼 수 있다. 또한 사회복지에서 정치적 민주주의는 그 자체로도 중요한 의미를 지닌다. 만일 억압적이고 권위적인 군주에 의해 거주 이전의 자유, 사상과 표현의 자유, 언론, 집회, 결사의 자유와 선거권을 비롯한 정치적 자유가 박탈된 채 국민에게 상당 수준의 물질적 보장이 주어진다면, 우리는 이것을 참된 복지의 상태라고 볼 수 없다. 이러한 점 때문에 많은 학자들이 권위주의 국가, 공산주의 국가에서 복지가 이루어진다고 하더라도 그 국가를 복지국가라고 하지 않는다. 셋째, '최소한의 전국적 수준'을 강조한다. 이 개념은 1942년 "사회보험과 관련 서비스에 관한 리포트"에서 베버리지가 제시한 것으로서 어떤 일을 하는 것이 복지국가인가를 규정하는 매우 중요한 개념이다. 복지국가가 모든 국민의 삶의 안전을 위해 최소한의 전국적 수준을 보장한다는 것은 복지국가의 책임 범위를 규정하며, 특정 빈곤층 중심으로 열등수급 원칙에 따라 빈민구제를 했던 과거의 국가와 복지국가를 구분하는 기준이 되기도 한다.

2) 복지국가의 목표

브리그스(Briggs, 1961 : 221)는 복지국가를 스스로의 힘으로 살아갈 수 없는 사람들의 복지를 향상시키기 위해 '시장의 작동을 수정'하기 위한 것이라고 하였다. 이에 따라 브리그스는 복지국가의 목표를 다음의 세 가지 차원에서 제시하였다(엄기욱 외, 2013 : 371-372).

첫째, 개인의 능력과 재산이 시장에서 가지는 가치와는 무관하게 모든 개인과 가족에게 최소한의 수입을 보장한다. 이것은 빈곤퇴치와 최저수준의 소득보장으로서 대표적인 정책으로 공공부조가 있다. 공공부조는 일정 수준 이하의 소득이 있는 개인이나 가족을 대상으로 일정 수준의 소득을 보장하도록 하는 것이다. 주로 자산조사에 따라 대상자를 선별하며, 특정 욕구를 지니는 일부 계층이 주요 대상이기 때문에 사회보험에 비해 재정 소요가 적게 되는 편에 속한다.

둘째, 개인과 가족에게 위기를 초래하는 제반 사회적 위험(질병, 실업, 노령 등)에 대응할 수 있도록 보호를 제공함으로써 삶의 불안전을 감소시킨다. 이것은 소득상실의 보충을 목표로 하며 대표적인 정책으로 사회보험이 있다. 사회보험은 꼭 빈곤 상태에 처한 자만이 대상이 아니며, 빈곤 여부에 상관없이 모든 사람의 소득상실에 대처하는 것을 목표로 한다. 가령 노령으로 인한 퇴직자가 되는 것이 꼭 빈곤에 처한 상태임을 의미하지는 않지만, 빈곤에 처할 위험이 있기에 노령연금의 수급 자격이 주어진다. 마찬가지로 실업자 역시 꼭 빈곤하지 않더라도 관련된 위험에 처할 수 있기 때문에 고용보험의 실업급여 수급 자격이 주어지는 것이다. 이러한 사회보험은 모든 계층의 사람들을 대상으로 하는 보편적 성격을 가지고 있어 국가 예산 가운데 가장 많은 부분을 차지한다.

셋째, 지위나 계급의 차이와 관계없이 모든 국민에게 일정 범의의 사회서비스를 가능한 최고 수준으로 제공한다. 예를 들어, 모든 국민은 교육, 의료보장, 주택, 보육, 적절한 영양에 관한 사회서비스를 시민적 권리로 제공 받을 수 있다.

2. 복지국가의 이론

앞 장에서 복지국가의 개념과 특징, 목표들에 대하여 살펴보았다. 이러한 복지국가는 19세기 말부터 오늘날까지 다양한 사회경제적 여건의 변화에 따라 발전되어 왔다. 그렇다면 복지국가는 왜 발전하게 되었는가. 이러한 물음에 대답하기 위해 현재까지도 많은 논쟁이 지속되고 있지만, 여기서는 크게 여섯 가지 정도의 이론을 확인하고자 한다.

첫째, 자본주의 사회에서 자본 및 노동관계를 통해 나타나는 경제구조를 복지국가의 발전요인으로 보는 네오 마르크스주의론이다. 이에 따르면 국가가 사회보장지출을 하는 것이 독점자본주의에 의한 자본축적을 쉽게 하며 그 과정에서 발생하는 자본과 노동의 계급대립을 완화하기 위해서이다(Gough, 1979; O'Conner, 1971). 예를 들어, 비스마르크(Bismark)는 1878년 사회주의자진압법을 제정하여 당시 격렬하게 전개되던 사회주의 운동을 단속하고 아울러 계급투쟁을 누그러뜨리기 위해 질병보험(1883), 재해보험(1884), 폐질 및 노령보험(1889) 등의 사회보험을 도입하였다. 이처럼 복지국가는 자본주의를 유지하기 위해 계급대립을 완화하는 범위 내에서 사회지출을 진행하게 되는 것이다.

둘째, 산업화 발달 정도에 따라 복지국가가 발전한다고 보는 산업화 및 근대화 이론이다. 이 이론은 경제발전에 수반되어 생기는 경제적 풍요 및 그에 병행하여 진행되는 인구의 고령화, 가족이나 지역공동체의 기능 축소 등에 의해 사회보장제도의 도입과 확장이 뒤따른다는 것이다. 이것은 사회체제에 관계하지 않고 산업화나 근대화에 의해 사회보장지출이 자동으로 누적되어 증가한다고 보는 입장이기에 수렴이론이라 불리기도 한다(Cutright, 1965; Wilensky, 1975). 그러나 높은 경제성장을 거쳐 일정 정도 경제발전을 이룬 자본주의 국가를 보면 제도의 보편화 정도나 형식이 모두 같은 수준이나 형태로 수렴되지 않고 다양한 모습으로 나타나고 있다.

셋째, 이익집단 이론에서는 경제적 발전과 인구구조의 변화 때문에 고령자, 여성, 유사 직역 집단 등 다양한 속성을 가진 집단이 형성되고 그러한 집단이 민주주의 제도에서 압력단체로서 이익 실현을 위해 운동을 하는 결과, 제도가 수준이 높아지고 확대된다고 설명한다(Janowitz, 1976; Tullock, 1959). 예를 들어, 노인이 압력단체로서 효과적인 힘을 발휘하여 압력을 강화함으로써 연금제도의 지출 수준이 상승하지만, 경제적 약자는 이익단체를 만드는 힘이 약하므로 이들을 대상으로 하는 선별적인 제도는 오히려 삭감되는 결과를 초래할 수 있다.

넷째, 국가중심주의 이론은 복지국가의 성장이 국가 그 자체에 의해 추진되며 그때 중요한 역할을 국가의 엘리트 관료가 한다고 본다. 국가 관료가 사회보장제도의 발전에 힘쓰는 이유는 관료의 역할이 국민의 행복이나 국익을 추구하는 측면도 있지만, 사회보장제도를 확대함으로써 행정상의 규제나 권한이 강화되면 관료 스스로의 존재 의식이 높아지기 때문이다(Evans et al. eds., 1985; Heclo, 1974). 그 때문에 관료의 권한이 강한 국가는 사회보장제도의 보편화가 추진되며 그렇지 않으면 제도가 더욱 선별적으로 될 것이라고 주장한다.

다섯째, 권력자원 동원론은 선진 자본주의 복지국가에서 사회보장제도 보편화의 차이를 사회민주주의 정당을 중심으로 하는 좌파 세력의 정도에 따라 설명하려는 이론이다. 시장에서는 불리한 지위에 있는 노동자는 민주주의적인 정치의 장에 있어서 정치력을 동원하여 노동조합운동과 사회민주주의계 정당을 지지함으로써 시장에서 발생하는 분배의 불평등을 수정하기 위해서 사회보장제도 확충을 추구한다(Esping-Andersen, 1990; Korpi, 1983). 따라서 사회민주주의 세력이 강한 북유럽 국가에서는 노동력의 탈상품화가 진행되며 동시에 제도가 직업마다 분립되지 않고 보편화가 최대한 확대되고, 그러한 세력이 가장 약한 자유주의 국가는 제도의 특징이 선별적인 면이 강하고, 중간적인 수준의 독일이나 프랑스 등 유럽 대륙 국가는 제도의 보편화도 중간 정도로 되고 있다.

한편 앞서 설명한 이론들이 노조, 노동자 대 자본가 계급, 이익집단 등 행위자에 초점을 맞추어 복지국가의 발전을 설명하였다면, 신제도론은 '제도'라는 변수에도 관심을 가진다. 신제도주의란 제도의 다중적 성격에 초점을 두고 제도의 기능과 성격을 규정하며, 이를 토대로 제도의 탄생과 변화를 분석하는 사조이다(이명현, 2021 : 51). 가령 정치제도가 복지국가 발전에 미치는 영향을 본다면, 스웨덴과 같이 고도로 중앙집권화된 정치구조에서 복지국가는 더 발전하는 경향이 있는 반면, 미국과 같이 분권화된 경우 복지국가 발전이 지체된다고 설명할 수 있다. 특히 신제도론에서는 역사적으로 형성된 과거 제도적 유산이 복지제도의 형성 및 변화 가능성을 결정한다고 보는데, 이를 경로의존성(path dependency)이라고 한다. 경로의존성이란 어떤 시점의 정책 행위는 그 전 시점에서 발성한 정책 행위로 규정된다는 것이며 정책을 확정할 때 정책결정자가 이용 가능한 선택지는 이미 존재하는 제도 구성에 따라 결정된다는 것을 의미한다. 경로의존성의 원인을 설명하는 데에는 정책의 학습효과[1], 정보효과[2], 잠금효과[3] 등이 존재한다(Arthur, 1988).

1 정책의 학습효과(policy learning effects) : 어떤 제도 속에 있는 사람은 그 제도에서 생겨난 성공과 실패 등을 학습하고 그것이 그 후의 제도의 발전에 영향을 끼친다.

2 정보효과(information effects) : 각자의 행동은 학습의 대상이 되는 제도에 관한 정보의 내용과 그 제공되는 방식에 의해서도 좌우된다.

3 잠금효과(lock in effect) : 특정 조건에서는 각자가 제도에서 얻는 이익은 제도가 커질수록 늘어나는 상태(수확 체증)가 된다. 즉, 기존의 제도를 유지하려는 인센티브가 영향을 끼친다. 그 조건은 첫 번째로 거액의 창설 및 고정비용(larger set-up or fixed cost)이다. 전 비용에서 차지하는 초기 비용의 비율이 커지면 추가적인 투자에 의해 규모에 관한 수확 체증을 볼 수 있다. 두 번째로 학습효과(learning effects)다. 제도가 보급함에 따라 생산비용의 저하나 비용효율이 높아져 수확 체증을 볼 수 있다. 세 번째로 협조 효과(co-ordination effects)다. 다수의 경우 어떤 개인이 특정 행위로부터 나오는 이익은 다른 사람의 행위에 의존하므로 어떤 특정 선택지가 선택되도록 타인과의 협조가 촉구된다. 네 번째로 적응적 기대(adaptive expectations)다. 각자에게 승리가 매우 중요하므로 광범위한 지지를 얻을 수 없는 선택지는 후에 불이익을 초래한다고 생각할 수 있으므로 그에 따르는 적응적 기대는 행위자에게 자기만족(self-fulfilling)을 초래한다.

실제로 제도의 변화가 만들어질 경우, 경로의존성을 넘어서 제도 변화를 설명하기 위하여 단속균형론(punctuated equilibrium)을 선택할 수도 있다. 단속균형론은 제도 개혁이 전쟁이나 경제위기 등 중대한 국면에 의해 단기간 이루어지고 그 후 개혁된 제도는 안정적으로 유지된다는 것이다. 이는 큰 제도 변화가 생기는 과정을 설명할 때 효과적일 것이다(Pierson, 2004). 한편 제도 개혁은 점진적으로 이루어진다는 가정에 의해 그러한 개혁을 분석하는 기준이 등장한다. 그러한 분석틀의 대표가 해커(Hacker, 2004)에 의한 제도 개혁 유형론이다. 이 유형은 개혁에 대한 장벽의 정도(거부권을 행사하는 행위자의 규모)와 제도의 내재적 개혁에 대한 장벽의 정도(정책의 자유재량 여지와 정책에 대한 지지의 강약)에 따라 제도 변화를 유형화하는 것이다. 그에 의하면 제도 개혁의 변화는 전환(conversion), 방치(drift), 계층화(layering), 개폐(revision)로 구분된다. 전환은 기존 제도의 목적을 새로운 환경 변화에 따라 변화시키는 개혁이며 제도 자체의 변경은 없으므로 큰 개혁은 수반되지 않지만, 그 목적이 변하므로 제도의 기본적인 성격은 변한다. 방치는 제도를 둘러싼 환경이 변하지만, 제도를 그에 적응시키지 않는다는 것이다. 계층화는 경로의존 조건인 제도의 수확 체증은 충족되지 않고 환경 변화에 적응한 새로운 제도를 더 하는 것으로 추가된 제도가 과거의 제도보다도 중심적인 역할을 할 수 있게 된다. 개폐는 기존의 제도를 근본적으로 수정하는 개혁이다.

3. 복지국가 유형화 논의

1975년 윌렌스키가 복지국가 유형화를 최초로 시도한 이래 다양한 학자에 의해 복지국가 유형화에 대한 연구가 이루어졌다. 구인회, 손병돈, 안상훈(2015 : 93-103)은 이러한 논의를 복지국가 지출유형론, 복지국가 성격유형론, 복지국가 체제론으로 총 세 가지로 구분하였다.

1) 복지국가 지출유형론

윌렌스키는 1975년 『복지국가와 평등』에서 계량적 국제비교자료를 이용하여 22개국을 복지국가로 규정하였다. 그는 각국의 국민총생산에 대한 사회보장비 비율을 비교하는 방법을 활용하여 그 비율이 15% 이상인 경우 선진복지국가, 10~15%이면 중위지출국가, 10% 미만이면 후진복지국가로 구분하였다. 그 결과 선진복지국가에는 서독, 스웨덴, 프랑스, 독일 등 9개국이, 중진국에는 영국, 소련 등 8개국이, 후진 복지국가에는 일본 등이 속하였다. 여기서 '선진', '중진', '후진'이라는 명칭은 각 복지국가의 어떠한 특성을 반영하기보다 단순히 서열을 매긴 것에 불과하다. 이러한 유형화는 후진복지국가가 언젠가는 선진복지국가로 발전할 것임을 전제하고 있다. 한편 윌렌스키의 복지비 지출 비중에 따른 유형화 시도는 다양한 비판을 받았는데, 단순히 GDP 대비 사회복지지출이 낮다고 하여 사회복지가 낙후되었다고 보기에는 한계가 있기 때문이다. 가령 사회복지에 대한 필요의 절대량이 부족해서 사회복지 지출이 낮을 수도 있고, 사회복지에의 필요의 증가율보다 GDP 증가율이 더 높으면 GDP 대비 사회복지 지출의 비율이 낮을 수 있다. 또한 양적 분석에만 치중되어 있어 질적 측면, 즉 복지정책의 목적이나 방향, 국가의 개입 정도 등을 간과한 것도 한계로 지적될 수 있다.

2) 복지국가 성격유형론[4]

(1) 윌렌스키와 르보(Wilensky & Lebeaux, 1965)

앞서 설명한 복지국가 지출유형론은 다양한 국가들 간의 복지국가 성격에 따른 구분이 어렵다는 점에서 복지국가 성격에 따른 유형화 시도가 이어졌다. 그 중 윌렌스키와 르보의 복지국가 유형화 논의는 가장 오래되었고 흔히 사용되는

4 김태성 · 성경륭(2014), pp. 193-199의 내용을 일부 발췌하여 재작성하였음

것이기도 하다. 이들은 '잔여적(residual)' 복지제도와 '제도적(institutional)' 복지제도로 구분하여 설명하였다. 먼저 잔여적 복지제도는 사회의 정상적인 주요 제도들이 사회복지에의 필요를 해결하지 못하는 때만 사회복지제도가 등장하는 것으로, 복지 욕구 충족에 있어 정부의 역할은 최소화하고 가족과 시장이 중심적인 역할을 한다. 또한 정부가 개입하더라도 사회복지 급여수준은 상당히 낮고, 수급을 위해 까다로운 자산조사가 동반된다. 개인주의, 경쟁, 개인의 책임 등의 이념이 강조되며, '자격 있는 빈자'와 '자격 없는 빈자'의 구분이 뚜렷하다. 잔여적 복지제도의 대표적인 국가로는 미국, 영국 등 영미 계통의 국가들이 해당된다. 반면 제도적 복지제도는 사회복지제도가 사회의 정상적인 주요 제도의 기능을 하는 것으로 국가의 역할이 극대화되고, 소득조사에 의한 급여가 아닌 하나의 사회권으로서 보편적으로 급여가 제공된다. 급여수준 역시 높고 무엇보다 집합적인 사회의 결속이 강조된다. 이러한 상황에서는 국민 다수가 혜택을 보기 때문에 사회복지 수혜자와 비수혜자의 구분이 약하고, 그에 따라 사회복지 확대에 대한 이념적 대립 역시 약한 편이다. 제도적 복지국가에 해당하는 국가의 예로서 스웨덴, 노르웨이 등 북유럽 국가들이 있다.

(2) **티트머스**(Titmuss, 1974)

티트머스는 위의 윌렌스키와 르보가 제시한 유형과 유사하게 복지국가 모형을 '잔여적 모형', '산업적 업적과 수행능력 모형', '제도적 재분배 모형'으로 나누었다. 첫째와 셋째 유형은 윌렌스키와 르보의 것과 유사한데, 전자가 복지 욕구 충족에 있어 시장과 가족을 강조한다면, 후자는 시장과 가족보다 국가를 통해 제공되는 사회복지를 강조하였다. 한편, 두 번째 모형은 사회복지 제공이 시장에서의 업적과 밀접한 상관이 있다고 하였다. 즉, 사회복지를 제공함에 있어 시장에서의 역할의 정도에 따라 차등을 두어야 한다는 것이다. 구체적인 정책을 들어 설명하자면, 첫 번째 잔여적 모형에 공공부조 정책이 해당될 것이고, 세 번째 제도적 재분배 모형에 보편적 사회서비스가 해당된다면, 두 번째 산업적 업적과 수행능력 모형에는 사회보험이 해당될 수 있다.

(3) 퍼니스와 틸턴(Furniss & Tilton, 1976)

퍼니스와 틸턴이 복지국가를 유형화할 때 중요하게 고려한 변수는 국가 정책의 목적, 국가 정책의 방향, 사회정책의 방향이었다. 이 기준에 따라 이들은 복지국가를 조합지향의 적극국가, 최소수준 보장의 사회보장국가, 철저한 민주주의와 평등주의를 지향하는 사회복지국가로 세 가지 차원의 유형을 도출하였다. 먼저 적극국가는 국가와 기업 간 협동을 중시하며, 복지체계는 시장체계의 기능을 강화하기 위해 사회통제적 성격이 강하다. 둘째, 사회보장국가는 국민의 최저생활 보장이 중요한 목표로서 기회의 평등이 강조된다. 셋째, 사회복지국가는 정부와 노조 사이의 협력이 강조되며, 최저수준을 넘어 삶의 질의 평등을 추구한다.

(4) 미쉬라(Mishra, 1984)

미쉬라는 복지국가를 분화 복지국가와 통합 복지국가로 구분하였다. 통합 복지국가만이 혼합경제와 복지국가의 근본정신에 위배되지 않으며, 복지국가의 위기를 동시에 막아낼 수 있다고 보았다. 그리고 분화 복지국가와 통합 복지국가 간의 차이는 경제, 사회복지, 정치 세 가지 영역에서 뚜렷이 구별된다고 하였다. 통합 복지국가의 경제는 수요와 공급 측면이 조화를 이루게 되고, 사회복지는 제도화되면서 경제정책과의 상호보완적 기능을 할 수 있게 된다. 또한 정치는 사회적 합의에 기초하여 주요 사회세력들 간의 균형을 유지하게 된다. 이와 달리 분화 복지국가는 그 반대의 특성을 지닌다고 보았다.

3) 복지국가 체제론

에스핑 앤더슨(Esping Andersen, 1990; 이명현, 2021 : 81-85)은 1990년 『복지 자본주의의 세 가지 세계』를 통해 복지레짐을 기준으로 복지국가의 유형을 구분하고자 하였다. 그는 국가, 시장, 가족 세 개 주체의 복지생산과 공급이 어떻게 분배되고 있는지에 주목하였다. 구체적으로 노동자가 스스로 노동시장에 참가하지 않아도 사회보장제도 등에 의해 생활이 가능한 수준에 대한 정도를 나타내는 '탈상품화'와 사회지출을 통한 소득재분배가 오히려 계층화라는 사회적 불평등을 초래할 가능성의 정도를 의미하는 '사회적 계층화'를 기준으로 하여 자유주의, 보수주의, 사회민주주의 레짐으로 구분하였다.

(1) 자유주의

이 유형은 기독교 노동윤리와 시장 자유주의적 입장을 견지하여 시장을 통한 복지문제 해결을 추구한다. 그렇기에 엄격한 자산조사를 실시하는 공공부조가 주된 정책이고, 사회적 재분배는 미약한 편이다. 또한 시장의 역할은 강하지만 국가의 역할은 주변적이며, 개인주의가 강한 탓에 탈상품화 지표는 낮을 수밖에 없다. 대표적인 국가로 미국, 영국 등 영미국가가 있다.

(2) 보수주의

보수주의 국가의 경우 전통적으로 국가 역할이 강조되어 왔기 때문에 시장 자유주의적 특성은 없다. 사회적 권리로서 복지권의 보장은 일정 부분 이루어지고 있으며, 복지급여는 숙련노동자 등 직역에 따라 차이가 존재한다. 국가의 역할은 보조적이고 가족주의, 조합주의가 강하며, 주요 생계부양자 중심으로 탈상품화 정도가 높다. 또한 직업 및 산업별로 사회보험의 차이가 발생하기에 사회적 계층이 고정되기 쉽고, 이에 복지국가에 의해 사회적 계층화 정도가 높게 나타나는 것이 중요한 특징이다. 보수주의 국가의 예로는 독일과 프랑스 등 유럽 대륙국가들이 있다.

(3) 사회민주주의

사회권과 사회적 연대가 강조되는 사민주의 유형은 보편적 복지가 주류를 이루고, 가족정책을 비롯한 높은 수준의 복지급여가 저소득층뿐만 아니라 중산층까지 제공된다. 국가의 역할이 중심적인 것에 반해 시장의 역할은 주변적이며, 자산조사 없는 보편적 프로그램이 제공되기 때문에 탈상품화 정도는 매우 높은 편이라 할 수 있다. 대표적인 예로 스웨덴, 노르웨이 등 북유럽 국가들을 들 수 있다.

에스핑 앤더슨의 복지국가 체제론은 복지국가를 유형화하는 데 필수적인 이론인 한편, 많은 비판을 받기도 하였다. 대표적인 두 가지를 꼽아보면 다음과 같다. 첫째, 젠더 관점을 무시한다는 페미니즘의 비판이 존재한다. 노동력의 상품화 개념으로 탈상품화 지표를 설정하고 있으나, 이것은 주로 여성이 담당해 왔던 가사와 육아 등 무임금 노동을 고려하지 않고 있다는 것이다. 이에 대해 에스핑 앤더슨은 현 사회에서 전업주부들을 복지의 공급 주체로 하기는 어려우며, 만일 복지국가가 그들에 의존한다면 복지가 후퇴할 것이라고 하였다. 또 그는 복지국가에 대한 세계화의 영향 이상으로 여성의 생활 스타일의 변화가 중요하다는 점을 지적하며, 교육 등의 기회균등에 대해 적극적으로 논의한 바 있다. 둘째, 왜 세 가지 레짐만 존재하는가에 대한 비판이다. 가령 지중해 연안의 남유럽 국가는 유럽국가임에도 가족의 유대가 매우 강한 특성이 있으며, 자유주의, 보수주의, 사민주의 중 하나의 유형에 해당된다고 보기 어렵다. 또한 동아시아의 경우 복지 지출규모로만 보면 자유주의적 성향에 가깝지만, 보수주의적이며 가족주의적 특징이 강하다. 이와 같이 세 가지 유형에 정확히 들어맞지 않는 중간형 또는 혼합형 국가들이 등장함에 따라 복지국가 체제론은 비판 받으며, 향후 더 많은 논의가 필요한 연구과제이기도 하다.

우리나라 복지국가 성격 논쟁

우리나라의 복지국가 성격 논쟁의 핵심은 에스핑 앤더슨의 복지국가 유형화 기준에 비추어 봤을 때 한국이 어떤 유형에 속하는가에 대한 것이었다. 이러한 논의는 크게 2000년대 초반과 중반으로 나누어 설명할 수 있다. 2000년대 초반 김대중 정부의 복지개혁에 대한 평가와 관련된 논쟁이 한국의 복지국가 성격 논쟁까지 이어지게 되었고, 그 결과 우리나라는 보수주의 또는 자유주의형, 양자혼종형에 해당된다는 의견이 대세를 이루게 되었다. 간략히 그 내용을 살펴보면, 먼저 한국 복지국가 성격이 자유주의형에 가깝다고 판단한 자들은 신자유주의를 내장한 김대중 정부의 생산적 복지가 국가 역할 최소화를 지향하며, 영미식 근로연계복지를 강조하고, 복지개혁에도 불구하고 빈곤과 불평등이 감소하지 않은 양상을 두고 잔여적 모형, 자유주의적 복지국가 유형과 가깝다고 해석하였다(조영훈, 2002; 2009). 이와 달리, 보수주의 복지체제와 가깝다는 견해도 존재하였다. 남찬섭(2002)은 우리나라 사회보장제도가 사회보험 중심으로 구성되어 있는 점, 사회보험 사각지대 문제로 인한 계층화 효과가 높은 점, 국민기초생활보장제도에서 부양의무자 기준을 두어 여전히 가족책임을 강조한 점이 보수주의 유형과 유사하다고 하였다. 한편, 한국 복지국가 성격이 신자유주의나 보수주의 등 특정 유형에 국한되기보다 혼합적 특성을 지니게 되었다는 주장도 있다. 이들은 빈곤 해소를 위해 국가책임을 확대한 것에 비해 노동연계복지 도입은 개혁의 부차적 측면에 불과하고, 사회보험에서 조합주의 방식의 철폐는 보수주의 체제에서 이탈한 것을 의미한다고 주장하였다(김연명, 2002a, 2002b; 김영범, 2002).

이 같은 한국 복지국가의 성격 논쟁은 10여 년간의 성숙을 거치면서 2000년대 중반 남유럽형 또는 남유럽형과 자유주의형의 혼종이라는 진단으로 변화하게 된다. 한국 복지국가 유형이 남유럽형과 유사하다고 분석한 연구들은 한국의 노동시장구조의 불안정성과 분절성, 저출산으로 인한 급속한 고령화 문제가 남유럽과 비슷한 특성이며, 이에 따라 복지체제에서도 사회보장의 분절화 및 계층화, 돌봄에서의 가족 책임주의라는 남유럽적 특성을 가지게 되었다고 보았다(김연명, 2013; 양재진 · 최영준, 2014; Yoon, 2014 등). 한편, 비교적 최근에 이루어진 한국 복지국가 레짐 비교 연구(한신실, 2020)에 의하면, 우리나라가 탈상품화는 자유주의형, 계층화는 보수주의와 자유주의형, 탈가족화는 자유주의형과 남부유럽형에 가까우며, 전체적으로 자유주의형 복지레짐에 가깝다는 결론을 내렸다. 결론적으로, 우리나라의 복지국가 성격은 한마디로 정의하기 어려우며, 복지국가 유형화 논의를 기준으로 보았을 때 사회민주주의 유형을 제외한 모든 유형이 언급된 것을 볼 수 있었다. 복지국가 성격 논쟁이 시작된 지 20여 년이 흐른 지금, 이상적인 복지체제로서 자주 언급되는 북유럽 국가 유형은 제외된 채, 자유주의와 보수주의 혼합이라는 진단이 남유럽과 자유주의의 혼합으로 변화된 것은 향후 복지국가 방향성에 대한 많은 고민을 하게 만든다. 향후 한국 복지국가 성격 논쟁과 발전적인 논의를 위해서는 단순히 기계적이고 기술적 차원의 성격 유형을 파악하는 것뿐만 아니라, 우리나라 고유의 역사적 맥락과 정치경제적 상황을 고려한 접근이 필요하다.

4. 복지국가의 위기와 전환

앞서 서구의 사회복지 역사를 살펴본 것과 같이 복지국가는 1970년대까지의 황금기를 거쳐 재편기에 접어들었다. 반복되는 경제위기와 신자유주의로 인한 노동시장의 유연화, 저출산 고령화 등 경제사회적 환경의 변화는 근로빈곤층의 증가, 양극화와 불평등 문제의 심화 등 기존의 복지국가 체제로 대응할 수 없는 다양한 신사회적 문제를 야기하였다. 특히 4차 산업혁명과 인공지능의 등장은 플랫폼 노동, 비정형, 저임금 노동 등을 확산시키며, 완전고용을 통한 경제성장과 사회보장 강화를 꾀하였던 전통적 복지국가의 경제 사회적 기반을 크게 변화시켰다. 이같은 신사회적 위험과 더불어 다양한 사회환경적 변화는 기존 복지국가의 전환과 대응을 불러일으켰다. 여기서는 현대 복지국가가 어떠한 전환과 대응을 시도하고 있는지 크게 네 가지 차원에서 살펴보고자 한다(이명현, 2021 : 122-133).

먼저 워크페어(workfare) 전략이다. 워크페어는 노동과 복지의 연계를 강화하는 여러 프로그램을 뜻한다. 노동의 질을 고려하기보다 어떤 직업이든 일 그 자체를 하는 것이 중요하고, 개인은 의무적으로 취업을 해야 한다. 이것은 자유주의 레짐에서 채택하고 있으며, 신자유주의의 연장선상에 있는 복지정책의 방향이라 할 수 있다. 대표적인 예로 1990년대 미국 클린턴 정부가 AFDC 제도를 개혁하여 TANF 프로그램을 실시한 것이 있으며, 수급기간의 엄격한 제한과 수급자에게 주어지는 취업 의무가 주된 내용이다. 하지만 이러한 정책은 보편주의를 붕괴시키고 선별주의적 복지국가의 요소를 강화하도록 만드는 경향이 짙다. 일자리 규모의 감소와 노동의 질이 열악한 환경에서 노동시장에서 배제된 다수의 사람들을 배제시킬 가능성이 높고, 엄격한 자산조사와 노동 의무만을 강요할 정책으로 이어질 가능성이 높기 때문이다.

둘째, 스웨덴의 노동복지정책으로 대표될 수 있는 활성화(activation) 전략이 있다. 이것은 복지와 노동을 연계한다는 점에서 워크페어와 유사하다고 볼 수 있지만, 워크페어보다 좀 더 유연한 정책이라고 할 수 있다. 직업훈련과 같은 적극적 노동시장 정책뿐만 아니라 평생학습과 같은 교육을 충실히 실행하여 일할 수 있도록 지원하는 점이 바로 그것이다. 이들은 보편적 복지 실현을 위해 완전고용과 경제성장을 강조하는데, 모든 시민이 사회 외부로 배제되지 않고 통합되기 위해 완전고용이 이루어져야 하며, 노동을 복지의 일환이자 수단으로 여긴다. 즉, 활성화 전략의 핵심은 노동의 질을 높이고 임금 수준을 보장함으로써 복지를 실현하는 것이라 볼 수 있다. 그러나 다양한 사회적 환경의 변화로 인해 완전고용과 노동의 질을 보장할 수 없는 상황에서 활성화 전략만으로는 개인의 복지 향상을 실현하는 데 한계가 존재한다.

셋째, 유연안정성(flexcurity) 모델이다. 유연안정성이란 노동시장에서 유연성과 안정성을 동시에 개선하는 통합적인 정책으로서 고용주 입장에서 노동자의 고용 및 해고를 자유롭게 하고 싶은 욕구와, 생계 안정을 원하는 고용자의 욕구의 조화를 추구한다. 이 모델은 노동자에 대한 해고가 상대적으로 자유롭고 유연한 노동시장, 실업 인구를 대상으로 하는 관대한 복지제도, 그리고 실업자의 노동시장 진입을 원활하게 하는 적극적 노동시장 정책이 주요한 특징이다. 네덜란드와 덴마크가 주된 사례라고 할 수 있는데, 실제 덴마크는 2008년 글로벌 금융위기 당시 고용률이 유럽연합 국가 중 가장 낮은 수준으로 떨어진 뒤, 다시 완만히 회복하는 탄력성을 보여주었다(김현경 · 김기태, 2020). 이같이 유연안정성 모델은 사회적 안전보장 시스템과 노동시장의 유연성이 균형적으로 실현되기만 한다면 고용보장에 의한 복지국가로의 전환이 가능하게 된다는 이점이 있다. 그럼에도 불구하고 이 모델은 신자유주의 시기에 실업수당을 줄이고 수급 요건을 까다롭게 만들어 실상 실업자를 단기간 내 재취업하도록 만드는 기만책이자 복지국가의 후퇴 정책이라는 비판을 받기도 하였다(강동훈, 2018).

넷째, 기본소득 전략이다. 새로운 사회경제적 상황으로 기존 복지국가 재편 논의가 활발해지면서 대안으로서 기본소득 실현가능성에 대한 논의가 전개되고 있다. 특히 코로나19 사태로 인해 우리 사회 내 복지 사각지대 문제와 사회안전망의 부재가 여실히 드러남에 따라 전국민 기본소득 대 고용보험 도입에 대한 논의가 일어나기도 하였다. 기본소득은 복지와 노동을 분리하는 전략으로 모든 사람에게 제공된다는 보편성, 근로 유무에 관계없이 주어진다는 무조건성, 개인 단위로 지급된다는 개별성 등이 주요한 특징이다. 물론 이데올로기적 입장에 따라 기본소득의 구상은 다양하게 이루어질 수 있겠지만, 보편적으로 기본소득이 도입될 때 복잡한 자산조사나 심사 절차가 생략되기 때문에 행정비용이 절감되며, 보편적으로 지급되기 때문에 빈곤함정과 복지 사각지대 문제를 해결할 수 있다고 한다. 그 밖에도 개인에게 노동력을 상품화하지 않아도 될 자유를 허용하며, 개별적으로 지급되기에 세대 간 중립이 유지된다는 점, 직업이동에 대한 부담을 줄여 노동자의 발언력이 강화될 수 있다는 이점이 있다. 한편 기본소득은 일하지 않아도 될 자유를 허용함으로써 노동윤리의 불안정성을 야기할 수 있으며, 비용부담의 문제, 가족의 결속력 약화, 사회보험의 원리를 해치고 노동시장 퇴출이 쉬워져 오히려 사회적 배제가 강화될 것이라는 지적을 받기도 한다.

지금까지 우리 사회의 새로운 환경적 변화들을 고려할 때 기계화 및 자동화로 인한 일자리 규모의 감소와 더불어 노동시장의 불안정성도 더욱 심화될 것으로 예상된다. 그렇다면 더 이상 이전과 같이 완전고용에 기반한 사회보장 강화, 노동과 복지를 연계하는 정책의 추진만으로는 복지국가의 전환과 대응 방향을 모색하는 데 한계가 있을 수밖에 없다. 이에 따라 노동과 복지를 분리하는 전략인 기본소득을 하나의 대안으로서 고려할 수 있다. 특별히 노동시장에서 배제 가능성이 높은 특정 취약계층에 대한 부분적 기본소득의 도입이라든지, 호혜성의 의미를 확장하여 임금노동과 함께 사회참여까지 사회적 기여로 해석하는 참여 소득의 도입 등이 그 예가 될 수 있다.

참고문헌

강동훈(2018). 지방선거 이후 문재인 정부 노동정책 신자유주의 규제완화+노동유연화, 노동자연대. 2018. 6 . 29.

구인회 · 손병돈 · 안상훈(2015). **사회복지정책론**. 나남.

김미곤 · 여유진 · 정해식 · 변재관 · 김성아 · 조한나(2017). 포용적 복지국가 : 비전과 정책 방향. 보건복지부 연구보고서.

김연명(2002a). 김대중 정부의 사회복지정책 : 신자유주의를 넘어서. 김연명 편. **한국복지국가성격논쟁 Ⅰ**. 서울 : 인간과 복지.

______(2002b). '국가복지 강화론' 비판에 대한 재비판과 쟁점. 김연명 편. **한국복지국가성격논쟁 Ⅰ**. 서울 : 인간과 복지.

______(2013). 한국 복지국가의 성격과 전망 : 남부유럽복지체제와의 비교를 중심으로. **한국사회복지조사연구**, (36), 27-59.

김영미(2013). 독일의 하르츠 개혁에 따른 근로연계복지에 관한 법적 연구. 한국법제연구원 연구보고서.

김영범(2002). 경제위기 이후 사회정책의 변화. 김연명 편. **한국복지국가성격논쟁 Ⅰ**. 서울 : 인간과 복지.

김영종(2012). 한국 사회서비스 공급체계의 역사적 경로와 쟁점, 개선 방향. **보건사회연구**, **32**(2), 41-76.

김유경(2020). **PASS 사회복지학개론 Ⅰ**. 경기 : 공동체.

김지미(2019). 사회서비스 준시장유형론과 한국 장기요양 서비스에의 시사점. **사회보장연구**, **35**(4), 35-62.

김태성 · 성경륭(2014). **복지국가론**(개정 2판). 경기 : 나남.

김현경 · 김기태(2020). 유연안정성 모델 국가들의 코로나 19 대응 노동정책 : 덴마크와 네덜란드. **국제사회보장리뷰**, **2020 여름호**(13), 36-46.

김혜란 · 공계순 · 박현선(2013). **사회복지실천론**. 경기 : 나남.

김혜영 · 석말숙 · 최정숙 · 김성경(2020). **사회복지실천론**(제3판). 경기 : 공동체.

나동석 · 서혜석 · 채인석(2014). **사회복지실천론**. 경기 : 정민사.

남석인 · 김민정 · 최권호 · 배은경 · 손영은(2018). 사회복지현장실습 및 자격제도 개선방향 연구.

한국사회복지사협회 연구보고서.

남찬섭(2019). 한국사회복지교육의 현안과 미래의 쟁점 : 교과목이수제의 개편과 4차 산업혁명에 대한 대비를 중심으로. **한국사회복지교육,** (48), 233-266.

______(2002). 경제위기 후 복지개혁의 성격. 김연명 편. **한국복지국가성격논쟁** Ⅰ. 서울 : 인간과 복지.

도광조 · 김금자 · 곽미정 · 오현숙 · 이영희 · 정명희(2019). **사회복지학개론**. 경기 : 양서원.

류기형 · 강대선 · 류지선 · 배의식 · 백정원 · 손지현 · 옥수선 · 이미라 · 조향숙(2016). **사회복지개론**. 경기 : 양서원.

박경일(2016). **사회복지정책론**. 경기 : 공동체.

박경일 · 김경호 · 서화정 · 윤숙자 · 이명현 · 이상주 · 이재모 · 전광현 · 조수경(2017). **사회복지학 강의**. 경기 : 양성원.

박종우(1994). 사회사업가의 전문직업적 정체성 연구. 서울대학교 대학원 박사학위논문.

법제처(https://www.moleg.go.kr)

심상용 · 심석순 · 임종호(2021). **사회복지역사**. 서울 : 학지사.

양옥경 · 김정진 · 서미경 · 김미옥 · 김소희(2010). 개정4판 **사회복지실천론**. 경기 : 나남.

양재진(2003). 한국 연금개혁의 주요 이슈와 제도 개혁 대안 : 명목확정기여 방식을 중심으로. **사회과학논총,** (33), 73-99.

______(2008). 한국 복지정책 60년. **한국행정학보, 42**(2), 327-349.

양재진 · 최영준(2014). 한국 복지국가의 진단과 개혁과제. **동향과전망,** (29), 9-50.

양정남 · 최선령(2014). **사회복지실천론**. 경기 : 양서원.

양정빈 · 김효순 · 이무영 · 정여주 · 홍성례(2020). **새롭게 배우는 사회복지실천론**. 서울 : 학지사.

엄기욱 · 김순규 · 배진희 · 오세영(2014). **사회복지개론**. 서울 : 학지사.

윤도현(2020). **복지국가론**(제2판). 경기 : 정민사.

윤철수 · 노 혁 · 도종수 · 김정진 · 김미숙 · 석말숙 · 김혜경 · 박창남 · 성준모(2008). **사회복지개론**(제2판). 서울 : 학지사.

윤홍식(2018). 이승만 정권시기 한국복지체제 : 원조 복지체제의 성립, 1948-1960. **사회복지정책, 45**(10), 115-147.

이경준 · 오봉욱 · 박선아 · 하태선 · 김상용 · 김경숙(2020). **사회복지실천론**(제3판). 서울 : 동문사.

이명현(2021). **복지국가의 이해 : 발달과 전환**. 경기 : 공동체.

이선영(2020). 준시장 관점에서 본 노인장기요양서비스 공급체계의 특성에 관한 연구, **생명연구 56**, 31-51. 서강대 생명문화연구소.

이영수(2020). 한국소득보장제도의 유산과 쟁점. 윤홍식 편, **우리는 복지국가로 간다 : 정치, 경**

제, 복지를 통해 본 한국 사회 핵심 쟁점(pp. 212-243). 서울 : 사회평론아카데미.
이준상 · 박애선 · 김우찬(2018). **사회복지발달사**. 서울 : 학지사.
장갑수 · 곽미정 · 권 붕 · 김광수 · 정명희 · 박주현(2019). **사회복지역사**. 경기 : 양서원.
조영훈(2002). '생산적 복지론'과 한국 복지국가의 미래. 김연명 편. **한국복지국가성격논쟁 Ⅰ**. 서울 : 인간과 복지.
______(2009). 자유주의 복지유형으로서의 한국 복지국가 : 민영보험의 상대적 발달을 중심으로. 정무권 편. **한국복지국가성격논쟁 Ⅱ**. 서울 : 인간과 복지.
최원규 · 진재문 · 황보람 · 이영수(2021). **사회복지역사**. 서울 : 학지사.
한국사회복지사협회(2021). 2021년 사회복지사 자격관리 지침.
한국사회복지사협회(https://www.welfare.net)
한국사회복지사협회 자격관리센터(https://lic.welfare.net)
한국임상사회사업학회(2016). **사회복지개론**. 서울 : 신정
한신실(2020). 한국은 어떤 복지국가로 성장해왔는가?. **한국사회정책**, 27(1). 153-185.
홍선미 · 이금진 · 오혜인 · 이아영 · 손영은 · 유진선(2019). 2급 국가시험제 도입에 따른 사회복지사 자격제도 운영개선에 관한 연구. 한국사회복지사협회 연구보고서.

古川孝順(2005). **社會福祉原論**(第2版). 誠信書房.
________(2019). **社會福祉原論**. 中央法規出版.
古川孝順 · 壓司洋子 · 定藤丈弘(1993). **社會福祉論**. 有斐閣.
吉田久一(2004). **新日本社會事業の歷史**. 勁草書房.
大河內一男(1981). 社會政策論. 勞動旬報社.
埋橋孝文 編(2015). **社會福祉の國際比較**. 放送大學教育振興會.
埋橋孝文(1997). **現代福祉國家の國際比較**. 日本評論社.
三浦文夫(1985). **社會福祉政策研究**. 全國社會福祉協議會.
________(1987). (增補)**社會福祉政策研究**. 全國社會福祉協議會.
西村貴直(2022). 福祉政策の構成要素と過程. **社會福祉の原理と政策**. 全國社會福祉協議會.
右田紀久惠 · 高澤武司 · 古川孝順 編(2001). **社會福祉の歷史-政策と運動の展開**. 有斐閣.
畑本裕介(2012). **社會福祉行政-行財政と福祉計畫**. 法律文化社.
眞田編 編(1979). **戰後社會福祉論爭**. 法律文化社.
炭谷茂(2022). 第2部 第1節 社會福祉の思想と哲學. **改訂版 社會福祉の原理と政策**. 全國社會福祉協議會.
坂田周一(2007). **社會福祉政策**(改訂版). 有斐閣.

平岡公一 外(2011). **社會福祉學**. 有斐閣.

圷 洋一(2012). **福祉國家**. 法律文化社.

_______(2022). 社會福祉の理念と組み. **社會福祉の原理と政策**. 全國社會福祉協議會.

孝橋正一(1962). **社會事業の基本問題**. ミネルブア書房.

Adema, W, W., & Ladaique, M.(2005). More Comprehensive Measures of Social Support, OECD.

Arthur, W. B.(1988). Self-Reinforcing Mechanisms in Economics. In P. Anderson, K. Arrow & D. Pines(Eds.), *The Economy as an Evolving Complex Systems*. Addison-Wesely.

Alcock, P., Haux, T., May, M., Wright, S.(Eds.)(2016). *The Student's Compaion to Social Policy*(5th ed.). Oxford : Blackwell.

Andersen, G. E.(2009). *The Incomplete Revolution : Adapting to Women's New Role*. Cambridge : Polity Press.

Anthony Giddens(2000). *The Third Way and its Critics*. Wiley.

Aptekar, H. H.(1955). *The Dynamics of Casework and Counselling*. Houghton Mifflin.

Barker, P. ed.(1984). Founders of the Welfare State. Gower.

Bartlett, H. M.(1970). *The Common Base of Social Work Practice*. National Association of Social Workers.

Bradshaw, J.(1972). The Concept of Social Need. *New Society*, 496.

Briggs, A.(1961). The welfare state in historical perspective. *European Journal of Sociology/Archives europeennes de sociologie, 2*(2), 221-258.

Castles, F. G., Leibfried, S., Lewis, J., Obinger, H., & Pierson, C.(Eds.)(2010). *The Oxford Handbook of the Welfare State*. Oxford University Press.

Cutright, P.(1965). Political Structure, Economic Development, and National Social Security Programs. *American Journal of Sociology*, 70.

Dean, H.(2020). *Understanding of Human Need*. Policy Press.

Doyal, L., & Gough, I.(1991). *A Theory of Human Need*. Macmillan Press, Ltd.

Drake, R. F.(2001). *The Principle of Social Policy*. Palgrave, Red Globe Press.

Esping-Andersen, G.(1990). *The Three Worlds of Welfare Capitalism*. New Jersey : Princeton University Press.

Friedlander, Walter A.(1968). *Introduction to Social Welfare*(3rd ed.). Englewood Cliffs, N.J. : Prentice-Hall.

Furniss, N., & Tilton, T. A.(1977). *The Case for the Welfare State : From Social Security to Social Equality*. Indiana University Press.

Gilbert, N. & Specht, H.(1968). *Dimensions of Social Welfare Policy*. Prentice-Hall.

Gilbert, N., & Terrell, P.(1998). *Dimension of Social Policy*. Boston : Allyn and Boston.

Gilbert, N.(Ed.)(2001). *Targeting Social Benefits : International Perspectives and Trends, Transaction.*

Gough, I.(1979). *The Political Economy of the Welfare State*. Macmillan Education.

Greenwood, E.(1957). Attributes of a Profession. *Social Work, 2*(3), 45-55.

Grevem B.(ed.)(2018). *Routledge Handbook of Welfare State*(2nd ed.). London, New York : Routledge.

Hacker, J. S.(2004). Privatizing Risk without Privatizing the Welfare State : The Hidden Politics if Social Policy Retrenchment in the United States. *American Political Science Review*, 98.

Heckscher, G.(1984). *The Welfare State and Beyond : Success and problems in Scandinavia*(p. 27ff). Minneapolis : University of Minnesota Press.

Heclo, H.(1974). *Modern Social Politics in Britain and Sweden : From Relief to Income Maintenance*. Yale University Press.

International Federation of Social Worker(IFSW)(2000). Definition of Social Work.

Janowitz, M.(1976). *Social Control of the Welfare State*. Elsevier.

Johnson, L. C. & Yanca, S. J.(2001). *Social Work Practice : A Generalist Approach*(7th ed.). Allyn & Bacon.

Kadushin, Alfred(1972). *The Social Interview*. New York : Columbia University Press.

Knapp, M.(1984). *The Economics of Social Care*. Macmillan.

Korpi, W.(1983). *The Democratic Class Struggle*. Routledge and Kegan Paul.

MacIver, R. M.(1931). *The Contribution of Sociology to Social Work*. Columbia University Press.

Manning, N.(2003). Welfare Idelogy and Social Theory. In Badlock, J., Manning, N., & Vickerstaff, S.(Eds.), *Social Policy*(2nd ed.). Oxford University Press.

Mickelson(1995). Advocacy. In R. L. Edwards(Ed.), *Encyclopedia of Social Work*(19th ed.), Vol. 1. National Association of Social Workers.

Mishra, R.(1984). *The Welfare State in Crisis : social thought and social change*. Wheatsheaf Books.

________(1990). *The Welfare State in Capitalist Society : Policies of Retrenchment and Maintenance in Europe, North America and Australia*. Harvester Wheatsheaf.

O'conner, J.(1973). *The Fiscal Crisis of the State*. St. Martin's Press.

Payne, M.(2005). *Modern Social Work Theory*(3rd ed.). Palgrave.

Pierson, C.(2006). *Beyond the Welfare State?. the new political economy of welfare*(3rd ed.). Cambridge : Polity Press.

Pierson, P.(1994). *Dismantling the Welfare State?*. Cambridge University Press.

________(2004). *Politics in Time : History, Institutions, and Social Analysis*. Princeton University Press.

Powell, M. ed.(2007). *Understanding the Mixed Economy of Welfare.* Plicy Press.

Romanyshin, J. M.(1971). *Social Welfare.* New York : Random Hoise.

Siegel, L. M., Attkisson, C. C., & Carson, L. G.(1978). Need Identification and Program Planning in the Community Context. In C. C. Attkisson et al.(Eds.), *Evaluation of Human Service Programs.* Academic Press.

Spicker, P.(2008). *Social Policy : Themes and Approaches, policy press*(revised 2nd ed.).

Suppes, M. A., & Wells, C. C.(2003). *The Social Work Experience : An Introduction to Social Work and Social Welfare*(4th ed.). McGraw-Hill.

Taylor-Gooby. P.(2004). *New Risks, New Welfare : The Transformation of the European Welfare State.* Oxford University Press.

Thompson, N., & Thompson, S.(2008). *The Social Work Companion.* Palgrave.

Timmins, N.(1995). *The Five Giants : A Biography of the Welfare State.* Fontana Press.

Titmuss, R. M.(1968). *Commitment to Welfare.* George Allen & Unwin.

____________(1974). *Social Policy : An Introduction.* George Allen & Unwin.

Trattner, W. I.(1974). *From Poor Law to Welfars State : A History of Social Welfare in America.* Free Press.

Victor Georgy & Paul Willding(1985). *Ideology and Social Welfare.* Routledge.

Weaver, R. K.(1986). The Political of Blame Avodance. *Jouranl of Public Policy, 6*(4).

Wilensky, H. L.(1974). *The Welfare State and Equality : Structural and ideological roots of public expenditures*(Vol. 140). Univ of California Press.

Wilensky, H. L.(1975). *The Welfare State and Equality.* University of California.

____________(2002). *Rich Democracies : Political Economy, Public Policy, and Performance.* University of California Press.

Wilensky, H. L., & Lebeaux, C. N.(1965). *Industrial Society and Social Welfare.* Russell Sage Foundation.

Woodroofe, K.(1962). *From Charity to Social Work.* Routledge & Kegan paul.

Yoon, H. S.(2014). The Same Familialistic Welfare Regime? Family Policies in Southern Europe Countries and Korea. 11th EASP Conference Managing Changing Welfare Needs in a Growing Transborder East Asia. The Center for Korean Studies at University of Hawaii at Manoa. 24th & 25th July, 2014.

찾아보기

인 명

내 용

저/자/약/력

■ **이명현**

경북대학교 사회복지학부 교수

〈저서 및 논문〉
복지국가의 이해 : 발달과 전환(2021)
기본소득의 규범적 정당성에 근거한 옹호논리 체계화에 관한 연구(2020)
사회복지법제와 실천(2020)

■ **김하은**

경북대학교 사회복지학부 박사과정 수료

〈저서 및 논문〉
핀란드와 스페인의 사회실험 비교(2021)
사회복지전공 대학원생들의 참만남 집단 경험에 대한 연구 : 어려움과 대처를 중심으로(2021)
기본소득 사례 비교연구(2019)

사회복지학 : 이론·실천·정책

|**공저자**| 이명현 · 김하은

|**1판 1쇄**| 발행 2023년 2월 28일

|**발행인**| 김동훈
|**발행처**| 공 동 체

|**주소**| 경기도 고양시 일산동구 호수로 358-39, 동문타워Ⅰ 905호(백석동)
|**전화**| 031) 814-3000(대표)
|**팩스**| 031) 814-3100
|**홈페이지**| www.compub.co.kr
|**전자우편**| compub@naver.com
|**출판등록**| 2005년 10월 6일
|**등록번호**| 제396-2005-36호

|ISBN| 979-11-6725-274-6
정가 18,000원